读客中国史入门文库

顺着文库编号读历史，中国史来龙去脉无比清晰！

三国不演义 3 大结局

刘关张从未桃园结义？诸葛亮更没草船借箭？

翻开本书，还原历史上真实的曹操、刘备、诸葛亮……

王觉仁　著

河南文艺出版社
·郑州·

图书在版编目（CIP）数据

三国不演义. 3 / 王觉仁著. -- 郑州 : 河南文艺出版社，2022.4（2025.4重印）
（读客这本史书真好看文库）
ISBN 978-7-5559-1327-6

Ⅰ. ①三… Ⅱ. ①王… Ⅲ. ①中国历史－三国时代－通俗读物 Ⅳ. ①K236.09

中国版本图书馆CIP数据核字（2022）第037418号

三国不演义3

著　　者 王觉仁
责任编辑 崔晓旭
特约编辑 王　珺　　乔佳晨
责任校对 杨长春
策　　划 读客文化　021-33608320
版　　权 读客文化
封面设计 陈　晨
封面插画 朱嘉伟
出版发行 河南文艺出版社
印　　刷 三河市龙大印装有限公司
开　　本 710mm×1000mm 1/16
印　　张 19
字　　数 272千
版　　次 2022年4月第1版　2025年4月第7次印刷
定　　价 54.00元

如有印刷、装订质量问题，请致电010-87681002（免费更换，邮寄到付）

目　录

第一章　诸葛亮谢幕

第二章　后诸葛亮时代

第三章　三国的转折点

第四章　皇权旁落

第五章　权臣当道

第六章　政变进行时

第七章　蜀汉灭亡

第八章　三国归晋

第一章

诸葛亮谢幕

孙权称帝，经略海外

公元229年农历四月十三日，孙权在武昌（今湖北鄂州市）登基称帝，大赦天下，改元黄龙。

同日，孙权追尊亡父孙坚为武烈皇帝，追尊亡兄孙策为长沙桓王，立王太子孙登为皇太子，封孙策之子孙绍为吴侯。

主公由吴王升格为皇帝，麾下群臣的官职自然跟着水涨船高了：陆逊由辅国将军进位上大将军，诸葛瑾由左将军进位大将军，步骘由右将军进位骠骑将军，朱然由昭武将军进位车骑将军，朱桓由奋武将军进位前将军，潘璋由平北将军进位右将军，等等。

而满朝文武中，唯一一个没有升官、仿佛被孙权遗忘的人，就是老臣张昭。

张昭不仅没有升官，还在登基大典上，被孙权当众羞辱了一把。

当时，孙权颇为感慨地对百官表示，自己能有今日，吴国能有今日，全是周瑜的功劳。身为两朝元老、辅政大臣的张昭闻言，觉得在这个普天同庆的日子里，自己肯定得站出来说两句，首先当然是歌颂一下孙权的英明神武，顺带也表一表自己的功劳——毕竟他是当年孙策指定的顾命大臣，孙权能有今日，焉能没有他张昭的辅弼之功呢？

于是，张昭举着朝笏，跨前一步，清了清嗓子，正准备开讲，孙权却忽然抬手止住了他，然后当着文武百官的面，冷冷地说了这么一句："如张公之计，今已乞食矣。"（《三国志·张昭传》注引《江表传》）

意思是：假如赤壁之战前，孙权听从了张昭降曹的主意，今天恐怕已经在要饭了。

此言一出，无异于当众扇了张昭一记响亮的耳光。张昭木立当场，顿觉脸颊火辣辣的，一张老脸不知该往哪儿搁，半晌才"扑通"一声跪伏在地，脸上冷汗涔涔，嘴里却一个字都说不出来。

张昭之所以被孙权当众打脸，首要原因就是当初那个"降曹"的馊主意。当年若不是周瑜和鲁肃挺身而出，力挽狂澜，今天的孙权恐怕早已埋尸荒野了，说"要饭"都是轻的。仅此一事，就足以让孙权记恨张昭一辈子了。

此外还有一个原因，张昭仗着自己"两朝元老""顾命大臣"的身份，经常犯颜直谏，不止一次让老板下不来台。

虽说张昭对孙权的劝谏，总体上也是出于对社稷负责的公心，初衷肯定是好的，问题是他那倚老卖老的架势，终究让孙权不爽。

被当众打脸后，张昭意识到自己在朝廷待不下去了，便以老病为由主动请辞。孙权立刻批准，给了他一个"辅吴将军"的虚衔，又给了一个"娄侯"的爵位和一万户食邑，只让他列席朝会，再无实际职权，相当于光荣离休，但还保留顾问的身份。

孙权称帝不久，便派出使节前往蜀汉，以"并尊二帝"的说辞对盟友进行了通报。所谓"并尊二帝"，意思就是现在咱们两家平起平坐了，你刘禅是皇帝，我孙权也是皇帝，至于北边的曹叡那小子，纯属篡逆，咱们都别承认他。

对于孙权"并尊二帝"的说辞，蜀汉百官都不认同，反应十分强烈。

在他们看来，只有蜀汉才是当今天下唯一的"正统"。因为先帝刘备是汉室宗亲，继承的是大汉的国祚，名正言顺，根正苗红。所以不光曹叡是篡逆，孙权也是篡逆，凭什么跟蜀汉平起平坐、"并尊二帝"？

因此，百官纷纷表示，应该跟东吴断绝同盟关系，以彰显大义。

群情汹汹之际，诸葛亮站了出来，否决了他们的提议。

孙权称帝，诸葛亮当然也不乐意，可再怎么不乐意也只能憋在心里，绝不能跟东吴翻脸。非但不能翻脸，还必须派人前去道贺。

之所以必须这么做，原因很简单：以蜀汉现在的国力，光对付一个曹魏就已经竭尽全力了，怎么可能与曹魏和东吴两面为敌？倘若罔顾现实，坚持那所谓的“正统”和“大义”，结果只能是自寻死路。

为此，诸葛亮语重心长地对百官说了这么一番话：

“孙权早有僭越篡逆之心，我们之所以不追究，是因为必须与吴国相互援助，成掎角之势。若现在与吴国断交，他们必然怀恨在心，我们就要动用兵力驻防东线，与之对抗，到时候势必先取东吴，而后再图中原。可如今的吴国，人才众多，将相和睦，绝非一朝一夕可以平定。双方陈兵相持，坐等岁月流逝，只能令曹贼得益，这不是上策。昔日文帝刘恒对匈奴态度谦卑，而先帝也力求与东吴结盟，这都是通权达变、深谋远虑之举，我们绝不能像一介匹夫那样，动不动就要用武力泄愤。”

有人反驳，说孙权现在乐得三足鼎立，不会真心与蜀汉合力北伐，且称帝之后，孙权志得意满，只想守住长江，很难再有进取中原的雄心壮志。

诸葛亮则认为，此乃似是而非之论。

他耐心解释说：“孙权之所以利用长江天险自保，是因为实力不够。换言之，东吴不能越过长江北上，正如曹魏无法渡过汉水南下一样，都不是实力有余而不去做，也不是明知有利而不去取。若我们出动大军伐魏，孙权有两个选择：第一，与我们合力，瓜分魏国土地，此乃上策；第二，袭扰魏国，掳掠其百姓，显示武力，此乃下策。总之，孙权不会端坐不动。退一步说，就算他按兵不动，只要能与我国和睦相处，那我们的北伐就没有东顾之忧，魏国的兵力也会被牵制在东线，从而减轻我们在西线的压力。如此，对我们就已经很有利了。所以，孙权的僭越篡逆之罪，我们不宜公开声讨。”

诸葛亮是一个理性而务实的政治家，他很清楚，国与国之间的关系，说穿了都是利益主导——有共同利益，大家就是盟友；一旦产生利害冲突，彼此就是敌人。至于“正统”“大义”那些东西，都只是幌子罢了，要是真的用它来决定国家行为，那就是犯傻了。

随后，诸葛亮便派遣卫尉陈震出使吴国，一来是向孙权道贺，二来是就共同关心的一个重大国际问题进行双边会谈。

这个国际问题就是：一旦两国合力消灭了曹魏，那魏国这块大蛋糕该怎么分？

蜀、吴双方本着互相尊重、平等协商的原则，通过友好的交谈和充分的磋商，最终达成一致，出台了一个符合各自利益的“中分天下”的方案：

豫、青、徐、幽四州归东吴，兖、冀、并、凉四州归蜀汉；另外还有一个司隶州，被一劈两半，以函谷关为界，东边归吴，西边归蜀。

方案很公平，蜀、吴双方皆大欢喜。不过像这种墙上画大饼的事情，也就是孙权和刘禅的妄想罢了，人家曹叡又不是死人，哪那么容易被你们宰割呢？

如果我们把时间拉长到几十年后来看，当蜀汉和东吴先后被魏、晋灭国的时候，蜀、吴君臣若是回想起当年的这个瓜分方案，定会感觉到一种无比辛辣的讽刺。

称帝之后的孙权，并未如蜀汉百官所言，因志得意满而失去了雄心壮志。反之，从戴上天子冕旒的那一刻起，孙权胸中就涌起了一股开疆拓土、经略四方的豪情。

当然，北方的曹魏目前还很强大，跟蜀汉幻想一下瓜分方案无伤大雅，但真要动手还是得三思而行；西边的蜀汉是盟友，也不能用兵。所以，当孙权环顾天下之时，只能把目光投向南边和东边。

吴国最南端的疆域是交州，下辖南海、苍梧、郁林、合浦、交趾、九真、日南七郡，大约相当于今天的广东、广西及越南的北部和中部。自东汉末年起，交州便长期处于交趾太守士燮及其家族的实际控制之下。孙权于建安十五年（公元210年）开始经略交州，命将领步骘为交州刺史，率部南下，先是诱杀了心怀异图的苍梧太守吴巨，继而成功招抚了士燮。此后，士燮向孙权称臣纳贡，孙权也不吝封赏官爵，双方在十来年间相安无事。

到了延康元年（公元220年），孙权命将领吕岱接替步骘，开始逐步削弱士燮及其家族的势力，欲将交州置于其直接控制之下。黄武五年（公元226年），年已九十的士燮去世，孙权一边任命士燮之子士徽为九真太守，表面上予以安抚，一边对交州进行了分割，由吕岱及另一位吴国将领戴良分任广州、交州刺史，实际上就是剥夺了士徽的权力。士徽及其兄弟不甘心，愤而起兵，旋即被吕岱平定。

至此，盘踞交州多年的地方势力被完全清除，交州七郡在孙权称帝前夕彻底纳入了吴国的版图。

孙权称帝之后，立刻把目光投向了比交州更南的地方。黄龙元年（公元229年），孙权派出使臣康泰、朱应“南宣国化”，先后招抚了扶南、林邑、堂明，令这些边陲小国纷纷遣使入贡，成了东吴的藩属国。

随后，孙权再接再厉，又准备派兵渡海，南取珠崖（今海南海口市），却受到了陆逊的劝谏。陆逊认为，珠崖是蛮荒之地，渡海作战风险很大，且当地民众都是未开化的蛮夷，对此地用兵实在没有多大的益处。

孙权接受了劝谏，遂暂时搁置了这个计划（不过十二年后，他还是将这个计划付诸实施了）。

“经略南方”就此告一段落，但孙权并未罢手，而是又把扩张的目标转向了东边。

可是，吴国的东面是一片茫茫大海，孙权能往哪里扩张呢?

答案，当然就是海的对面——夷洲。

夷洲是古地名，又作夷州，学界基本认为就是今天我国的台湾地区。

除了夷洲，古人认为大海的对面还有一个地方，称为亶洲。据《三国志·吴主传》记载：“亶洲在海中，长老传言秦始皇帝遣方士徐福将童男童女数千人入海，求蓬莱神山及仙药，止此洲不还。”若按此推断，亶洲有可能是日本，也可能是琉球群岛，甚至也有人认为是北美洲。

当孙权准备向东经略海外时，陆逊马上又提出了反对意见，同时劝阻的还有另一位大将全琮。他们的理由，不外乎还是觉得远涉重洋去经略海外，不可测因素太多，且将士们很可能水土不服，或感染瘟疫，总之就是风险高而收益低，属于得不偿失之举。

可这一次，孙权却没听他们的，而是坚持了自己的想法。

黄龙二年（公元230年）春，孙权命将军卫温、诸葛直率一万名士兵，带领一支庞大的舰队，从章安（今浙江台州市椒江区）出发，驶向了茫茫大海。

按照陈寿在《三国志》中的说法，孙权派遣这支舰队的目的，是“浮海求夷洲及亶洲”，也就是去寻找传说中的这两个海外岛屿，似乎没有什么实用目的。而司马光在编纂《资治通鉴》时，很可能觉得这么大的行动不应该没有实用目的，所以就加了这么一笔：“欲俘其民以益众”，即掳掠岛上的百姓，回来充实吴国人口。

我们在前文说过，人口在古代，尤其在三国乱世是最重要的资源，所以司马光给出这个理由，看上去似乎很合理，只不过在我看来，这么一解释，固然合乎实用主义，但却把孙权的眼光和格局写小了。

人口当然是有价值的，但是探索未知的世界显然更有价值。如果卫温和诸葛直不辱使命，真的找到了传说中的夷洲和亶洲，令吴国的势力得以扩张到海外，那么此举的战略价值和历史意义，又岂是掳掠一些人口可以比拟的?

简言之，孙权的目的，绝非掳掠人口，而是经略海外。

表面上看，这是出于好奇心的驱使去探索未知，属于几千年中国文化中罕有的一种冒险精神；往深处说，这就是利用和控制海洋，是拓展国家势力范围的一种战略思维，这在中国历史上同样也是极其罕见的，可谓远远超越了他所属的时代。

在几乎没有人重视海洋的古代，孙权可以说是中国历史上第一位具有探险精神和“海权思想”的皇帝。

虽然孙权此举与近代意义上的海权思想不可同日而语，但没有人能否认，其经略海外的战略思维的确是非常超前的。尤其是到了今天，当我们置身于“民族复兴和祖国统一”这样一个时代大背景下，再来看孙权对夷洲（今台湾省）的发现和经略，其重大的历史和现实意义更是怎么说都不为过。

当卫温和诸葛直的舰队终于穿越海峡，抵达夷洲时，展现在他们面前的这个“新世界”是什么样子呢?

通过三国末年吴丹阳太守沈莹所著的《临海水土志》，后人才得以一窥端倪。该书称：

> 夷洲在临海东南，去郡二千里。土地无雪霜，草木不死。四面是山，众山夷所居。……此夷各号为王，分划土地人民，各自别异。人皆髡头，穿耳，女人不穿耳。作室居，种荆为蕃鄣。土地饶沃，既生五谷，又多鱼肉。舅姑子妇，男女卧息共一大床……

夷洲在临海郡（治今浙江临海市）东南两千里。此地冬无霜雪，草木常绿。这里有很多山，众多夷人居住在此。这些夷人分成了不同部落，拥有各自的土地和百姓。这里的男人削发、穿耳洞，女人不穿耳洞。他们的房子没有围墙，只以荆棘作为藩篱相互区隔。此处土地肥沃，五谷丰饶，海产也很丰富。夷人没有男女之防，一大家子都睡在大通铺上。

此外，沈莹还记载了许多夷洲的特异民俗，如“凿齿”之俗：“女已嫁，皆缺去前上一齿”，而台湾北部的泰雅人，直到明清时期，仍有此风；又如“猎头”之俗：部落勇士“战得头，著首还，中庭建一大材，高十余丈，以所得头差次挂之，历年不下，彰示其功”，在历史上，台湾原住民也长期保持着这种风俗。

很显然，无论是从地理方位、自然气候，还是从物产资源、风俗民情来看，夷洲正是今日我国的台湾地区。所以，沈莹所著的《临海水土志》，被公认为是世界上最早记录台湾的文献之一，沈莹也可以称作最早研究台湾的学者。遗憾的是，此书早已散佚，只有部分记载因被《太平御览》摘录而保存了下来。

卫温和诸葛直率部登陆夷洲后，在这里待了差不多一年，其间自然是与当地部落发生了战斗。不过，具体经过史书没有记载，我们只知道，陆逊和全琮之前担忧的事情还是发生了——吴军将士因水土不服，且感染瘟疫，纷纷死亡，“士卒疾疫死者什八九”（《资治通鉴·魏纪四》），一万人最后只剩下一千多人。

卫温和诸葛直撑不下去，只好带着战斗中俘获的数千夷人，于黄龙三年（公元231年）二月回到了大陆。

孙权见二人未能完成“经略海外”的使命，且损兵折将，他极为愤怒，将二人以“违诏无功”的罪名斩杀了。

虽然此次的海上经略无功而返，孙权也终究未能将夷洲纳入吴国的版图，但却开辟了大陆与夷洲之间的海上交通，扩大了两岸之间的人员往来，并使稍后的沈莹得以通过来到大陆的夷人获取诸多关于夷洲的第一手资料，从而留下《临海水土志》这样宝贵的著作。

可以说，孙权经略海外的这个壮举，相当于是在用行动向后世证明——台湾自古以来就是中国不可分割的组成部分。就此而言，孙权此举，对后世的影响无疑是积极而深远的。

卤城之战：诸葛亮第四次北伐

诸葛亮于蜀汉建兴五年至七年接连发动了三次北伐战争，前两次都铩羽而归，第三次则拿下了魏国的武都、阴平二郡。虽说在总体上蜀汉的北伐难以对曹魏构成什么实质性的威胁，但至少在声势上始终压过曹魏一头。

对此，魏国的文官们可能不觉得有什么问题，可军方却一直感觉很窝囊。

到了蜀汉建兴八年（公元230年），即曹魏太和四年，魏国军方的一位大佬实在忍不住了，决定反守为攻，狠狠报复一下蜀汉。

这位大佬，就是时任魏国大司马兼首席顾命大臣的曹真。

是年七月，曹真以“汉人数入寇”、边境不宁为由，向魏明帝曹叡上疏，提出了一个作战计划。他建议，由他亲率主力，从斜谷道进军，并派几路大将从其他方向出兵，同时对汉中发起大规模进攻。曹真踌躇满志，认为此次出兵必能“大克”蜀军、夺取汉中。

曹叡之前听从了近臣孙资的建言，确立了只守不攻的对蜀战略，但短短三年便遭到了蜀国的三次进攻，还丢掉了两个郡的地盘，血气方刚的年轻天子不免也有些愤怒。所以，曹真一说要出兵汉中，曹叡立马就同意了。

随后，曹叡下诏，命时任大将军的司马懿率部溯汉水西上，由西城（治今陕西安康市）方向发动进攻，与曹真在汉中会师；另外，曹叡又派遣了张郃等多名大将，分别由东线的子午道（古代从关中到汉中的南北通道）和西线的建威（今甘肃西和县）出兵，一共兵分四路进围汉中。

曹叡登基时，曹丕给他指派了三位辅政大臣，分别是曹真、陈群和司马懿。现在，曹叡一下就把其中的两位重臣派了出去，显然是要下血本跟蜀汉一决雌雄了。

时任司空的陈群见状，深感不安，赶紧劝谏曹叡，说：“当初，太祖（曹操）自阳平关进攻张鲁，曾携带大量军粮，可关城还没打下来，粮食已感不足。而今，我们既没有周密的准备，斜谷道的地形又非常凶险，无论进退都很困难，且后勤补给也极易遭到敌军的截击抢掠。若要防卫补给线，又必须分兵据守险要，如此战斗力必会减弱，故臣以为，此事不可不深思熟虑啊！”

曹叡一听，顿觉自己的决定有些草率了，连忙收回成命，命各路大军停止行动。

此时，驻兵长安的曹真早已摩拳擦掌，部队也已经整装待发了，现在突然被叫停，自然很不甘心，遂再度上疏，提出了一个更加激进的计划，打算从子午道进兵汉中。

我们前文说过，在长安与汉中之间的几条山路中，子午道是最为险峻难行的，远比斜谷道更为凶险，不过好处也是显而易见的——首先是路程较近，其次是一旦大军冒险通过，便可出其不意，攻其不备。正因如此，几年前蜀汉第一次北伐，魏延才会提出这个大胆的战略。

现在，曹真把进军路线从斜谷道改为子午道，一来是要向曹叡表明自己出战的决心，二来也有跟反对开战的陈群叫板的意味——你说斜谷道凶险，那我就走更凶险的子午道给你瞧瞧！

一看曹真非但不听劝，反而变本加厉，陈群也很恼火，于是再度反对，说曹真这个计划比之前更不靠谱，且眼下国库并不充裕，朝廷负担不起庞大的军费开支。

陈群抛出这个说辞，显然颇有些针锋相对的意味。因为曹真和司马懿都在前线，后勤保障工作自然是由陈群负责，他要是不肯配合，在军饷和粮草方面卡脖子，看你曹真空着肚子还怎么打仗。

曹叡这下犯难了。

这两个顾命大臣，一文一武，各执一词，谁都不肯让步，那这仗到底是打还是不打？

曹叡左右为难，最后实在没辙，索性把陈群的奏章直接寄到了曹真手上，然后也不表态，算是把皮球给踢回去了。

见到陈群的奏章后，曹真越发火大，皇帝居然还不表态，这意味着什么呢？

你可以理解为皇帝不想打，否则怎么会把反对开战的奏章寄给你呢？你也可以理解为皇帝是默许你打，否则为何不下一道诏书禁止出兵呢？

二者似乎都说得通。该怎么做，你自己看着办吧。

曹真当然选择了后一种理解，遂将陈群的奏章扔在一旁，立刻率领大军由子午道出征了。

得知曹魏大举出兵，诸葛亮马上进行了防御部署：将大批军队集结在城固（今陕西城固县）、赤阪（今陕西洋县）一线，严阵以待；同时命李严率两万精锐驰援汉中。

眼看一场大战即将打响，可曹真万万没料到，从他进入子午道的那天起，老天就开始下雨，而且一连下了一个多月！

子午道本来就险峻异常，连日大雨又导致很多栈道塌陷，曹真及其部众不得不开山凿路，简直苦不堪言，行军速度自然变得极为缓慢，走了三十多天，才刚刚走了一半。

这下子，那些反对开战的朝臣就有话说了。

太尉华歆率先上疏，说治国者当以内政为先，征伐为后，若魏国老百姓能够安居乐业，衣食无忧，蜀、吴两国迟早会败亡。

曹叡对这种消极无为的说辞显然有些反感，便批示道："敌人凭借山川之险，连我祖父和父亲两代人付出那么多辛劳，都没能将其平定，朕岂敢认为自己一定能消灭他们？只是诸位大将认为，如果不打，敌人不可能自己灭亡，所以才要出兵，看有没有可乘之机。倘若时机不成熟，那该班师就班师，朕不会固执己见。"

从曹叡这番话来看，他之前不表态，应该还是默许曹真出兵的成分居多。

所以，不到万不得已，他和曹真一样，绝不会轻言退兵。

见皇帝不为所动，朝臣们当然不肯善罢甘休。第二个上疏的，是时任少府的杨阜。这个杨阜，就是当初在冀城争夺战中力挽狂澜、击败马超的那位义士。由于长年戍守边陲，拥有丰富的作战经验，所以他的上疏就不像华歆那么空洞迂阔，而是从军事角度剖析了应该班师的理由。

杨阜说："我军刚一出发，便遭遇连日大雨，将士被隔绝在崇山峻岭中已有多日，粮食运输异常辛苦，军费日渐增加。一旦粮秣中断，此次作战计划就完全落空了。《左传》有云：'见可而进，知难而退，军之善政也。'若徒然令大军困于山中，前进无所收获，撤退又下不了决心，那就不是王者之师该有的样子了。”

对于这种相对专业的意见，曹叡就不得不重视了。紧接着，散骑常侍王肃也上疏力劝班师，理由与杨阜差不多，说曹真大军走了一个多月才走到子午谷中间，且将士们要自己开山凿路，战斗力势必大为削弱，而蜀军则以逸待劳，这仗根本没法打，还是赶紧撤兵为宜。

至此，曹叡终于意识到，再坚持下去已毫无意义，遂于当年九月正式下诏，命令曹真、司马懿、张郃等各路大军全部班师，各回原驻地。

老天爷在子午谷降下的这场连日大雨，不仅浇灭了曹真南征蜀汉的希望，而且还把他淋出病来了。班师没多久，曹真就病倒了，曹叡不得不命司马懿赶赴长安，接替了他的职务。

曹魏太和五年（公元231年，蜀汉建兴九年）三月，曹真病卒。

得知曹真死了，诸葛亮立刻抓住战机，发动了第四次北伐，亲率大军北上，再度进围祁山（今甘肃礼县东北）。

由于蜀道险峻难行，后勤运输极为困难，需要耗费大量的人力物力，所以蜀军每次北伐都会面临粮草不继的严重问题。为此，“长于巧思”的诸葛亮发明了历史上著名的运输工具——木牛流马，在此次北伐中把“木牛”派了上去，且于三年后的第五次北伐中投入了“流马”，后世通常将这两种工具并称。

那么，所谓的木牛流马到底是什么东西呢?

据说，这两种运输工具设计巧妙，可以极大地节省人力，提高粮食运输的效率，“载一岁粮，日行二十里，而人不大劳”（《三国志·诸葛亮传》注引《诸葛亮集》）。只可惜，它们的设计原理和具体样貌为何，至今仍然是一个谜。

虽说当年诸葛亮曾把木牛流马的制作方法记在了竹简上，且附有说明图，但后来竹简脱落，附图遗失，又几经传抄，讹误颇多，后人很难理解，于是这个三国时代的“黑科技”便从此失传了。

时至今日，我们虽然可以从《三国志》裴松之注引的《诸葛亮集》中找到木牛流马的制作方法，上面还详细记载了很多具体的尺寸，但其正确性却无从考证。此外，民间也有一些人声称复原了木牛流马，并做出了样品，但它们到底能在多大程度上符合木牛流马的原貌，同样没有任何判断标准。

诸葛亮率大军进围祁山堡，下一个目标就是东北面的上邽（治今甘肃天水市）。此时镇守上邽的是魏将郭淮、费曜和戴陵，麾下仅有精兵四千，显然难以抵挡蜀汉大军。司马懿闻报，立刻与大将张郃等人率主力从长安出发，驰援上邽。

大军行至雍县（治今陕西凤翔县）、郿县（治今陕西眉县）一带时，张郃提议，应该拨出一部分兵力驻守这两座城池。

此处是长安门户，张郃显然是担心诸葛亮派遣偏师发动奇袭，威胁长安，所以有此提议。

可在司马懿看来，诸葛亮用兵，守正有余，出奇不足，因此没必要担心他会派出偏师，更不必主动分散自己的兵力。他对张郃说："倘若我们的前线部队（上邽守军）足以抵挡敌人，那我们当然可以分兵据守，以保万全；可是，如果前线部队实力不足，那我们就应该集中兵力，正面迎敌。"

为此，司马懿还举了秦末的一个战例来说明分散兵力的危害性：当年楚汉相争时，项羽帐下猛将英布叛楚投汉，楚军出兵阻击，却将兵力一分为三，以一军进攻，两军作后援，结果一军被英布击溃，其他两军就跟着瓦解了。

兵无常势，水无常形，其实不论集中兵力还是分散兵力，都没有绝对的对错，关键取决于战场的形势，而且要看对手是谁。

司马懿显然很了解诸葛亮的性格和用兵方略，更深知蜀军外线作战绝不能持久，所以他只需集中兵力正面迎敌，然后稳扎稳打就够了。

得知司马懿大军东来，诸葛亮决定围点打援，遂留下部分兵力继续围攻祁山堡，然后率主力北上，奔袭上邽，准备在此拦截司马懿，并伺机决战。

直到蜀军逼近上邽，司马懿大军仍未抵达。郭淮等人担心被蜀军围困，只好留戴陵守城，由郭淮和费曜出兵迎击。但他们兵力太少，根本不是蜀军主力的对手，一战即溃，只能缩回城中固守。

当时正值小麦成熟的季节，诸葛亮顺势把上邽附近的小麦收割了大半。

直到蜀军割完麦子，继续进兵，才在上邽东面遭遇了司马懿的主力。蜀军是长途奔袭、客场作战，诸葛亮自然希望速战速决；而司马懿看穿了这一点，所以偏偏不跟他交手，一遇到蜀军便迅速收缩，然后据险而守，就等诸葛亮出招。

表面上看，诸葛亮有三个选择——进攻、对峙、撤退；可实际上，诸葛亮只有一个选择——撤退。

首先，魏军占据了险要地形，蜀军若主动进攻，必然伤亡惨重，所以诸葛亮肯定会排除这个选项。其次，魏军在他们自家地盘上，后勤补给源源不断，跟你对峙个一年半载毫无压力，可蜀军就不行了，虽然动用了黑科技“木牛”，运输能力大幅提升，但终究是千里转运，补给能力有限，所以诸葛亮也不敢跟司马懿长期对峙。

没办法，诸葛亮只能下令后撤。

结果，蜀军一撤，司马懿立马下令拔营，然后一路尾随，追着蜀军来到了祁山堡东北的卤城（今甘肃礼县盐官镇）。

此时，形势对蜀军是非常不利的。因为祁山堡与卤城近在咫尺，且到目前为止还在魏国守将贾嗣、魏平手中，未被蜀军攻下，而司马懿大军又从东北方向追踪而至，这就意味着蜀军已然陷入两面受敌之境。

身经百战的张郃认为时机到了，连忙向司马懿进言，说：“蜀军远道来袭，试图与我军决战，却不可得，故已认定我军的策略就是避而不战，且打算用持久战对付他们，而我军正好可以利用这一点，出其不意，主动出击。眼下，祁山堡的贾、魏二将知道我方大军已至，军心自然稳固，是故末将建议，可派出一支奇兵绕到敌后，与贾、魏二将一起从敌人背后发起攻击，我军主力则从正面进攻。如果这么好的机会我们仍不敢出兵，恐怕会损害我军的威望，且诸葛亮孤军深入、粮草不足，必会伺机逃遁，到时候这个大好战机就白白错失了。”

当时，张郃的这个建议不光是他一个人的想法，还代表了大多数魏军将士的心声。然而，老成持重的司马懿明知如此，却还是拒绝出战，仍旧命大军到附近的山上扎营，然后按兵不动。

这种消极被动的“乌龟战术”，很快就在魏军大营中激起了强烈反弹，不仅众将纷纷要求出兵，就连祁山堡内的贾栩、魏平也屡屡派人来大营请战。

司马懿感受到了空前的压力，却仍不为所动。

贾栩和魏平遂大发牢骚，甚至不惜以下犯上，说出了这样的话：“公畏蜀如虎，奈天下笑何！”（《资治通鉴·魏纪四》）

你司马懿畏惧蜀军就像害怕猛虎，就不怕天下人耻笑?!

身为曹魏的辅政大臣、大将军，而且是手持“黄钺”、拥有先斩后奏之权的三军主帅，却被两名普通将领骂得这么难听，换成别人肯定早就发飙了。可一贯善于隐忍的司马懿却忍了下来，不仅没动用生杀之权，甚至连回嘴骂一句都没有。

当然，司马懿之所以保持沉默，也不全是出于忍辱负重，还有很重要的一点，就是他很清楚——眼下不光这两个家伙在骂他，其他将士背地里恐怕骂得更加难听。

最后，面对全军上下这种排山倒海般的压力，司马懿终于还是妥协了。

当年五月十日，司马懿采纳了张郃的计划，命他率部绕到了蜀军的西南面，自己率主力从正面推进，以前后夹击的钳形攻势对蜀军发起了进攻。

诸葛亮等的就是这一刻！

虽然蜀军目前处于不利境地，但只有跟魏军进行决战，才能达成北伐的战略目的，若司马懿始终不出战，那诸葛亮的此次北伐注定又将是劳师无功。因此，能与魏军决一死战，是诸葛亮求之不得的。

得知魏军倾巢而出，诸葛亮坐镇中军，从容进行了部署：命王平率“无当飞军”在南面防御张郃，命魏延、高翔、吴班率主力迎战正面的司马懿大军。

值得一提的是，王平麾下的这支“无当飞军”，就是诸葛亮当年平定南中后，从当地蛮夷部落中招募的一支精锐。这是一举两得的妙招，既釜底抽薪地耗尽了当地蛮夷的兵源，防止他们再次叛乱，又充实了蜀军兵力，极大提高了蜀军的战斗力。

无当飞军分为五部，皆身披铁甲，能翻山越岭，善使弓弩和毒箭，擅长野战，尤其精于防守战，是蜀汉后期的主力部队之一，在诸葛亮时代及后来的姜维时代，为蜀国的多次北伐立下了汗马功劳。

王平因在第一次北伐中临危不乱的优异表现，逐渐得到诸葛亮重用，被任命为这支精锐部队的首任司令官。

在这次卤城之战中，王平和无当飞军都没有令诸葛亮失望——虽然张郃是久经沙场的猛将，麾下部众也是魏军中的精锐，但王平所部仍然顽强地挡住了魏军的进攻，为正面的主力决战提供了坚实的后盾。

而在正面战场上，早就憋着一股劲的蜀军将士爆发出极强的战斗力，在魏延的率领和指挥下，大破司马懿的魏军主力，斩获魏军“甲首三千”，彻底粉碎了司马懿的钳形攻势，取得了自首次北伐以来最辉煌的一次胜利。

有必要强调的是，“甲首三千”并不是只斩杀了三千魏军。因为“甲首”有两个意思：一是指披甲之士的首级；二是指伍长、什长之类的低级军官。而在三国时代，即便曹魏国力强大，军队装备优良，也不是所有士兵都有条件身披铁甲；换言之，未曾披甲的魏军士兵被杀，是没有计入这“甲首三千”中的。而若是取后一种含义，则相当于魏军有三千名低级军官被斩杀，那他们手下的士兵大概率也是难逃一死了。

所以，不管取以上哪种含义，“甲首三千”都意味着蜀军所斩杀的魏军总数应该在万人以上，这对魏军显然造成了比较大的打击。

司马懿被将士们胁迫，违背本意、硬着头皮打了这一仗，结果就遭遇了他军事生涯中第一次惨重的失败。

此时的司马懿，内心的阴影面积肯定是相当大的。也许就是吸取了这次教训，所以三年之后，他才会在五丈原与诸葛亮对峙了一百多天，说什么也不愿出战。

卤城之战，可以说是诸葛亮前后五次北伐中打得最漂亮的一仗。

从结果来看，诸葛亮之前从上邽后撤，未尝不是在诱敌深入；而选择在卤城与魏军决战，表面上似乎腹背受敌，却也未尝不是一种“置之死地而后生”的大胆战术——若非陷入不利境地，蜀军将士恐怕也不会爆发出斩获“甲首三千”的超强战斗力。

此外，相较于第一次北伐时重用马谡的严重失误，诸葛亮这回把王平和无当飞军放在了防御张郃的南面战场，不仅是一次知人善任的正确决策，更是一次高明的指挥。

从这个意义上说，诸葛亮的军事才干和指挥能力，显然在实践中逐步获得了提升。若是天假以年，想必他会让老对手司马懿吃上更多苦头，也一定会发动更多次北伐，并取得更多实质性的战果。

只可惜，历史无法假设——诸葛亮并没有像司马懿活得那么久。

所以，诸葛亮的北伐，注定只能在历史上留下一抹浓厚的悲壮色彩。

司马懿“借刀杀人”，诸葛亮“大权独揽”

卤城之战后，司马懿缩回军营，再也不肯出战了。

双方又对峙了一个月后，蜀军的粮食终于告罄。诸葛亮万般无奈，只好下令撤军。

得知蜀军粮尽退兵，司马懿大喜过望，立刻命张郃率部追击，打算把一个月前丢掉的面子捞回来。

没有人料到，曹魏帝国硕果仅存的一代名将、纵横沙场多年的车骑将军张郃，历经多次大战都毫发无损，竟然会在这场小小的追击战中丢掉了性命。

诸葛亮的作战风格一向沉稳谨慎，所以蜀军班师自然是有条不紊的，绝不会给魏军以可乘之机。而且，诸葛亮料定魏军会派兵追击，便在木门道设下了埋伏。

木门道，位于今甘肃天水市秦州区西南八十里的木门村附近。这条古道，东西两面雄山对峙，壁立千仞，中间只有一条宽约五十米的峡谷可通行，是一处绝佳的伏击地点。

张郃率部追至此处，“乘高布伏”的蜀军“弓弩乱发”、滚石俱下，一支流箭射中其右膝。不久，张郃便因伤重不愈而去世。

我估计，张郃所中的，很可能是无当飞军惯用的毒箭，因毒性扩散才将他置于死地。若是普通箭矢，且只射中他的右膝，纯属轻伤，绝不可能夺走一位百战宿将的性命。

历史上，张郃与另外四个曹魏名将张辽、乐进、于禁、徐晃并称，被后世誉为“五子良将”。如陈寿在《三国志》五人合传中所言：“太祖（曹操）建兹武功，而时之良将，五子为先。”其中，张辽于黄初三年病逝于江都（治今江苏扬州市），乐进早在建安二十三年便已病故，于禁在黄初二年被曹丕羞辱而死，徐晃于太和元年病逝，而张郃则是最后一位告别三国舞台的。

随着张郃的去世，当初追随曹操南征北战、为曹魏开国立下赫赫功勋的这五位将星，便悉数陨落了。

值得一提的是，张郃之死，后人一直有一种怀疑，认为他是死于司马懿“借刀杀人”的阴谋。

怀疑的依据出自《三国志·张郃传》裴松之注引的《魏略》。据该书记载，当蜀军撤兵、司马懿命张郃追击时，张郃起先是抗命不从的。他给司马懿的理由是："军法，围城必开出路，归军勿追。"就是说，按照《孙子兵法》的说法，对被包围的敌军务必留下逃走的缺口，对撤退的敌人也不要追击。

当时，蜀军是因缺粮而主动后撤的，之前还打了一场大胜仗，战斗力和建制都保存完好，在此情况下追击肯定没有胜算，且极易遭到埋伏，所以张郃的抗命是完全有道理的。

然而，司马懿不听，还是强行命他出兵。张郃无奈，只好从命，结果就在木门道白白丢掉了性命。

若《魏略》的记载属实，那么司马懿借敌人之手杀死张郃的嫌疑就非常大了。

因为明知诸葛亮十有八九会在险要地形设伏，还强迫张郃追击，这样的举动很不正常，明显违背用兵之道。而且，此时的司马懿也完全具备除掉张郃的动机，理由如下：

首先，张郃此前一直在夏侯渊、曹真麾下，长年在西线与蜀汉作战，与来自中枢的司马懿几乎没有任何交集，双方缺乏足够的了解和信任，难免发生龃龉。回顾前文，双方至少有三次意见不合：一是张郃提议在雍县、郿县驻兵，被司马懿否决；二是张郃挑头反对司马懿消极避战的做法；三是司马懿命张郃追击蜀军时他抗命不从。因此，司马懿完全有理由将张郃视为异己。

其次，从张郃的资历和作战经历来看，他在西线魏军中的威望是相当高的，否则当年夏侯渊战死时他也不会被众人推为临时主帅。而司马懿是直到此次战役前才仓促"空降"的，威望本来便不如张郃，加之其消极被动的"乌龟战术"又不被多数将士理解，甚至遭到嘲笑，最后硬着头皮进攻蜀军又遭遇惨败，这对他的领导地位和权威无疑构成了极大的威胁。司马懿若不设法改变这种局面，接下来该如何指挥这支军队？又如何抵御蜀军的进攻？

最后，张郃是第一个站出来公然批评司马懿"乌龟战术"的。正因为有他这个威望甚高的宿将挑头，军中众将才会纷纷站队，给司马懿施加了极大的压力，而贾栩和魏平这两个普通将领也才敢公然嘲笑身为帝国重臣和三军主帅的司马懿。所以，司马懿必然会将自己威望受损、遭受羞辱的原因归到张郃身上。换言之，在司马懿看来，他若想坐稳主帅的位子，顺利地指挥这支军队，不再让属下质疑他的战略战术并对他进行掣肘，那么张郃就是他必须除掉的最大障碍。

综上所述，不论是从排除异己、树立威望的角度，还是从“一山不容二虎”、维护领导地位的角度，司马懿都有足够的动机置张郃于死地。若纵观司马懿的一生行止，“权谋”二字可以说是贯穿始终、无处不在的。所以，略施小计干掉张郃，对司马懿而言实在不是什么难事，更没有什么做不出来的。

随着蜀军粮尽退兵，诸葛亮的第四次北伐也遗憾地落下了帷幕。

此次北伐，从战略层面来讲，并未取得成功，因为它既没有占领魏国的尺寸之地，又没有对魏国造成任何威胁。不过，若是从战术层面来看，这次出兵还是有价值的，它不但歼灭了一部分魏军的有生力量，还射杀了威震一方的曹魏名将张郃，无疑在相当程度上提振了蜀军的士气，也增强了蜀汉上下继续北伐的信心和意志。

平心而论，这样的战绩是可圈可点、不容抹杀的。

诸葛亮于当年六月班师回朝，短短两个月后，蜀国高层便发生了一场人事地震——身为蜀汉百官中的二号人物、次席顾命大臣的李严（此时已改名李平），突然落马了。

导致李严突然落马的直接导火索，就是此次北伐的后勤问题。

当时，李严的官职是“中都护”，原则上相当于蜀汉的最高军事长官；诸葛亮出征前，又命他以本官兼署丞相府事务，即代行丞相职权。简言之，诸葛亮不在，李严就是蜀国百官中的一号人物，所以后勤保障工作自然由他全权负责。

当蜀军在前线与魏军对峙时，后方的粮道突遭连日大雨，粮食运输遇到了极大困难，李严担心粮草不继要承担罪责，便命部下狐忠、成藩假传圣旨，命诸葛亮班师。等诸葛亮一退兵，李严又赶紧上疏刘禅，说大军是佯装撤退，目的是诱敌深入，伺机与魏军决战。

而当诸葛亮率军回到成都时，李严又假装大吃一惊，质问诸葛亮说：“军粮十分充足，你怎么突然就退兵了？”同时，又打算让一个叫岑述的粮食督运官背锅，要把他杀了。

李严的这些乖张举动，说穿了，就是一个谎言需要无数个谎言来掩盖。

诸葛亮是何等精明之人，岂能被这些拙劣的伎俩蒙蔽？很快，他把李严这段时间所写的亲笔书信和奏章全都收集到一起，稍加分析就戳穿了李严的整个骗局。

李严理屈词穷，只能俯首谢罪。

诸葛亮随即上疏，历数其“前后过恶”，然后罢黜了李严的所有官爵，并剥夺封邑，废为庶民，流放梓潼（治今四川绵阳市梓潼县）。

冰冻三尺，非一日之寒。李严落马，除了上述事件这个直接导火索，还有一个深层原因，就是他与诸葛亮的矛盾其实由来已久。

李严，字正方，南阳人，早年在荆州任职，以才干著称。曹操攻打荆州时，李严流亡入蜀，为刘璋所用，历任成都令、护军，于刘备攻蜀时归附。刘备平定益州后，李严官拜犍为太守，因多次平定地方叛乱，并在当地兴修水利，政绩颇著，渐受刘备倚重，擢升尚书令。刘备临终之际，托孤给诸葛亮和李严，并任命李严为中都护，“统内外军事”，隐然有让他制衡诸葛亮之意。

然而，李严名义上是蜀汉最高军事长官，实际上军政大权都在诸葛亮手上，他这个“中都护”纯属有名无实。此外，自从刘备去世后，李严便常年驻守永安（治今重庆奉节县东），直到建兴四年才调任江州，始终远离蜀国的权力中枢，可以说一直处于边缘化的状态。对此，李严心里自然很不爽——同为先帝指定的顾命大臣，凭什么你诸葛亮可以大权独揽，我李严就得在一边凉快？

为此，李严走了一步棋，就是私下怂恿诸葛亮加九锡，晋爵称王。此举表面上是在巴结诸葛亮，其实是想把他架在火炉上烤。假如诸葛亮脑子不清醒，真的迈出这一步，势必受到刘禅猜忌，也会令蜀汉的文武百官齿冷，从而让诸葛亮失去皇帝的信任和朝野的拥戴。到那时，李严就可以联络百官一起扳倒诸葛亮，最终取而代之。

可是，李严的如意算盘落空了。因为诸葛亮根本无意做权臣，而且一眼就看穿了他的用心，遂严词拒绝。

至此，双方的关系愈加紧张。

当时，在朝中担任尚书令的陈震跟李严是同乡，他曾私下对诸葛亮说，“正方腹中有鳞甲”，即暗示李严这个人心术不正，迟早会生出事端。对此，诸葛亮当然心知肚明，但为了维护大局，他还是不想跟李严闹僵，遂一笑置之。

建兴五年，诸葛亮准备发动第一次北伐，想调李严去镇守汉中。李严却推三阻四，根本不想去，还提出条件，要求诸葛亮划出五个郡，成立巴州，让他当巴州刺史。众所周知，蜀国名义上是一个国家，实际上只有益州一块地盘，下辖也就十几个郡，你李严一口气就要五个郡，还要另立一州，这不是明目张胆地另立中央吗？诸葛亮当然不肯答应。

于是，双方矛盾加深，且有公开化的倾向。

建兴八年，曹真欲大举进犯汉中，诸葛亮又命李严率两万人北上阻击。可李严照旧拖拖拉拉，不把诸葛亮的命令当回事儿，还扬言说曹魏的司马懿已经给他准备了高官厚禄，就等着他过去。

诸葛亮知道李严是在讨价还价，出于大局考虑，不得不擢升其子李丰为江州都督。李严得到好处，这才动身去了汉中。随后，为了满足李严的权力欲，诸葛亮又把汉中的军政大权一并交给了他，以致百官议论纷纷，都说丞相太迁就李严了。诸葛亮只好对众人解释说：“大事未定，汉室倾危，与其去攻李严之短，不如用其所长。”

第四次北伐前，诸葛亮之所以把李严调回成都，并让他代行丞相之权，就是想填饱他的胃口，希望他别再生出事端。可诸葛亮万万没想到，即便他一再让步，李严依旧不安分，终究还是搞出了这么一大摊事儿。

之前李严搞的那些争权夺利的小动作，尽管吃相难看，可毕竟没有给朝政造成什么损害，所以诸葛亮还可以容忍。但这一次，李严的所作所为已经完全突破了诸葛亮的底线——往小了说，李严是玩忽职守，欺上瞒下；往大了说，他破坏了蜀汉的北伐大计！

所以，诸葛亮只能下狠手，彻底终结李严的仕途。

随着李严的落马，诸葛亮就成了蜀汉唯一的顾命大臣，原本就已集中在他手上的军政大权得到了进一步巩固。正因为此，后世有不少人认为诸葛亮此举是在搞权力斗争，排除异己。

若单纯从结果上看，李严一废，诸葛亮从此再无掣肘，在政坛上也再无对手，的确有“大权独揽”的意味。但我们应该看到，诸葛亮总揽蜀汉大权的目的，并不是像李严那样满足一己私欲，更不同于历史上那些一手遮天、作威作福的权臣，而是为了蜀汉的国家利益，为了更顺利地开展北伐，从而最终完成刘备“北定中原，兴复汉室”的遗愿。

从这个意义上说，李严纯属咎由自取，怪不得诸葛亮；同理，“李严事件”的性质也并非尔虞我诈的权力斗争，而是诸葛亮在履行丞相的职责——整肃朝纲，清除害群之马。

孙权与辽东：一场跨越海洋的恩怨

当西边的蜀汉与曹魏打得头破血流时，东边的孙权也没有闲着。

孙权经略夷洲虽然没有达到预期目的，但并未就此放弃海洋战略。他决定往北面开拓一条海上航线，绕过魏国，与北方沿海的一个割据政权建立外交关系。

这个割据政权，就是辽东。

辽东名义上归属曹魏，实则一直是独立王国。从公孙度、公孙康到公孙渊，祖孙三代基本上都以辽东王自居，俨然就是土皇帝，对曹魏毫无臣服之心，更无忠诚度可言。曹魏对此当然很不乐意，无奈长年与蜀汉、东吴交战，实在腾不出手来收拾辽东，只能对其采取羁縻政策。所以当公孙渊上位时，曹叡就连忙下诏，拜其为扬烈将军、辽东太守。

眼下，孙权之所以要笼络辽东，一来是出于远交近攻的战略需要，利用它来牵制曹魏，二来是想从辽东获取东吴紧缺的军用物资——战马。

东吴嘉禾元年（公元232年，曹魏太和六年）三月，孙权派遣将军周贺、校尉裴潜渡海北上，前往辽东拜会公孙渊，并与其洽谈购买战马的事宜。

辽东、幽州一带自古便是盛产良马的地区，所以才有两汉的“幽州突骑”和公孙瓒的“白马义从”名闻天下。既然拥有丰富的战马资源，公孙渊当然乐得跟孙权做这笔买卖。双方很快达成交易，并就此建立了友好的外交关系。

在古代，战马交易的性质无异于今天的军火贸易，而公孙渊居然背着魏国，跟孙权搞起了这种勾当，魏明帝曹叡怎么能忍？

曹叡十分愤怒，立刻下令讨伐辽东，命汝南（治今河南息县）太守田豫从海路北上、幽州刺史王雄从陆路东进，打算好好教训一下公孙渊。

可是，辽东是公孙家祖孙经营了三代的地方，其边境线上的城池就算不是固若金汤，至少也是易守难攻。魏国仓促出兵，又岂能讨得着便宜？

时任散骑常侍的蒋济连忙劝谏，说："但凡没有重大威胁的敌人，以及尚未公开反叛的属国，都不宜轻易讨伐。因为若不能将其制服，等于是迫使他们起来反抗。常言道：'虎狼当路，不治狐狸。'先铲除大害，小害就会自行消亡。而今，辽东已归附多年，经常纳贡，朝臣对其也是普遍认可的。就算我们一举将辽东征服，其人口不足以使我国更强大，其财产也不足以使我国更富足；可万一失利，便与其结下了仇恨，且有损朝廷的信誉。"

蒋济的意思说白了就是：虽然辽东这个小弟不太听话，但做老大的还是要设法安抚，不能说打就打，因为身为老大，打赢了是胜之不武，打输了更是颜面扫地，何必呢？

可曹叡正在气头上，根本听不进去，于是魏军如期出征。

结果，魏国水、陆两路大军都遭遇了顽强抵抗，没有取得任何战果。曹叡悔不当初，只好下令撤军。

这时，圆满完成使命的东吴使臣周贺、裴潜，正率领舰队，满载着从辽东购得的战马，高高兴兴地扬帆南下。

二人并不知道，死神就在前面不远的一个地方等着他们。

这个地方，叫作成山，现在的名字叫成山角，位于山东半岛的最东端，也是我国陆海交接处的最东端，所以又称"天尽头"。此处三面环海，一面接陆，看上去就像是从陆地往海里伸出了一只脚。

要命的是，这只"脚"正好横在东吴舰队南下的必经之路上。

更要命的是，此时正值冬季，海上风急浪高，东吴舰队只能贴着海岸线航行，且风浪太大时，必须在此暂避。

最要命的是，出师不利的田豫预料东吴舰队很可能在此避风，为了将功补过，便率部埋伏在了成山，专门恭候东吴使团的到来。

于是，后面发生的事情就不言而喻了，东吴舰队行经此处时，果然遭遇风暴，被迫靠岸，然后田豫突然杀出，全歼了这支东吴使团，顺带把东吴的船只和马匹也全都“笑纳”了。

东吴与辽东的第一次勾搭，就这样被曹魏给搅黄了。

公孙渊在这次交易中虽然没什么损失，但毕竟让曹魏给打了，心里很不爽，索性不认曹魏这个老大了，决定改换门庭，认孙权当老大。

东吴嘉禾二年（公元233年，曹魏青龙元年）二月，公孙渊派遣校尉宿舒、郎中令孙综渡海南下，来到建业（今江苏南京市，此时孙权已迁都于此），正式向东吴奉表称臣。

孙权顿时大喜过望。

想当年他迫于形势，不得不向曹魏称臣，心里别提有多憋屈了，如今时移势易，轮到曹魏的小弟来向他称臣了，孙权自然有一种扬眉吐气之感。

为了体现“皇恩浩荡”，孙权命人准备了一大堆“金宝珍货”作为赠礼，并准备派遣太常张弥、执金吾许晏、将军贺达率一万名士兵护送宿、孙二人回辽东。然后，孙权觉得这样还是不足以表达自己对公孙渊的恩宠，于是打算封他为“燕王”，并赐予人臣最高的礼遇——加九锡。

这下子，东吴的文武百官可全都不答应了。

虽说老板你新收了小弟，喜悦之情可以理解，但出手如此阔绰，还把公孙渊捧到这个程度，未免有些过头了吧？你让我们这些鞍前马后跟随你多年的老同志作何感想？

以丞相顾雍为首的百官纷纷劝谏，说：“公孙渊这个人不可轻信，更不可过分恩宠，派兵护送使节回去就够了，大可不必封王又加九锡。”

可是，孙权心意已决，不为所动。

百官没辙，只好把离休老干部张昭同志请了出来。张昭一到，便苦口婆心地劝孙权说：“公孙渊是因为背叛了魏国，担心被讨伐，才不远千里前来求援，压根不是真心称臣。要是他哪天改变主意，又倒向魏国，那咱们派去的使臣就回不来了。到时候，岂不是让天下人看笑话?!”

这话算是说到点子上了，但说话的方式不够婉转，明显伤害到老板的自尊心了。

孙权本来就是想过一把天子泽被四海的瘾，现在你戳穿了公孙渊的动机，就等于说孙权被人家骗了，相当于否定了老板的智商，试问天底下有哪个老板受得了这个？

孙权强忍怒火，一再解释自己这么做的理由，却被张昭一一驳斥。君臣二人就这样当着百官的面，吵得面红耳赤，却谁也说服不了谁。

孙权忍无可忍，一把握住腰间佩刀，厉声道："吴国士人，入宫参拜的是朕，出宫参拜的则是你，朕对你的尊重已到极限，而你却总是当众顶撞，朕实在担心哪天忍不住，会做出本来不想做的事情！"

意思明摆着——你这老家伙要是再叽叽歪歪不知好歹，我就把你一刀砍了！

张昭浑身一震，凝视了孙权许久，才黯然道："臣之所以明知道陛下不会采纳臣之所言，还要竭尽忠心，只因太后临终之际，把老臣召到榻前，留下遗诏，命老臣辅佐陛下。当初那些话，至今言犹在耳啊！"

说完，张昭顿时老泪纵横。

这张悲情牌一打，刚才还嚷嚷着要杀人的孙权立马无语了。

没办法，皇帝再大，也是太后生的。你要是敢违背太后遗命，那就是不孝；若胆敢诛杀太后（包括孙策）指定的顾命大臣，那就是大不孝！

孙权无可奈何，只好恨恨地把佩刀掷在地上，然后眼泪也跟着掉了下来。

不就是哭吗？谁不会？

一个是年近八旬的老臣，一个是年过半百的皇帝，两个老男人就这样相对而泣，用眼泪进行无声的对峙，场面别提有多尴尬了。

当天的廷议就这样不欢而散了。事后，孙权依旧一意孤行，命张弥等人率部护送辽东使者回去，同时送过去的，当然还有"燕王"的冠冕、加九锡的物品，以及一大堆奇珍异宝。

张昭见皇帝把他的谏言全当耳旁风，愤而闭门不出，随后再也不肯踏入宫门半步，就算例行朝会也不参加。孙权看这老家伙要起了性子，也不甘示弱，马上命人用泥土把张昭家的大门给封死了。

你不是不想出门吗？好，我帮你，从今往后你都别出门了，你们全家都别出门！

事情发展到这一步，几乎就是一场闹剧了。东吴帝国这两个身份最尊、地位最高的老男人一要起小孩子脾气，可把朝野上下的这群围观群众看傻了。

张昭一看皇帝把他们家大门封了，索性做得更绝——命下人在大门后面又生生砌起了一道墙。

你敢堵门，我就敢砌墙，看谁比谁狠！

这情景，活像街上两个小流氓打架，一个威胁对方说要一板砖拍死他，结果对方二话不说，拿起刀就往自己大腿扎了下去。

很明显，后者更狠。不过，咱们作为一千多年后看热闹的群众，也不必急着喝彩，更不必替张昭担心，因为老张他们家大着呢，除了大门还有边门后门好几个，出入根本不成问题。所以，他这个砌墙之举，就是故意跟皇帝叫板抬杠而已，对自己并无损害。

正当这场闹剧愈演愈烈之时，从辽东突然传回一个令人震惊的消息——公孙渊悍然斩杀东吴使臣张弥、许晏、贺达，还把三人的首级拱手送给了曹魏！

孙权闻报，如遭雷击，几乎不敢相信自己的耳朵。

公孙渊这小子到底在玩什么？

孙权暴怒不已，忍不住破口大骂："朕活了五十多年，世上再艰难困苦的事情，全都经历过，没想到竟会被这个鼠辈玩弄，真是令人气涌如山。朕要是不亲手砍下这个鼠辈的脑袋扔海里去，有何颜面当这个皇帝？就算付出再大的代价，朕也无憾！"

公孙渊这家伙，本质上就是个鼠目寸光的小人，一切行为都是从眼前利益出发，既没有深谋远虑的战略思维，也毫无诚信守诺的道德底线。

他当初跟孙权做生意，只是为了赚钱，压根没有"远交近攻"的想法。接着，他被曹魏攻打，就赶紧认孙权当老大，目的也无非是张昭说的，找个强大的外援而已。最后，当孙权又是册封又是送礼，还派出一万名士兵到达辽东的时候，公孙渊的小算盘立马又打得哗哗响了。在他看来，曹魏近，东吴远，若真的跟曹魏彻底决裂，引发全面战争，东吴不见得能帮上忙。所以，要想坐稳土皇帝的位子，终究还是不能与曹魏为敌，必须修复关系。那么，该怎么做，才能重新认曹魏当老大呢？

答案就摆在眼前——三个东吴使臣的头颅。

只要把这三颗脑袋送到洛阳，便足以彰显他的诚意，曹魏定然会既往不咎。此外，杀了这三人，还能得到一个眼皮底下的好处，就是可以吞并他们麾下这支一万人的军队。

有这么多好处，公孙渊凭什么不跟东吴翻脸呢？

果然不出公孙渊所料，当魏明帝曹叡见到那三个东吴使臣的首级后，龙颜大悦，立刻跟辽东冰释前嫌，旋即下诏拜公孙渊为大司马，并封乐浪公。

就这样，孙权费尽心机想要笼络辽东，结果却被啪啪打脸，不但损失了大臣、士兵、战船、金钱，更大大折损了他这个东吴皇帝的颜面。

所以，孙权发誓要亲手砍下公孙渊的狗头，为此不惜一切代价，这也是可以理解的。

遗憾的是，他的想法并不现实。因为东吴与辽东之间隔着曹魏，此外就是一片凶险难测的茫茫大海，若是执意从海路进攻辽东，有几分胜算暂且不说，曹魏定然会趁机大举南下。到时候，东吴有这个国力同时在海、陆两个战场与辽东、曹魏开战吗？

答案显然是否定的。

此外，倘若孙权真的登上战船，从海上御驾亲征，那么指不定一场风暴袭来，就会让他葬身海底了，都无须等到曹魏出手。试问，如此大的风险，真的值得孙权去冒吗？

当时陆逊驻守在武昌，听说孙权因公孙渊之事气得快失去理智了，赶紧上疏，对孙权进行了劝谏。

当然，劝谏是一门艺术，不能谁都跟张昭似的，只顾说理不顾领导感受。陆逊就很善于拿捏其中的分寸。他先是吹捧了孙权一番，说陛下英明神武，当年破曹操于乌林，擒关羽于荆州，败刘备于西陵，把这三个“当世雄杰”都打得找不着北，可见陛下天威所至，那真叫一个望风披靡啊！

对于自尊心严重受伤的孙权来讲，此时帮他回忆一下过去的丰功伟绩是十分必要的，所以陆逊毫不吝啬溢美之词。

一番肉麻的吹捧之后，陆逊才开始跟领导讲道理，说小不忍则乱大谋，您堂堂万乘之尊，怎么能渡海远征呢？那不是违背“千金之子，坐不垂堂”的古训了吗？眼下魏国才是最重要的敌人，若是打败了魏国，则辽东不讨自平，何必劳师动众去讨伐呢？

随后，大臣薛综、陆瑁等人也纷纷上疏劝谏。

孙权一开始还不肯听从，后来气慢慢消了，理智也渐渐恢复了，才悻悻然收回成命。

然后，孙权不禁想起了张昭，看来姜还是老的辣啊！当初要是听人家老同志的正确意见，何至于被公孙渊这个浑蛋玩得这么惨呢？

为了表达自己的歉意，孙权屡屡派人前去慰问张昭，希望他能入宫，与自己和解。不料，人家老同志的气还没消，愣是说自己病得很重，连床都下不来，更别提进宫了。

孙权没办法，只好放下皇帝的架子，亲自前去拜访。在孙权看来，我做领导的都已经纡尊降贵了，你这位老同志总该给点面子吧？

可他万万没想到，侍从宦官在门外（张宅主门被封，此处应是边门）叫了半天，里面居然只扔出来一句话，说老人家病重，不便会客，然后依旧大门紧闭。

好家伙，居然敢让皇帝吃闭门羹？你这老头倔得有点过分了吧！

孙权恼羞成怒，立刻命人放火烧门，打算把张昭逼出来。可是，眼见大火熊熊燃起，张昭却始终不肯露面。

这下孙权可不好收场了。若是任由大火这么烧下去，不但张宅很可能付之一炬，左邻右舍恐怕都得跟着遭殃。孙权无奈，只好又命人把火扑灭了。

折腾了大半天，皇帝就像是在演一场无人捧场的独角戏，要多尴尬有多尴尬。

当然，这回孙权绝不气馁。他打定主意要跟张昭耗下去，看谁耗得过谁。又过了许久，张昭摆足了架子、出够了气，才在几个儿子的搀扶下，慢慢悠悠地出来见驾。孙权大喜，连忙恭恭敬敬地把老同志扶上天子车驾，然后直入皇宫。

进宫后，孙权进行了深刻的自我批评，连连跟张昭赔不是。张昭这才原谅了皇帝，答应继续当朝廷顾问，也会按时参加之后的朝会。

孙权与张昭这场戏剧化的“君臣博弈”，在中国历史上是非常少见的。在我们的刻板印象中，皇帝都是高高在上、说一不二的，臣子自然也是卑躬屈膝、唯唯诺诺的，可孙权和张昭的上述言行却屡屡出乎我们的意料，打破了我们的固有认知。

在这里，皇帝放下了权力的傲慢，臣子挺起了做人的脊梁，君臣尊卑消失不见，等级的藩篱也荡然无存。剩下的，只是两个卸下面具的人，彼此用真性情在碰撞，不为别的，只为碰撞出一个是非曲直。

在我们所了解的权力场上，通常是官大一级压死人，很少有领导愿意主动认错的，更何况还是九五之尊的皇帝？所以，孙权在这件事上的表现，不仅令人敬佩，而且真实、接地气，甚至显得有点可爱；就连脾气执拗的老臣张昭，一再跟皇帝抬杠怄气，似乎也不让人讨厌，只让人觉得这个老头还挺好玩。

孙权称帝后，经略夷洲无功而返，从海路与辽东打交道更是遭遇重挫，随后便渐渐失去了探索海洋、利用海洋的热情，从此也再无船队出海的举措。但是从历史的角度来看，孙权却无疑是古代少有的既重视海洋，又具有冒险精神的一位皇帝。仅凭这一点，孙权就远远超越了他所属的时代。从这个意义上说，孙权的探索虽然失败了，但虽败犹荣。

满宠经营合肥，东吴三路北伐

在曹魏与东吴的长期对峙中，合肥是一个非常突出的战略要地，孙权视其为北伐中原的突破口，曹魏则将其经营成了一座对东吴颇具威慑力的桥头堡。

因此，双方注定要在此地死磕。

在称帝之前，孙权就已经磕过两回，分别在建安十三年和建安二十年。第一次围攻半年无功而返，第二次则险些死于张辽的戟下。这对孙权自然是一种莫大的耻辱。所以，拿下合肥，不仅对东吴有战略意义，对孙权个人更是有洗刷耻辱的意义。

曹魏在合肥的主要守将，先是张辽，后是曹休，现在则是征东将军满宠。

满宠这个人，虽然是酷吏出身，论作战经验不及张辽，论军中资历不及曹休，但此人思维缜密，遇事沉着冷静，且富有谋略，同样是一个极其难缠的对手。

早在东吴黄龙二年冬，即孙权称帝次年，他便迫不及待地发布了第三次进攻合肥的命令。满宠得到情报，立刻上奏曹叡，然后从兖州、豫州征调了大批部队，在合肥集结，严阵以待。不料几天后，又有情报传来，说东吴大军行进到边界附近就突然撤兵了。

曹叡闻讯，认为危险已经解除，便命兖州和豫州兵团撤回原驻地。

然而，满宠却满心狐疑，总觉得事有蹊跷。他当即上奏，说："吴军大举出动，却无故而返，其中定然有诈。依臣分析，东吴必然是佯装撤军，以此诱使我们也把部队撤走，然后才乘虚而入，对我们发动突然进攻。"

曹叡一看，这孙权也太狡猾了，旋即收回了撤兵命令。

果然不出满宠所料，十余日后，孙权便亲率大军出现在了合肥城外。随后，吴军对合肥发起猛攻，无奈魏军早已在满宠的指挥下进行了严密部署，孙权预定的突袭战术完全落空，再打下去必然是劳师糜饷，只好下令退兵。

孙权与满宠的第一次交手，让孙权充分领教了这个对手的厉害之处。

接下来，满宠还将让他见识更厉害的手段。

鉴于东吴屡屡寇边，而现有的合肥城又距巢湖和长江太近，对擅长水战的东吴有利，对曹魏则不利，所以满宠便于曹魏太和六年上疏曹叡，提出了另筑新城的计划。

他说："合肥城南临巢湖和长江，北面又与寿春（今安徽寿县）相距太远，吴军如果围攻，可以利用水军的优势，我军往往要击破敌军主力，才能解围。换言之，目前的城池易攻难守，臣建议调出城内守军，在城西三十里处，选择一处险要地形，另筑新城进行固守。如此，敌军便不得不弃船登岸，而我军则能在陆地上断其退路。"

奏疏呈上，蒋济却提出了异议。他对曹叡说："放弃城池是在向天下人示弱，这就像刚刚望见敌人烽火，便慌忙自毁城池一样，可以说是不战而败。一旦走这一步，敌人的侵略会更加猖獗，而我们只能渐渐退守淮北一线。"

曹叡颇为信任蒋济，闻言便否决了满宠的提议。

满宠不甘心就此放弃，再度上疏说："《孙子兵法》有言，兵者，诡道也。示敌以弱是一种策略，目的是让敌人以为我们怯战，从而生出骄傲之心。《孙子兵法》又说，要诱使敌人行动，就必须制造足以让敌人动心的那种形势。如今敌军未至，我军却先行撤出，就是要诱惑敌人，目的是让他们远离水域，深入陆地，然后我军再选择有利的时机发动攻击。"

朝臣赵咨认为满宠的计划是可行的，建议曹叡采纳。

曹叡权衡了一番利弊后，终于下诏批准。

短短一年后，即曹魏青龙元年，一座崭新的城池便在合肥旧城西面拔地而起。旧城主要是居民区和商业区，只保留少量驻军；新城则以驻兵为主，更像是一座军事要塞。

同年年底，孙权卷土重来，亲率大军第四次进攻合肥。

这回，满宠“主动收缩，诱敌深入”的战略立刻发挥了作用——由于魏军主力已移师新城，吴军若要进攻必须弃船登岸，与魏军展开陆战。孙权不免担心后路被断，所以率水军在岸边停泊了二十余日，始终没有下船。

当年孙权进攻合肥，险些死在张辽手上，幸亏贺齐率水军及时接应，他才逃过一劫。此事显然给孙权造成了极大的心理阴影。因此，这回是否敢于远离水域、深入陆地去打合肥新城（今安徽合肥市西北），对孙权来讲是一次严峻的考验。

见吴军迟迟没有上岸，满宠颇有些自得。不过，他并未得意忘形，而是保持着一贯的冷静。在一番冷静思考后，满宠准确地预判了孙权的下一步行动。他对左右将领说：“孙权对合肥志在必得，行前肯定对部众夸下了海口，如今大举来犯，目的就是要建立大功。而今他虽知我军主力在新城，不敢贸然行动，但为了保住面子，必然会上岸炫耀兵威，借此展示实力。”

在满宠看来，这就是机会。

随后，满宠立刻派遣步骑六千，迅速前往淝水岸边的隐蔽处埋伏，就等孙权上岸。

一切不出满宠所料，伏兵进入阵地不久，孙权就率军登岸来“耀兵”了。魏军突然杀出，吴军猝不及防，被斩杀数百人，还有部分士兵落水溺毙。

虽然损失不大，但士气已然受挫，且孙权担心魏军还会有后续动作，为保万全，不得不下令撤退。

照理说，曹魏修筑新城这么大的动作，东吴不可能没有获得情报。所以，孙权此次出兵，其目的应该不是一举攻占合肥新城，而是进行试探性进攻，摸清虚实，掌握第一手情报，以便为下一次大规模进攻创造条件。

所以，满宠说孙权上岸是为了“耀兵”，其实并不准确，正确的说法应该是“踩点”。

稍后，孙权又命大将全琮率一部西进，攻击六安（治今安徽六安市），但同样没有取得战果，遂全军班师。

蜀汉建兴十二年（公元234年，曹魏青龙二年）二月，经过三年的休养生息和整军备战，诸葛亮集结了十万大军，由斜谷道进兵，对曹魏发动了第五次北伐。

这也是诸葛亮一生中最后一次北伐。

此次北伐，可以说是历次北伐中规模最大、准备最充分的一次，从以下几个方面就能看出来：

其一，出动兵力最多。前面的四次北伐，兵力有多有少，虽具体数量史书无载，但大致推测，最多应该不超过七八万（如第一次北伐），最少可能只有一两万（如第三次北伐）。而这一次，按《晋书·宣帝纪》记载，是十余万；按《资治通鉴》记载，则是十万。《晋书》或许略有夸大，十万应该是比较可靠的数字。总之，此次出动的兵力肯定是历次北伐之最，说明诸葛亮是下了血本了。

其二，出兵方向较以往最为激进。前四次北伐，两次出祁山，一次出散关，一次攻取祁山附近的武都、阴平二郡。很明显，四次出兵的目标都是陇右地区或关陇之间，离长安较远，对魏国的威胁很小，用兵偏保守。而这一次，则是从斜谷道穿越秦岭，直插关中郿县，剑指长安，显然比以往都激进得多。

其三，兵马未动，粮草先行。由于蜀道难行，诸葛亮历次北伐都会被粮食问题困扰，所以这一次，诸葛亮不仅启动了“木牛流马”这种尖端运输工具，而且在出兵前的三年之中，就陆陆续续把大量粮食运到了褒斜谷的谷口，并修复了谷中的栈道，为即将到来的大战提供坚实的后勤保障。

其四，与东吴联手，同时大举出兵。前四次北伐，蜀汉都未能与东吴很好地协同配合，没有最大限度发挥同盟的作用。所以这一次，诸葛亮特地在出兵之前派人去见了孙权，双方约定一起动手，同时在东、西两线对曹魏发起大规模进攻。

关于诸葛亮第五次北伐的经过，我们会在后文详述，此处暂且不赘述。

这里，我们先来看看孙权第五次进攻合肥都发生了什么。

东吴嘉禾三年（公元234年，曹魏青龙二年）五月，孙权兵分三路，在长达一千多里的战线上对曹魏发起了全面进攻：

中路，由孙权本人亲率十万大军（号称十万，具体不详），进抵巢湖湖口（今安徽巢湖市），兵锋直指合肥新城；西路，由陆逊和诸葛瑾率一万余人，从江夏和沔口（今湖北武汉市）溯江西上，进攻襄阳；东路，由孙韶、张承率部进入淮河，进攻广陵（治今江苏扬州市）、淮阴（治今江苏淮安市）。

六月，满宠得知吴军大举出动，连忙上疏，请求朝廷派大军驰援合肥。

当时在朝的将军田豫却提出了反对意见，对曹叡说："此次东吴大举出兵，绝非贪图小利，其目的就是要把合肥新城当作一块磁石，企图将我们的多数兵力都吸引过去。故臣建议，就让敌人放手攻城，挫其锐气，不必与之争锋。如果他们无法攻克坚城，部众必然疲惫，等他们士气低落之时，我军再发动反击，定可破敌。孙权若是有头脑的话，必不敢攻城，会自行退去。倘若我军云集合肥，主动进攻，那就中了他的奸计了。"

曹叡觉得有理，便没有向合肥派出援军。

满宠急坏了，慌忙再度上疏，强烈要求朝廷派出精锐增援。

这回，一个叫刘劭的散骑常侍终于替满宠说话了。他给曹叡献策道："东吴兵力众多，气势正盛，满宠以寡敌众，就算有机会出击，也无法取胜。所以，满宠请求援兵，并没有错。臣认为，可以派遣步兵五千、精骑三千，先行出发，扬言大军已数道并进，造成先声夺人之势。骑兵到了合肥，应疏散队形，多带旌旗，擂动战鼓，在城下耀兵，然后迅速插到敌军背后，切断其退路和粮道。吴军若风闻我大军将至，必震恐遁逃，到时候便不战自溃了。"

刘劭说吴军会"不战自溃"，肯定是有些想当然了，不过他这招虚张声势的疑兵之计，倒也是可行的。

所以，曹叡采纳了他的建议。

然而，对此刻的满宠而言，即便有八千援军，加上自己的兵，恐怕还是难以抵挡孙权大军。虽说孙权对外号称的"十万"人马，其中水分肯定不少，但就算打个对折，也够满宠"喝一壶"了。

为此，满宠不得不三度上疏，请求撤出合肥，将吴军引向纵深地带，在寿春与敌决战。

把战火引向魏国纵深？亏你想得出来！

曹叡立刻驳回了满宠的请求，并下了一道措辞严厉的诏书，说："当年，两位先帝在东线经营合肥，在南线力保襄阳，在西线固守祁山，每一次都是把敌人歼灭于城下。之所以如此，是因为这些都是战略要地，当然要寸土必争。就算孙权进攻新城，想必也无法攻克。敕令你部各将，务必坚守城池，我将御驾亲征，等我到了，恐怕孙权早已遁逃。”

当年七月，曹叡登上龙舟，亲自率军东征。

满宠接到诏书，自然不敢再打撤退的主意，只能玩命死守。不过，主意一旦打定，满宠的能耐就再次显现出来了。他不仅挡住了东吴大军的猛烈进攻，而且招募了一支敢死队，烧毁了吴军的攻城器械，并射杀了孙权的侄子孙泰。

在大军围城、众寡悬殊的情况下，还能打出这样的防守反击，实属难得。

吴军连攻多日无果，本来士气便有所下降，加之不少将士又感染了疾病，战斗力大为削弱，令孙权颇感无奈。正在此时，曹魏援军到达，开始实施疑兵之计，吴军上下更是军心浮动。

尽管有这么多不利因素，但孙权仍不愿退兵。直到曹叡御驾亲征的消息传来，孙权心里才打起了退堂鼓。他原本以为三路齐发，足以分散曹魏兵力，尤其是分散曹叡的注意力，没想到曹叡最看重的，终究还是他多年以来一直死磕的这个合肥。

既然连曹魏皇帝都出动了，这仗再打下去毫无胜算，万般无奈的孙权只好下令撤军。随后，负责进兵淮河的孙韶、张承所部也跟着撤了。

至此，三路大军只剩下西线的陆逊、诸葛瑾一路。

此时，陆逊和诸葛瑾正分兵向襄阳推进，已深入魏国境内。得知孙权主力和东路军都已班师，陆逊意识到光凭自己这一路，很难取得什么战果，于是写了一道奏表，向孙权汇报自己的情况，然后派亲信韩扁送去建业。不料，韩扁竟然在半路被魏军的巡逻兵给抓了，奏表也落入魏军之手。

诸葛瑾闻讯，慌忙给陆逊去信，说：“圣驾（孙权）已返，敌人又擒获韩扁，对我们的军情已了如指掌，而长江的水位正在降低，对我们不利，我建议赶紧撤军。”

陆逊当然也知道，在目前的形势下，撤退是最好的选择。但要以什么样的方式撤退，却是有讲究的。

收到诸葛瑾的信后，陆逊没有回复，而是成天跟将领们一块下棋、射猎、游戏，一副气定神闲的样子，仿佛根本不考虑撤兵之事。

诸葛瑾听说后，知道陆逊足智多谋，这么做一定有他的道理，随即赶到陆逊大营，看他葫芦里到底卖的什么药。陆逊这才把自己的撤兵计划和盘托出，说："魏军知道圣驾已回，无须再考虑东线战场，势必全力以赴对付我们，且目前各个要害之处，皆有魏军重兵把守，而我们已然军心浮动，很容易溃散。在此情况下，首先必须安定军心，然后施以计谋，我们才能脱险。倘若仓促撤退，魏军看出我们的恐惧，定然四面来攻，那我军就必败无疑了。"

随后，陆逊把具体的计划告诉了诸葛瑾。两人旋即分头行动，由诸葛瑾率领水军，由陆逊率领陆军——但出乎所有人意料的是，他们居然不是往回撤，而是继续向北挺进，兵锋所指仍是襄阳。

此举令魏军大为惊诧。他们原本对陆逊便颇为忌惮，现在一看吴军竟然向襄阳运动，赶紧掉头北上，纷纷回防襄阳。

陆逊从容调遣部众，一边虚张声势，继续迷惑敌人，一边向汉水运动，准备与诸葛瑾会合。魏军各部摸不清虚实，只能采取防守态势，根本不敢向吴军逼近。不久，陆逊扬言要在襄阳外围打猎，做足了挑衅姿态，然后率陆军与诸葛瑾的水军在白围（今湖北襄阳市东）会合。

至此，陆逊成功扭转了之前的不利局面，把本来要包围他们的魏军都逼到了襄阳一线，为随后的撤退扫清了障碍。

之后，陆逊率陆军大部登上水军战船，开始顺着汉水悄悄南撤。为了迷惑魏军，陆逊在主力南撤的同时，还特意向曹魏扔出了几颗烟雾弹——派遣将领周峻、张梁等人，各率所部，分别攻击魏国江夏郡的新市（今湖北京山市东北）、安陆（治今湖北安陆市）、石阳（今湖北武汉市黄陂区西）。

这一年七月底，周峻等部顺利完成了掩护主力撤退的任务，还在进攻石阳时斩杀并俘虏了一千余人，然后顺利撤退。

东吴这场声势浩大的北伐，就这样以"雷声大，雨点小"的方式落下了帷幕。

孙权御驾亲征、三路出兵，结果几乎毫无战绩可言，除了对合肥新城造成一定的威胁，仅有的战果，或许就是周峻斩获的这一千余人了。

可令人遗憾的是，即使是这点可怜巴巴的战绩，仍然是有问题的。

据《三国志·陆逊传》记载，石阳城外有个很热闹的集市，当周峻率部突然杀到时，魏国的商贾百姓吓得扔下货物，纷纷往城里跑，结果在城门口挤得水泄不通。守城魏军关不上城门，便对自己的百姓挥起屠刀，大肆砍杀，直到拥挤的人群都被砍倒在血泊中，城门才得以关上。

然后，周峻杀到，便顺手牵羊地砍下那些死者的首级，又抓了被关在城门外的一些百姓，就这样“斩获”了一千余人而还。

这样的战果，显然有“冒功”之嫌，丝毫不值得称道。所以，裴松之为《三国志》作注时，就忍不住在此处大骂陆逊，说吴军既然可以全身而退，何必再派兵去打石阳等地，以致害死无辜百姓呢？

平心而论，裴松之这个批评，是不太站得住脚的。首先，吴军最后虽然全身而退，但陆逊之所以派兵去打石阳等地，正是为了迷惑魏军，掩护主力撤退，这在战术上是完全正确的，并无过错。其次，死于石阳城门的那些魏国百姓，诚然是无辜的，但杀害他们的并不是吴国士兵，而恰恰是魏国自己的士兵，所以不宜将“滥杀无辜”的罪名扣到吴军头上，更不能扣到主帅陆逊头上。最后，周峻等人砍下百姓首级以“冒功”，确实无耻，但这个行为也不是陆逊授意的，同样不能怪到他身上。

事实上，据《三国志》记载，陆逊在对待周峻抓回去的那些俘虏时，还是很仁义的，完全符合人道主义精神。他首先严令所有将士不得骚扰或虐待俘虏，然后凡是一家人都被俘的，就把他们安置在一块，让他们互相照料；至于那些走丢了老婆孩子的，陆逊不但提供粮食和衣物，“厚加慰劳”，最后还把他们放了，让他们回家去找亲人。

陆逊此举，感动了不少魏国人。随后，便有一些魏国军民主动前来投奔，如江夏功曹赵濯、弋阳将领裴生、夷人酋长梅颐等人，都率领他们的部属归附了陆逊。

如果说东吴的这场北伐，最后还算有一点点战果的话，那显然也不是周峻斩获的那一千余人，而是在陆逊的感召下归附的这些魏国军民。

所以，说到底，裴松之该骂的，其实不是陆逊，甚至也不是哪个具体的个人，而是这个该死的战争本身。

魂断五丈原：诸葛亮最后一次北伐

蜀汉建兴十二年四月，诸葛亮率十万大军，从斜谷道穿越秦岭，进抵郿县，于渭水南岸扎营。司马懿立刻率部渡过渭水，然后背靠渭水修筑营垒，与蜀军对峙。

这两个老对手又见面了。

由于在上次卤城之战中，诸葛亮一反常态地采取了“置之死地而后生”的战术，并且打赢了那一仗，给司马懿留下了不小的心理阴影，所以这一回，司马懿也拿不准诸葛亮接下来会采取什么战术。

是回归保守和谨慎，像前三次北伐一样？还是延续卤城之战的打法，出人意料，兵行险招？

司马懿心中忐忑，忍不住对诸将道：“诸葛亮如果进军武功（治今陕西咸阳市杨陵区），依着山势（秦岭北麓）向东推进，就足以让人担忧；可他要是西上五丈原，那我军就平安无事了。”

前者是剑指长安，属于激进打法；后者是稳扎稳打，回归保守战术。

那么，诸葛亮会怎么做呢？

让司马懿长舒一口气的是，诸葛亮选择了后者——屯兵五丈原。

五丈原，位于今陕西宝鸡市岐山县南，是秦岭北麓黄土台原的一部分，海拔约750米，原上地势平坦，南北长约4公里，东西宽约1.8公里。此地南靠秦岭，北临渭水，东、西、北三面均为悬崖陡坡，居高临下，地形险要，南宋王应麟的《通鉴地理通释》便称其“高平广远”，乃“行军者必争之地”。

诸葛亮占据这座易守难攻的高地，目的就是先保证自身的安全，然后再寻找机会与司马懿决战。

蜀军进驻五丈原后，魏将郭淮预判诸葛亮很可能会分兵渡过渭水，进一步占据渭水北原，从而切断关中与陇右之间的联系。所以，郭淮立刻向司马懿建议——抢先占领北原。

尽管多数将领都不认同郭淮的判断，可司马懿还是采纳了他的建议，命他先行渡河，进驻北原。

郭淮率部进驻渭水北岸后，立刻着手修筑营垒、挖掘壕沟，可工事刚修到一半，蜀军果然就杀过来了。郭淮早有准备，遂从容迎战，击退了蜀军，首战取得小胜。

此时，孙权正在埋头进攻合肥新城，曹叡决定御驾亲征。临行前，曹叡特意派遣将军秦朗率步骑两万驰援司马懿，并给司马懿下了一道敕令，说："你只管坚壁清野，据守营垒，慢慢挫尽敌人的锐气，让蜀军进无可攻，退无可战。时间一久，他们就断粮了，又没有地方可以掳掠，必然撤退，到时候你再追击，必可大获全胜。"

就在曹叡给司马懿下这道命令的同时，诸葛亮也正在思考同一件事情。

诸葛亮很清楚，自己利在速战，可司马懿断然不会给他机会，接下来必定又是一场旷日持久的对峙和消耗战，如此蜀军也必将面临粮食不继的老问题。

木牛流马虽然足以提高运输效率，但终究是治标不治本，无法从根本上解决问题。为此，诸葛亮这回想到了一个最彻底的解决办法——屯田。

是的，他要在曹魏的关中地区，也就是司马懿的眼皮底下，打造一个军粮生产基地，"分兵屯田，为久驻之基"（《三国志·诸葛亮传》）。

你司马懿不是想用持久战耗死我吗？行，那我就奉陪到底，跟你打持久战。只要有粮食吃，想打多久都可以，谁怕谁啊！

很快，诸葛亮就把这个貌似异想天开的想法付诸实行了。他命部分士兵沿渭水河岸开垦荒田，与此地的魏国老百姓一块挥锄洒汗，"杂于渭滨居民之间"——你们种你们的地，我们屯我们的田，大家两不相碍。

有了粮食保障，诸葛亮就有了足够的底气，可以跟司马懿耗个一年半载了。随后的日子，蜀、魏两军就这样隔河对峙，谁也没动。

这一年七月底，东吴的三路大军先后退兵，魏国东线战场的危机解除，不少大臣立即建议曹叡西幸长安，到西线坐镇，给司马懿及其部众加油打气。

可曹叡认为完全没这个必要，说："孙权一逃，诸葛亮肯定吓破胆了，司马懿大军足以对付他，我根本不担心。"

诸葛亮当然不会吓破胆，只是一直跟司马懿这么耗着，到头来终究是对蜀汉不利的。到当年八月，诸葛亮和司马懿已经足足对峙了一百多天，其间诸葛亮屡屡派人挑战，可司马懿始终不为所动。

然后，历史上非常著名的一个桥段就出现了——诸葛亮想了一个损招，派人给司马懿送去了一套女人的衣服，“遗懿巾帼妇人之服”，以此羞辱他，逼他出战。

来吧司马懿，别老像个妇人一样躲着，有种就出来跟我痛痛快快大战一场！

在《三国演义》里，司马懿被塑造得十分老奸巨猾，忍辱之功可谓登峰造极，看到诸葛亮送来的女人衣服，虽然心中大怒，脸上却仍保持微笑，而且甘之若饴地接受了。不过，在正史中，司马懿却不是这种表现，而是勃然大怒，并立刻上表曹叡，请求出战。

曹叡一见奏表，赶紧派卫尉辛毗持节来到前线，以军师的身份节制司马懿，严令禁止他出战。

此次北伐，诸葛亮着意培养的一个后起之秀也随同出征，他就是姜维。此时姜维已官至中监军，进入了蜀汉军方的领导核心。他得知辛毗持节抵达前线，顿时有些丧气，对诸葛亮说：“辛毗持魏国皇帝符节而来，看来司马懿再也不可能应战了。”

诸葛亮淡淡一笑。

姜维毕竟还是年轻，只看见表面发生的事情，却看不穿司马懿“上表请战”的真正动机。

他对姜维说：“司马懿根本不是真心想打。他之所以坚决请战，只是摆出一个姿态，借皇帝的权威，堵众人的嘴罢了。有道是将在外，君命有所不受，他要是真的有把握击败我们，岂有千里之外请求出战的道理？”

姜维恍然大悟。

在这个世界上，最了解你的人，往往不是你的朋友，而是你的敌人。

诸葛亮和司马懿这两个老对手，彼此就都很了解。所以，诸葛亮才会把司马懿“请战”背后的动机看得一清二楚。

面对敌人的羞辱，一般的反应不外乎两种：第一，愤而出战，挽回面子；第二，忍辱负重，继续当缩头乌龟。

前者是大多数人都会有的自然反应，其好处是保住了男人的尊严，坏处是中了敌人的激将法，对大局有害无益。普通人为什么大多成不了大事，原因就在于面对这种事情，往往沉不住气，忍受不了羞辱。

后者是极少数人才会有的反应，其好处是忍辱负重，顾全大局，坏处是丢掉了男人的面子。许多成大事者，往往会作此选择，比如甘受胯下之辱的韩信。而罗贯中之所以在《三国演义》中让司马懿甘愿受辱，正是因为这么写才能显示司马懿的厉害和高明，让读者不得不佩服他的老谋深算。

然而，历史上真实的司马懿，恰恰出人意料地作出了第三种选择，既不像一般人那样为了面子不顾一切，也不像小说塑造的那样为了大局甘愿忍辱。事实上，正如诸葛亮分析的那样，这第三种选择，才是真正厉害和高明的做法，比单纯忍辱高明多了。

首先，司马懿做出勃然大怒、上表请战的姿态，足以保住自己的面子和尊严，同时也让自己和部众的愤怒情绪得以释放。此举还有一个好处，就是避免像上回那样被将士们讥为“畏蜀如虎”。然后，司马懿很清楚曹叡一定会驳回他的请求，所以也不必担心这么做会破坏大局。

换言之，这么做既回应了诸葛亮的挑战，又满足了部众的求战心理，司马懿的个人权威也能得以维护；至于最后仍不得出战，那是皇帝不允许，不是他司马懿的问题，所以谁都没话说。

如此公私兼顾、两全其美的办法，不是比上述两种反应都更为高明和老谋深算吗？

在两军对峙的日子里，诸葛亮和司马懿时常互相派遣使者。这些使者名义上做什么我们不得而知，但借机刺探对方军情肯定是题中应有之义。

有一天，蜀军使者又来到魏军大营，司马懿丝毫不谈及军情，只问诸葛亮的饮食起居，以及平时忙些什么，话题貌似十分琐碎。使者放松了警惕，如实回答道：“诸葛公夙兴夜寐，勤于治军，凡二十板子以上的军法处分，都要亲自裁决；至于饭量嘛，不过数升而已。”

关于诸葛亮的饭量，《三国志·诸葛亮传》注引《魏氏春秋》的记载是“所啖食不至数升”，只说了个虚数；而《晋书·宣帝纪》的记载比较具体，说是“三四升”。

汉代的一升相当于今天的200毫升，若换算成重量，是150～200克；若采《晋书》“三四升”的说法，那么诸葛亮每天的食量就是450～800克。参考今天一个成年人一天的饭量在750～1200克，这么一比较的话，诸葛亮的饭量是偏小的。

我们之所以要研究这个细节，是因为在司马懿看来，诸葛亮的饭量多少，是比任何军情都更重要的机密。

听完使者的回答，司马懿若有所思，稍后便对左右道："诸葛孔明食少事烦，其能久乎！"（《资治通鉴·魏纪四》）

诸葛亮吃得那么少，事儿又那么多，他能活得长吗？

不出司马懿所料，没过几天诸葛亮就病了，而且病情凶猛，一下就把他击倒了。后主刘禅闻讯，连忙派朝臣李福赶来探望。

李福在病榻前跟诸葛亮交谈良久，咨询了许多军国大事后，赶紧匆匆南返。

可是，李福问了一大堆，却恰恰忘记了一个最重要的问题——诸葛亮一旦撒手人寰，蜀汉的军国大计该托付给谁？

事实上，此时诸葛亮的心中，早已有了一个合适的继任人选，他就是蒋琬。

蒋琬，字公琰，零陵郡湘乡县（治今湖南湘乡市）人，弱冠知名，早年只是刘备身边的秘书（书佐），追随刘备入蜀后担任广都（治今成都双流区）县长。有一次刘备出游，偶然经过广都，发现蒋琬竟然大白天喝得酩酊大醉，什么事都不管，顿时大怒，要杀了他。诸葛亮赶紧替他求情，说："蒋琬是社稷之器，不止是百里之才。他治理政事，以安民为本，不喜欢做表面文章，愿主公详察。"

刘备看在诸葛亮的面子上，赦免了蒋琬的死罪，但却把他的官职撤了，以示惩戒。过了一阵子，蒋琬才被刘备重新起用，担任什邡（治今四川什邡市）县令。刘备自立为汉中王后，蒋琬升任尚书郎。建兴元年（公元223年），蒋琬入丞相府，任东曹掾，不久升任参军。建兴五年，诸葛亮发动第一次北伐，命蒋琬和长史张裔一同留守丞相府，负责后勤工作。建兴八年，蒋琬接替张裔出任丞相长史，并兼抚军将军，成了诸葛亮最为倚重的副手。

朝中有人好做官。正是有了诸葛亮的赏识和大力提携，蒋琬才能一路高升，最终跻身蜀汉的权力中枢。当然，蒋琬自身的能力也是很强的，否则诸葛亮也不会如此看重他。

此后，诸葛亮每次出征，后方的兵源和粮食保障工作基本上都由蒋琬负责，而蒋琬也从没让他失望。诸葛亮因此对蒋琬赞叹有加，曾说："公琰志节高远，为人忠诚，当是和我共同辅佐王业的人啊！”

甚至早在这次北伐之前，诸葛亮就已密奏刘禅，说：“臣万一遭遇不幸，国家大事可托付给蒋琬。”

此事刘禅知情，可李福压根儿一无所知，所以他在路上跑了几天后，突然想到了继任者的问题，慌忙掉转马头，折回前线，又来找诸葛亮。

诸葛亮料到他会回来，所以没等他开口，便道：“我知道你回来的用意，之前我们虽然谈了一天，但有些事还是没谈到。你想问的那个问题，答案就是蒋琬。”

李福这回学乖了，决定打破砂锅问到底，便又问道：“那敢问先生，蒋琬之后，又该让谁继任？”

诸葛亮的回答是：费祎。

费祎，字文伟，江夏郡鄳县（今河南罗山县西）人，自幼丧父，由族叔费伯仁抚养长大。费伯仁与刘璋是表兄弟，由于这层亲戚关系，费伯仁便带着费祎投靠了刘璋。费祎遂在蜀地游学，结交了益州官员董和之子董允，两人才学都不错，渐渐有了不小的名气。刘备入主益州后，自然也注意到了这两个年轻人。

有一次，费祎和董允要一起去参加许靖之子的葬礼，董允想跟他爹要一辆豪华马车，可董和却给了他们一辆仆人用的小破车。董允很郁闷，不太想上车，费祎却不以为意，抬脚就坐了上去。

两人乘坐小破车到了地方，抬头一看，以诸葛亮为首的达官贵人全都来了，眼前自然是清一色的豪车。董允颇有些自惭形秽，从头到尾都局促不安，可费祎却安然自若。

事后，董和知道了儿子的表现，就对董允道：“我曾以为你和文伟的水平不相上下，今天，我算是看明白了。”言下之意，你小子比人家费祎差远了。

孔子说：“士志于道，而耻恶衣恶食者，未足与议也。”董允被一辆小破车逼得现了原形，明显是过于看重外在的东西，缺乏一个读书人应有的“自足自得，不假于外”的修行功夫，难怪他爹要敲打他。

刘备立刘禅为太子后，同时任命费祎和董允为太子舍人。不久，费祎调任太子庶子，董允调任太子洗马。刘禅继位后，二人又同任黄门侍郎，成了皇帝的近臣。诸葛亮平定南中后，班师回朝，百官都到数十里外迎接，当时大多数人都比费祎年纪大，职位也比他高，可诸葛亮偏偏只叫费祎一个人与他同乘。从此，蜀汉的文武百官无不对费祎另眼相看。

此后，费祎多次奉命出使东吴，表现出了过人的外交才干，连孙权都对他颇为赏识。费祎遂一路升迁，于建兴八年官居中护军，旋即又任丞相司马，与蒋琬一道成了诸葛亮的左膀右臂，也成了蜀汉军政高层最核心的人物之一。

所以，诸葛亮现在指定蒋、费二人为第一和第二顺位继承人，是顺理成章之事。

李福得到了这两个答案后，仍不满足，又问："那费祎之后呢？"

诸葛亮沉默了。

他没有回答这个问题。不是诸葛亮不想回答，而是这个问题已经超出了他的能力范围，因为诸葛亮是人，不是神。他凭借自己的眼光和经验指定两位接班人，相当于为蜀汉今后一二十年的军国大政作出了安排，这已经是他的能力所能达到的极限了。如果再让他指定更多的继任者，无异于要求他具备预测未来、神机妙算的能力，希望他把身后三五十年的大事都安排妥当，试问这如何可能？谁又能知道几十年后的局势会演变成什么样子？

即便诸葛亮不自量力给出答案，对未来也没有多大的实际意义。

简言之，将来的事，只能由将来的人去做，诸葛亮不必也不能越俎代庖。这点自知之明，他还是有的。

蜀汉建兴十二年八月二十八日，一个天地萧瑟、秋风呜咽的日子，诸葛亮病逝于五丈原，终年五十四岁。

纵观刘备死后的这十一年，诸葛亮为了蜀汉的生存和发展，殚精竭虑，尽忠职守，一次南征，五次北伐，内修政理，外御强敌，可以说完全对得起先主刘备、后主刘禅，也对得起他自己写下的"鞠躬尽瘁，死而后已"这八个字。

虽然从结果上看，诸葛亮毕生追求的那个"北定中原，兴复汉室"的理想始终没有实现，甚至倾尽国力也未能给强大的曹魏造成什么实质性的威胁，但他从未背弃过自己的理想，也为了这个理想战斗到了生命的最后一刻。

谋事在人，成事在天。纵然诸葛亮已经拼尽全力，却终究无法改变蜀弱魏强的事实，更改变不了他自身的寿命长短。冥冥之中，或许我们都不得不相信，这个世界上，的确存在“气数”“国运”“天意”这些东西，而它们通通是不以人的主观意志为转移的。

无论如何，诸葛亮尽力了，至于结果如何，或许也没那么重要了。

早在此次出征前，诸葛亮或许已经预感到了什么，所以特意给刘禅留下了一道奏表：

> 成都有桑八百株，薄田十五顷，子弟衣食，自有余饶。至于臣在外任，无别调度，随身衣食，悉仰于官，不别治生，以长尺寸。若臣死之日，不使内有余帛，外有赢财，以负陛下。（《三国志·诸葛亮传》）

我在成都有桑树八百株，薄田十五顷，家中子弟的衣食用度，已经足够了。至于臣在外任职，没有别的安排，随身衣食用度都仰仗朝廷供给，没有另外经营产业以增加收入。在臣死的那一天，不让家中有剩余的布帛，不让外面有盈余的财产，以免辜负了陛下。

事后来看，这无疑是一封遗书，也是一位家无余财、正直清廉的“权臣”，留给皇帝和世人的一份“财产公示书”。

诸葛亮去世后，人们发现，事实果然如其所言。

盖棺论定之际，陈寿给予了诸葛亮很高的评价，当然也没有避讳他的短处：

> 诸葛亮之为相国也，抚百姓，示仪轨，约官职，从权制，开诚心，布公道。尽忠益时者虽仇必赏，犯法怠慢者虽亲必罚，服罪输情者虽重必释，游辞巧饰者虽轻必戮。善无微而不赏，恶无纤而不贬。庶事精练，物理其本，循名责实，虚伪不齿。终于邦域之内，咸畏而爱之，刑政虽峻而无怨者，以其用心平而劝戒明也。可谓识治之良才，管、萧之亚匹矣。然连年动众，未能成功，盖应变将略，非其所长欤！（《三国志·诸葛亮传》）

诸葛亮担任相国，安抚百姓，普及礼仪教化，精简官职，建立合乎时宜的制度，以开诚布公的态度治国；对尽忠职守、有益时局之人，即使有仇也会奖赏，对犯法违纪、怠政懒政之人，即使亲友也会惩罚，对诚心认罪、坦白情由者，即使重罪也会宽大，对花言巧语、文过饰非者，即使轻罪也会重罚；再小的善行也会受到奖赏，再小的恶行也会受到惩罚；处理政事能洞明练达，观察事物能把握根本，工作中实事求是，厌恶一切弄虚作假。最终，诸葛亮在整个蜀汉，都能获得百姓的敬畏和爱戴，是故刑法虽严却无人埋怨，因为他用心公平且赏罚严明，堪称治世之良才，可与管仲、萧何相媲美。然而他连年发动战争，却无法成就功业，大概是随机应变和军事谋略这方面，不是他擅长的吧。

一言以蔽之，从治国理政的角度来看，诸葛亮不愧为一代名相，可在用兵作战方面，他的能力的确有限。

对此，后人既不必隐恶溢美，把他神化，也不宜求全责备，苛责古人。

随着诸葛亮的溘然长逝，群龙无首的蜀军别无选择，只能撤退，蜀汉的第五次北伐就这样无果而终了。

谁也没料到，就在诸葛亮刚刚闭上眼睛，尸骨未寒之际，军中高层竟然爆发了一场严重的内讧，险些导致蜀军在撤退途中自相残杀。

第二章

后诸葛亮时代

魏延之死：一代名将的悲剧结局

诸葛亮去世后，丞相长史杨仪秘不发丧，立刻集合部队，匆忙南撤。当地百姓见状，马上跑去告诉了司马懿。司马懿怀疑诸葛亮已经死了，大好战机绝不能错过，旋即率部追击。

危急时刻，姜维作为此刻蜀汉中军职位最高的军事主官，急命杨仪掉转方向，让部队大张旗鼓，做出要迎击魏军的样子。司马懿担心诸葛亮没死，更怕诸葛亮像上回在木门道那样设下埋伏，赶紧勒住缰绳，下令全军后撤。

当地百姓得知司马懿被吓退，就传出了一句谚语，说“死诸葛走生仲达”，就是死去的诸葛亮却把大活人司马懿给吓退了。司马懿听说后，只好笑着自我解嘲：“我能预料他生前的事，却料不到他死后的事。”

杨仪抓住司马懿后撤的时机，领着蜀军有条不紊地撤出了战场。直到进入褒斜谷，杨仪估摸着安全了，才正式发丧。

司马懿意识到自己上当了，赶紧再度追击，途经蜀军留下的营地时，刻意参观了一番，也许是有感于诸葛亮治军的严整，遂感叹道：“诸葛亮真是天下奇才啊！”

司马懿评价诸葛亮的这句话，颇有些英雄相惜的意味，在历史上很有名。不过，在做此评价之前，司马懿其实早就对诸葛亮点评了一番，却句句贬损，跟这个评价完全是矛盾的。

那是在两军对峙之时，司马懿的弟弟司马孚来信，问及前线军情，司马懿就在回信中提到了诸葛亮，说："亮志大而不见机，多谋而少决，好兵而无权，虽提卒十万，已堕吾画中，破之必矣。"（《晋书·宣帝纪》）

诸葛亮虽志向很大，但无法洞察时机，谋略虽多，但缺少决断，喜欢用兵，却不懂权变。所以，他虽然领兵十万，但一切都在我的掌控之中，击败他是必然的。

很明显，这是相当负面的评价。

司马懿为何在短短时间内，对诸葛亮的评价反差这么大呢？

其实这也不难理解。之前两军对垒，胜负还在未定之天，司马懿自然不能长他人志气，灭自己威风，所以他肯定要贬低诸葛亮，如此才能给自己打气，也给后方（尤其是给皇帝）增强信心。可现在诸葛亮死了，蜀军退却，魏军不战而胜，司马懿如果继续贬低诸葛亮，客观上等于说自己胜之不武。因此，只有抬高诸葛亮，才能在无形中抬高自己。说白了，如果诸葛亮是"天下奇才"，那么司马懿作为熬死诸葛亮并最终不战而胜之人，岂不是奇才中的奇才？

当然，司马懿内心肯定也是佩服诸葛亮的，毕竟在上回的卤城之战中，他曾被诸葛亮打得大败而逃。所以，说诸葛亮是"天下奇才"，也不全是司马懿自抬身价，其中多少还是有些敬佩之情的。

参观完蜀军营地，司马懿继续往南追，一直追到赤岸（今陕西留坝县北），始终不见蜀军踪影，方才回军。

按理说，司马懿停止了追击，蜀军就可以顺利南撤了，可事实上，蜀军的麻烦从这一刻才真正开始。

因为此次有四名文武高官跟随诸葛亮一同出征，其中除了长史杨仪、中监军姜维、司马费祎，还有一个蜀汉军方的重量级人物——魏延。

而蜀军的麻烦就在于，魏延与杨仪素来不睦，几乎就是死对头，之前还有诸葛亮在上面压着，不会出什么大问题，可如今诸葛亮不在了，二人的矛盾随即爆发。

魏延这个人，勇猛过人，善待士卒，在军中很有威望，早在建安末年便深受刘备器重。当年刘备攻下汉中时，全军上下都认为刘备一定会让张飞镇守汉中，张飞自己也觉得这个重要职位非他莫属，可出乎所有人意料的是，刘备却让魏延做了汉中太守。

当时，刘备大宴群臣，席间故意对魏延说：“委派给你这个重任，你有什么想说的吗？”魏延当即起身，朗声道：“若曹操举天下之兵而来，我为大王拒之；若命偏将率十万之众而来，我为大王吞之。”

此言一出，满座皆惊。刘备十分满意，众人也无不赞叹魏延的豪壮。

此后，魏延作为独当一方的大将，镇守汉中达十余年。因蜀汉后期将星凋零，到诸葛亮屡次发动北伐之际，魏延基本上已经是蜀汉军方资历最深、威望最高的元勋宿将了。建兴八年，魏延奉诸葛亮命，与吴懿率偏师深入陇右腹地，大败魏将郭淮、费曜，取得阳溪之战的胜利，因功擢升前军师、征西大将军，封南郑侯。

正因为资望深厚且军功卓著，所以魏延不免有些居功自傲、自视甚高，与后期的关羽颇为相似。

诸葛亮发动的五次北伐，魏延全部参与了。从第一次北伐开始，魏延就提出了“子午谷奇谋”的大胆计策，却被诸葛亮否决。后来几次，魏延甚至提出了比“子午谷奇谋”更大胆也更冒险的计划，即要求诸葛亮给他一万精兵，然后诸葛亮率大军走常规路线，而他则率领一万精兵穿越秦岭，绕过长安，直取潼关，最后与诸葛亮在潼关会师。

此计可行性如何，暂且不论，光是这个奇想，就足以让人惊掉下巴了。因为直取潼关，就意味着把整个关陇地区与曹魏京师洛阳之间的联系彻底切断，将长安变成一座孤城。假如此计成功，无疑会对曹魏构成沉重的打击和极大的威胁；但万一失败，也会将蜀军置于腹背受敌、进退失据的险境之中。

如此天马行空、近乎赌博的计划，自然是被生性谨慎的诸葛亮否决了。

魏延不死心，提了好多次，诸葛亮始终不同意。为此，魏延不免牢骚满腹，常私下吐槽诸葛亮怯懦，并长吁短叹，恨自己的才干没有用武之地。

在当时的蜀军中，所有人慑于魏延的威望、地位和傲气，无不让他三分，只有一个人不买他的账，这个人就是丞相长史杨仪。

杨仪是襄阳人，早年在荆州任职，后投奔关羽，又被关羽派到成都，得刘备赏识，历任尚书、太守等职；建兴三年（公元225年）任丞相参军，开始追随诸葛亮北伐，并于建兴八年升任长史。

因杨仪精明干练，所以诸葛亮每次出征，都把粮秣筹备、物资配给、人员调度、作战规划等一干大事全部交给他负责。而杨仪也从没让诸葛亮失望，办事效率奇高，绝不拖泥带水，因此深受诸葛亮器重，在军中颇有实权。

杨仪不把魏延放在眼里，魏延自然怀恨在心，于是这一文一武便势同水火了。

诸葛亮爱惜二人之才，不忍偏袒，又找不到办法消除他们的矛盾，客观上就造成了和稀泥的局面。当时费祎也一直在尽力弥合二人的关系，可惜收效甚微。久而久之，蜀汉这两位高官水火不容的消息就传开了，甚至传到了孙权耳中。

有一回，费祎出使吴国，孙权宴请他，喝高了，便口无遮拦道："杨仪和魏延，不过是两个放牛的家伙罢了（意指出身低贱），虽然有些鸡鸣狗吠的微末贡献，也没什么了不起。如今贵国既已重用他们，那就骑虎难下了。倘若有朝一日，诸葛亮不在了，他们必定生出祸乱。可贵国诸君仍旧稀里糊涂，不去考虑这些，也不防患于未然，难道是想留给后代去解决？"

孙权把话说得这么难听，费祎自然不服，便不以为然道："杨仪和魏延不和，只是起于私愤，并没有韩信和英布那样难以驾驭的野心。当务之急是扫除强敌，统一海内，所以需要人才，只有重用人才方能建立功业。倘若舍弃他们不用，只是为了防患于未然，这就像担心风浪而放弃船只一样，不是长远之计。"

然而，费祎万万没料到，孙权貌似随口一说的酒后之言，最后竟然一语成谶了。

诸葛亮病重之际，自知不久于人世，便与杨仪、费祎、姜维一同拟定了他去世后的撤兵计划。按照计划，是让杨仪带主力先撤，其次是姜维所部，最后由魏延断后。诸葛亮预料魏延可能会有变数，就叮嘱杨仪等人，万一魏延抗命不从，大军仍按原计划撤退，不必管他。

数日后，诸葛亮去世，杨仪一边秘不发丧，一边命费祎前往十里外的前军大营，把撤兵计划告诉魏延，看看他做何反应。

魏延得知诸葛亮已死，觉得自己出头的机会来了，便对费祎道："丞相虽然不在了，可我魏延还在。丞相府的一干属官随员，尽可运送灵柩回去安葬，我自当率各军继续杀敌，岂能因一人之死而废天下之事！”

这话虽然有些道理，而且颇为豪迈，但明显是要抗拒丞相遗命了。此外，不论魏延主观上是否出于公心，他这么说，客观上已经有夺取兵权的意味了。

还没等费祎答话，魏延又接着道：“更何况，我魏延是何许人，岂能受杨仪节制，充当他的后卫？”

完了。如果说前面那些话多少还有些大局观念，让费祎一时还难以判断的话，那么此言一出，魏延就等于把自己推入因私害公的不义之地了，让费祎还怎么相信他？

随后，魏延不顾费祎作何感想，立刻草拟了一份新计划，自顾自地决定谁该护送灵柩南下，谁该留在前线御敌，然后叫费祎起草，并跟他联合署名，最后要求费祎马上把该计划通知给各军将领。

费祎不敢明着反对，便要了个花枪，表示支持魏延，说：“我可以帮大将军去说服杨仪，他只是个文吏，不懂军事，必定不敢抗命。”

说完，费祎丝毫不敢耽搁，立刻上马狂奔而去。

片刻后，魏延才意识到自己可能被忽悠了，想要去追，可费祎早就跑得没影了。

魏延旋即派人去中军刺探情况。很快，手下回报，说杨仪等人正按原计划行动，各军都已经准备撤退了。魏延大怒，立刻率部出发，赶到了杨仪前头，并趁着杨仪和姜维回师恫吓司马懿的时机，抢先进入了褒斜谷。

接下来，魏延干了一件蠢事。

为了阻止大军南撤，魏延竟然下令焚烧褒斜谷中的栈道。等到杨仪等人率大军赶到，眼前的一幕顿时令他们目瞪口呆——身后的司马懿大军仍然紧追不舍，前方唯一的去路居然被自己人切断了，这叫什么事儿？！

杨仪忍无可忍，立刻上表，命快马飞报刘禅，状告魏延谋反。魏延也不甘示弱，同样上表告杨仪谋反。

刘禅同时接到这两份告状书，顿时傻眼，赶紧咨询留守成都的董允和蒋琬，自己到底该相信谁？

董允和蒋琬都表示，杨仪还是信得过的，可魏延就不太好说了。

没办法，像魏延这种性情孤傲、人缘太差的人，实在不适合混官场。假如朝廷有人替他说话，魏延最后的下场应该也不会那么惨。

杨仪担心司马懿追上来，赶紧命部众修复栈道，而魏延则先行穿越褒斜谷，然后在南边的谷口勒兵布阵，准备跟杨仪动刀子了。

当杨仪等人率大军昼夜兼程赶到南谷口，先头部队马上遭到了魏延所部的小规模攻击，杨仪连忙命何平率军前去抵御。

何平率部来到前方，立刻指着魏延的部众破口大骂："丞相刚刚去世，尸骨未寒，你们竟然就敢对自己的同袍下手？"

闻听此言，魏延的部众面面相觑，都不敢还嘴。毕竟，魏延的所作所为他们都看在眼里——先是抗拒丞相遗命，继而悍然烧毁栈道，现在又要对同袍大开杀戒，如此种种，实在是有些丧心病狂。

跟着这样的领导混，随时会被扣上造反的罪名，不光自己有掉脑袋的风险，恐怕一家老小和三族亲眷都会被连累。

一阵沉默后，魏延部众的阵脚就开始松动了，一拨又一拨的人马陆陆续续掉头离去，各自逃散。不消片刻，整支成建制的部队就这么溃散掉了，一个人都没剩下。（《三国志·魏延传》："延士众知曲在延，莫为用命，军皆散。"）

自古以来，造反都是一个高难度的技术活，其技术核心就在于两个字——人心。而人心看似虚无缥缈，其实是很实在的东西，它通常由三个部分构成，或者说由三大要素支撑：第一，所有参与者对主事者要具备绝对的忠诚；第二，主事者要用最大的利益捆绑所有参与者，或者让参与者看见一个充满诱惑力的未来；第三，不论造反行动是否出于正义，主事者都必须让所有参与者相信，他们的行动是正义的，亦即一定要占领政治制高点和道德制高点。

三者皆备，造反成功的可能性即便不是百分之百，应该也有八九成，比如李世民的玄武门之变，还有朱棣的靖难之变，在这三个方面几乎都拿了高分。而倘若三者都不具备，那大概率就是玩火自焚、死路一条了。

反观魏延，从第一条看，其部众在正常的对敌战斗中，对魏延的忠心应该是没问题的，但临阵倒戈打自己人，忠诚度必然就大打折扣了；第二条，从现有史料看，魏延既没有给部众实实在在的利益，也没有给他们画饼，许诺一个充满诱惑力的未来，所以这一条只能拿零分；第三条，如前所述，非但没拿分，反倒拿了负分。

所以，魏延必败无疑。

眼见部众哗啦一下全跑光了，魏延追悔莫及。他万万没想到，自己费尽心机搞这么多事，结果竟然是众叛亲离，把自己搞成了光杆司令！

没辙了，魏延只能带着自己的几个儿子落荒而逃，往汉中奔去。

汉中毕竟是他经营了十余年的地方，想必能够成为他最后的避难所。

然而，杨仪是断然不会给魏延这个机会的。他立刻命将领马岱率骑兵追击。很快，马岱追上了魏延，骑兵一拥而上，几道刀光闪过，魏延和他儿子们的脑袋就相继掉落马下了。

马岱提着魏延的脑袋回营。杨仪一看，立马起身上前，把这颗血淋淋的脑袋踩在地上，恶狠狠地说："庸奴！复能作恶不？"（《三国志·魏延传》）

一朝权在手，便把令来行。之后，杨仪又残忍地诛杀了魏延的三族。

与此同时，蒋琬正率宿卫禁军风驰电掣地赶往前线，目的是控制局势，尤其是控制魏延。不过，才往北走了数十里，魏延已死的消息就传来了。蒋琬长长地松了一口气，旋即掉转马头，回朝复命。

昔日战功卓著的蜀汉名将魏延，就这样落了个身死族灭的悲惨结局，实在令人唏嘘。尤其考虑到魏延是当时蜀汉硕果仅存、唯一能独当一方的宿将，他的死就更让人遗憾了，显然也是蜀汉的巨大损失。

纵观整个悲剧事件，应该说魏延本人要负主要责任，他的错误有三：第一，抗拒诸葛亮遗命，企图夺取兵权；第二，烧毁栈道，置全军于万分危险之地；第三，主动攻击友军，险些酿成自相残杀的大祸。

这三条，无论哪一条都够杀头的，所以魏延最后身首异处并不算冤。

不过话说回来，魏延事件的性质究竟算不算谋反，还是有待商榷的。通常意义上的谋反，其目的要么是颠覆朝廷，要么是封疆裂土，要么是叛国投敌。但很显然，魏延似乎并没有这些动机。他之所以跟杨仪爆发内讧，目的只是夺取军事指挥权，以便按他自己的意志跟魏国作战，根本无意背叛蜀国。正因如此，当部众尽皆溃散后，魏延也没有叛逃到魏国去，仍然想回汉中。就是说，直到穷途末路之时，他内心依然是忠于蜀汉朝廷的，并无谋反之意。

就此而言，魏延所采取的那些行动，其性质应该属于兵变，而不是严格意义上的谋反。可魏延的错误就在于，他虽然没有谋反的主观动机，但客观上采取的行动却完全可归于谋反之列，且潜在后果也堪比谋反。

况且，谋反这种事情，是既论心也论迹的——有谋反之心要杀，有谋反之行更要杀！既然你的行动已经与谋反无异了，那谁还管你心里是怎么想的呢？

尤其魏延的对手又是多年死敌杨仪，那么他的谋反罪名当然更是铁板钉钉、毫无商量余地了，所以最后三族被灭，尽管有点冤，却注定是无法避免的。

蒋琬控制朝局，曹叡渐趋奢靡

诸葛亮去世后，杨仪等人并未将其灵柩送回成都，而是按诸葛亮临终遗命，将其安葬在了沔阳（今陕西勉县）附近的定军山脚下。

刘禅追谥诸葛亮为“忠武侯”，故后世常称其为“诸葛武侯”。出于对诸葛亮的崇敬和怀念，蜀国百姓纷纷请求给诸葛亮立庙，可出乎人们意料的是，刘禅居然拒绝了。百姓们无奈，只好在清明节和诸葛亮的忌日之时私自祭拜。由于没有正式场所，百姓们只能因陋就简，在田边路旁焚香祭拜，聊寄哀思。

这样的情景，显然与诸葛亮生前的身份极不相称。后来，才有一个叫习隆的步兵校尉，与其他军官联名上书，请求在定军山的武侯墓附近给诸葛亮建庙，以免老百姓私自祭拜，有失体统。

刘禅这才同意了。

发生在诸葛亮身后的这件事，十分耐人寻味。

众所周知，自从刘备死后，诸葛亮就成了蜀汉集团当之无愧的实控人，名义上是一人之下万人之上，实际上连皇帝刘禅都对他言听计从。这样一位地地道道的元老，死后皇帝却连一座庙都不给他盖，到底是为什么？

其实答案很简单，因为自古以来，没有一个皇帝会喜欢权臣，纵然诸葛亮是一个公忠体国、毫无私心的权臣，也不例外。

诸葛亮辅政之初，刘禅才十七岁，诸葛亮肯定对他管得很严，这从《前出师表》就可以看出端倪，所以刘禅对诸葛亮自然是敬畏有加。随着时间推移，刘禅渐渐成熟，肯定会对诸葛亮的管束和教导心生厌烦。然而刘禅既不能也不敢表现出来，只能压在心里，久而久之，他对诸葛亮的敬畏就会变成害怕和怨恨。

诸葛亮去世的这一年，刘禅已经二十八岁，郁积在心里十余年的怨气自然要释放出来。而不给诸葛亮盖庙，就是他出气的方式。

也许正是意识到了这一点，所以蒋琬和费祎也不便公开劝谏。但是，身为诸葛亮的继任者，不管出于公心还是个人感情，他们肯定都希望给诸葛亮建庙。于是，就有了后来习隆等人的联名上书。我推测，此举很可能是蒋琬和费祎在背后授意的，而刘禅想必也能看到这一点。

刘禅虽年近而立，但远远不具备治国理政的能力，只能倚重诸葛亮指定的接班人。所以，出完气后，面对来自百姓和军队的呼声，以及来自蒋琬和费祎的无形压力，他就没有理由再反对建庙了。

随着诸葛亮的去世，蜀汉历史翻开了新的一页。

蒋琬升任尚书令，总揽国事，并于次年进位大将军、录尚书事；费祎则于次年接任了尚书令。原左将军吴懿擢升车骑将军，继魏延之后出镇汉中。

值得一提的是，刘禅虽然按照诸葛亮遗命，让蒋琬总揽军国大政，但却取消了“丞相”之职。终蜀汉之世，刘禅都没有再设置丞相。这再一次从侧面证明，诸葛亮给刘禅造成的心理阴影是相当大的，以至于诸葛亮死后，刘禅连他担任过的职位都要撤销掉。换言之，刘禅显然不希望蒋琬、费祎这些人上位之后，又像诸葛亮那样管束和制约他。

这十余年来，蜀国朝野上下都以诸葛亮为主心骨，如今诸葛亮不在了，一时间都不太适应，因而人心惶惶，对蜀汉的前途命运深感忧虑。而蒋琬上位后，表现得非常沉稳，既不因诸葛亮去世而面露悲戚，也不因大权在握而得意欣喜，言谈举止皆一如往常，展现出了做大事者应有的定力和气度。慢慢地，朝野上下钦佩他的人越来越多，蜀汉的人心由此才安定了下来。

然而，正当朝野归心、局势渐安之际，有个人却对蒋琬发起了挑战。

这个人就是杨仪。

自从灭掉了魏延，杨仪便以蜀汉的大功臣自居，认为最有资格继任丞相的人就是自己。但没想到，他回朝后只得到了一个“中军师”的职位，上位的却是蒋琬。

“中军师”在战时还算有一些权力，可在平时基本上就是个闲职，杨仪自然对此愤愤不平。其实要论官场资历，杨仪是比蒋琬老的。早在刘备时代，杨仪就已经是朝廷的尚书，而蒋琬只是尚书郎，刚好是杨仪的手下。到了诸葛亮时代，两人同任丞相府属官，但杨仪每次都随同出征，且担当重任，蒋琬只是留守丞相府负责后勤。所以，在杨仪看来，不论资历还是能力，自己都远在蒋琬之上。

可问题在于，诸葛亮并不这么看。

诸葛亮用人，不仅看能力，更重要的是看品行。杨仪的能力虽然被诸葛亮认可，但人品却不过关——诸葛亮认为他为人“狷狭”，即心胸狭窄，格局不够，比不上蒋琬。

蒋琬上位后，杨仪牢骚满腹，不分公私场合天天骂，弄得朝中同僚都对他敬而远之，没人敢跟他来往。唯独费祎不嫌弃他，经常去他家里探望，然后好言相劝，各种安慰。

杨仪如果聪明的话，这时候就该心生警惕了。

百官都躲他远远的，为何只有费祎不避嫌呢？这到底是费祎跟他的交情特别好，还是黄鼠狼在给鸡拜年？

可惜，混迹官场多年的杨仪生生被愤怒的情绪掌控了，丧失了应有的理智。杨仪非但没有防备费祎，反而冲着他大倒苦水，翻来覆去说那些撤军时的事，最后竟然冒出了这么一句：“当初丞相去世时，假如我带着大军去投奔魏国，又怎会落到今日这般境地？真是令人追悔莫及啊！”

这话一出口，杨仪的结局就注定了。

费祎一转身就呈上了密奏，把杨仪所有的悖逆之言一五一十汇报给了刘禅。

很明显，费祎就是蒋琬派去的，目的就是套杨仪的话，以作呈堂证供。

随后，蒋琬便以刘禅名义下诏，褫夺了杨仪的所有官爵，将其废为庶民，流放汉嘉（今四川雅安市名山区北）。

直到此刻，杨仪仍未恢复理智，竟然屡屡上书刘禅，用最激切的言辞痛骂蒋琬。很快，杨仪就被丢进了监狱，连平头百姓都做不成了。到了这步田地，杨仪觉得自己活着也没意思了，旋即在狱中自尽。

此时距杨仪斩杀魏延并屠其三族，时隔不过半年，可以说报应来得相当快。权力场上的博弈，就是这么无常和血腥。

表面上看，杨仪是死于膨胀的野心，其实往深了想，他是死于自己的愚蠢。因为在官场上混，有野心并不是缺点，反倒是往上爬的动力，但野心必须与头脑相匹配，否则就成了祸害。而杨仪最缺的，恰恰是冷静的头脑。

当时蒋琬刚刚上位，正是杀戮立威的时刻，杨仪本该收敛锋芒，把野心藏起来才对，可他偏偏往人家刀口上撞，这就怪不得蒋琬心狠手辣了。所谓“福祸无门，惟人自召”，杨仪最后死于非命，正应了这句老话。

后诸葛亮时代，不仅蜀国内部会因权力博弈引发政治风波，连外部的盟友吴国，也势必会对蜀国政局的变化做出反应。

得知诸葛亮去世，孙权的第一反应就是——魏国很可能会乘虚而入，进攻蜀国。

因此，孙权立刻往吴蜀边境的巴丘（今湖南岳阳市）增派了一万兵马。此举明面上的说辞，是声称要在蜀国遭到攻击时予以救援，但真实的用意，却是如果魏国真的大举攻蜀，东吴便准备趁火打劫，与魏国一道瓜分蜀国。（《资治通鉴·魏纪五》：“一欲以为救援，二欲以事分割。”）

由此可见，诸葛亮一殁，孙权对蜀国这个盟友的未来便不抱什么希望了。

蜀汉朝廷得知东吴在边境增兵，也马上做出回应，加强了永安的防守。同时，蒋琬还派遣了右中郎将宗预出使东吴，要跟孙权当面锣对面鼓把话说清楚。

宗预一到，孙权便先发制人，说：“我们东吴和你们西蜀，向来亲如一家，但我却听说，你们突然加强了白帝城的防守，这是为何？”

宗预不卑不亢地答道：“我认为，贵国增加巴丘的兵力，与我国加强白帝城的防守，都是目前形势下应该做的事，所以大可不必互相质问。”

孙权闻言，不禁大笑，认为宗预这话确实没毛病，旋即对他礼遇有加。

诸葛亮去世，对蜀国是一大损失，对魏国却是喜事一桩。

魏明帝曹叡自即位以来，东边跟孙权打，西边跟诸葛亮打，而且没完没了，一波接着一波，让他颇有疲于应付之感。所幸，有赖于曹魏家底厚实，加之曹叡人虽年轻（他比刘禅才大三岁），执政能力却一点不弱，即位之初便收揽权柄、政由己出，让曹真、陈群、司马懿这三位辅政大臣各司其职、各擅所长，从而抵挡住了蜀汉和东吴的轮番进攻。尤其是在对付连年北伐的诸葛亮时，曹叡始终在战略大方向上保持着足够定力，采取了“防御为主，打持久战”的正确战略，最终才熬死了诸葛亮。

可见，曹叡的政治和军事才干虽然不能跟他爷爷曹操比肩，但还是比他爹曹丕强太多了。

不过，曹叡身上也有两个明显的缺点。其一，就是喜欢大兴土木、营造宫室。

就在太和六年（公元232年），曹叡下诏整修许昌皇宫，并建了景福、承光两座新殿；到了青龙三年（公元235年），即诸葛亮去世、西线战事告一段落后，曹叡就又开始兴建洛阳皇宫，建了昭阳、太极两座新殿，并修筑了一座高十余丈的总章观。此外，还一度打算在北邙山上推平山峰，修筑高台宫观……

短短几年间便搞了这么多工程，耗费财力不说，光是频繁征发徭役，就大量挤占了农时，导致“农桑失业”，百姓怨声载道。

曹叡的第二个缺点，就是耽于美色，导致后宫规模过于庞大。

在曹操当魏王的时代，后宫佳丽共有五级，分别是夫人、昭仪、婕妤、容华、美人。到了曹丕当皇帝的时代，后宫规模便急剧膨胀，嫔妃共有十级，分别是贵嫔、夫人、淑媛、昭仪、修容、婕妤、容华、美人、顺成、良人。

而到了曹叡时代，不但后宫规模进一步扩大，且嫔妃的地位和待遇也大幅提升，并与朝廷的官爵禄位一一对应。其中，第一级“贵嫔”，第二级“夫人”，地位堪比皇帝，连朝廷的相国和亲王也无法比拟。从第三级“淑妃”开始，位比相国，爵比亲王；第四级“淑媛”，位比御史大夫，爵比国公；第五级“昭仪”，可比县侯；第六级“昭华”，可比乡侯；第七级“修容”，可比亭侯；第八级“修仪”，可比关内侯；第九级“婕妤”，比中二千石；第十级“容华”，比真二千石；第十一级“美人”，比二千石；第十二级“良人”，比千石。

这十二级嫔妃，加上掖庭负责侍奉洒扫的普通宫女，总数多达数千人。

除此之外，曹叡还精心挑选了知书达理的美女六人，担任“女尚书”，授权她们批阅奏章，有时甚至可以代替皇帝批准画可。

面对皇帝这两大缺点，大臣们当然不会视而不见。于是，司空陈群、廷尉高柔、卫尉辛毗、少府杨阜、散骑常侍蒋济等人纷纷上疏，直言进谏，希望曹叡停发徭役、精简后宫，以免“颠覆危亡之祸”。可曹叡基本上都当成耳旁风，只取消了在北邙山上修筑高台宫观这一项，其他一切照旧。

很明显，开国不过十五年，刚刚经历两代皇帝的曹魏帝国，已经完全丢掉了曹操时代勤俭朴素的作风，开始散发出奢靡腐朽的味道了。

也许在曹叡自己看来，魏国实力雄厚、地广人多，所以多建几座宫殿，多养一些美女，朝廷完全负担得起，没必要大惊小怪。

可事实上，魏国的强大也只是相对于东吴和蜀汉而言。如果跟两汉时期相比，用陈群的话说，曹魏“不过一大郡”而已，也就是相当于一个大郡的实力罢了。

这一点，我们可以从人口数据略窥端倪。

据《汉书》《后汉书》《三国志》及杜佑《通典》的相关记载，西汉人口最盛时，有五千九百多万；东汉人口最盛时，有五千六百多万；自汉末大乱之后，“海内荒残，人户所存，十无一二”；到了三国中后期，魏国人口只有四百四十三万（魏灭蜀时统计数字），东吴是二百三十万（赤乌五年统计数字），蜀汉只有区区九十四万（魏灭蜀时统计数字）。也就是说，除了“逃户”“藏匿”等不在籍人口，三国有据可查的编户人口，总计也不过七百六十七万。

与东汉最盛时相比，天下总人口锐减了85%以上，有近五千万人死亡，其中绝大部分当然是非正常死亡。老百姓在乱世中遭受的苦难之深重，于此可见一斑。

有鉴于此，陈群等人才会不惜触犯逆鳞、频频进谏。其中，杨阜两度上疏，言辞最为激切。他不仅搬出了“夏桀商纣”来警示皇帝，说曹叡要是继续这么放纵下去，只关心自己的宫殿楼台，曹魏社稷迟早“必有颠覆危亡之祸”。在第二道奏疏的最后，杨阜甚至说出了这样的话：

> 君作元首，臣为股肱，存亡一体，得失同之。……臣虽驽怯，敢忘争臣之义？言不切至，不足以感寤陛下。陛下不察臣言，恐皇祖烈考之祚，将坠于地。使臣身死有补万一，则死之日，犹生之年也。谨叩棺沐浴，伏俟重诛！（《三国志·杨阜传》）

皇帝犹如人的头脑，臣子就是身体四肢，存亡一体，祸福与共。臣虽愚钝怯懦，却不敢忘记作为一个诤臣的大义！言辞不激烈，就不足以令陛下感悟。陛下若不体察臣之所言，恐怕太祖（曹操）和高祖（曹丕）传下的国祚就要倾覆了。倘若臣的死能对国事有万分之一的助益，那臣就算是死了，也和活着一样。臣愿跪在棺材前，沐浴更衣，听候陛下诛杀！

言下之意，曹叡要是再不听劝，他就要“死谏”了。

曹叡见状，不禁也感动了一把，连忙亲手写了一道诏书给予答复。然而，感动归感动，该建的宫殿，曹叡还是照建不误，纯属虚心接受，坚决不改。

如果说杨阜的劝谏，是所有人中最激切的，那么廷尉高柔的劝谏，则是所有人中最敏感的。

他矛头所指，正是曹叡的后宫。

高柔在奏疏中引用了《周礼》，说天子的后妃，按礼制规定是一百二十人，这样的规模已经不小了，可如今的后宫佳丽却多达数千，实在是太多了。然后，高柔很不客气地说了八个字：“圣嗣不昌，殆能由此。”

陛下的子嗣不多，大概原因就在这里。言下之意，就是曹叡纵欲过度，精血亏虚，所以生的儿子少，就算生了也因体质虚弱活不长。

这就是哪壶不开提哪壶了。曹叡这辈子最大的遗憾，就是这件事。这些年，后宫嫔妃一共给他生下了三个儿子——曹冏、曹穆、曹殷，只可惜全部早夭，没有一个活下来。

所以，高柔就劝曹叡从嫔妃中选一部分端庄贤淑的留下，其他佳丽全部遣返回家，如此“育精养神，专静为宝”，子嗣才有可能多起来。

不论高柔从这个角度劝曹叡裁汰后宫有没有科学道理，光是如此大胆言及皇帝的宫闱之事，还揭了皇帝的短，就足以让人替他捏一把汗了。

假如此时在位的人是睚眦必报的曹丕，高柔的仕途肯定完蛋，恐怕还会有性命之忧。

所幸，曹叡的肚量比他爹大得多，虽然面子上挂不住，也没有采纳谏言裁汰后宫，但还是很客气地回复了高柔，说爱卿讲得很透彻，别的还有什么建议也尽管说。

这就是曹叡比曹丕值得称道的地方了。虽说在他有生之年，“大兴土木”和“耽于美色”这两大毛病都没怎么改，始终我行我素，但至少他对大臣们还是比较尊重和宽容的，从不因犯颜直谏而打击报复，也从未滥用天子的生杀大权。

由于自己生的儿子都早早夭折，曹叡不得不从宗室过继了两个儿子，一个是曹询，还有一个就是后来的废帝曹芳。二人的确切出身已不可考，但历史上一般认为，曹芳很可能是任城王曹楷之子，即曹彰的孙子。

青龙三年八月，曹芳被立为齐王，曹询被立为秦王。

这一年，曹芳年仅四岁。没有人会料到，短短四年后，年仅八岁的曹芳就会被仓促拥上皇位，成为曹魏帝国的第三任天子……

狼烟消逝：鲜卑的崛起与衰落

青龙三年冬，魏明帝曹叡接到了一则喜讯——魏幽州刺史王雄派遣勇士韩龙，成功刺杀了鲜卑部落首领轲比能。

这个消息给曹叡带来的惊喜，丝毫不亚于不久前诸葛亮的去世。

因为诸葛亮去世意味着魏国在西线的压力大大减轻，而轲比能之死，则意味着曹魏的北方边境从此将安宁许多。

自东汉末年起，因中原大乱，北方的两大游牧民族乌桓（又作乌丸）、鲜卑相继崛起。乌桓的势力在蹋顿单于手中达到极盛，其后曹操北征，在白狼山一战中大破乌桓、斩杀蹋顿，乌桓就此归附曹魏。

然而，鲜卑却始终不肯安分。一方面，其内部各部落为争夺领导权一直互相攻伐；另一方面，则是对曹魏阳奉阴违，且时降时叛，反复无常，成为魏国北方的一大边患。

鲜卑之所以这么能折腾，很大程度上就是因为轲比能。

轲比能出身于“小种鲜卑”，即鲜卑中的小部落，可这家伙野心很大，能力也很强，《三国志·鲜卑传》就称其“勇健，断法平端，不贪财物”，即作战勇猛，执法公平，不贪钱财。这三者，无疑都是战乱年代领袖人物必备的素质。所以，轲比能得到了部落的拥戴，被推举为“大人”。

轲比能的部落生活在边塞附近，自从汉末大乱后，便有不少汉人逃奔塞外，归附了他。轲比能的厉害之处，就是他并未轻视这些投奔他的汉人，而是把他们当成了老师。首先，他向汉人学习了当时最先进的武器制造技术，制造了大量兵器、铠甲、盾牌，用以装备自己的军队。其次，就是向汉人学习语言、文字，用当时最先进的文化武装自己的大脑。最后，就是全面模仿汉人的军事制度，在部队建制、军旗战鼓、纪律号令等各方面，用当时最先进的军事文化打造自己的军队。

轲比能的这些“汉化”举措，让他的部落从野蛮走向了文明，从而极大地提升了整个部落的战斗力和竞争力。

建安中期，轲比能表面归附曹操、遣使入贡，还曾亲率三千骑兵帮曹魏平定了河间（治今河北献县）田银的叛乱。但不久后，代郡（治今山西阳高县）的乌桓叛乱，轲比能就转而站到了乌桓人一边，掉转矛头对准了曹魏。

轲比能本想趁火打劫，不料曹操竟把他最能打的儿子“黄须儿”曹彰派出来了。结果曹彰一战便扫灭了乌桓叛军，轲比能慌忙逃到塞外，随后又假惺惺地遣使入贡，再度表示归附之意。

曹丕登基后，轲比能又遣使入朝献马，被封为附义王。

本以为这家伙会从此安分，不料短短几年后，轲比能便跟另外两个鲜卑首领素利、步度根大打出手，三方展开了混战。其中，轲比能与步度根之间的恩怨由来已久——早在建安末年，轲比能就袭杀了步度根的哥哥扶罗韩，吞并了他的数万部众，还把扶罗韩之子泄归泥收到了麾下。

蛮族人的脑回路比较清奇，在我们看来不太好理解——按说轲比能杀了扶罗韩，就该斩草除根，把他儿子也杀了，免得人家找他报仇，可他偏偏还把人家收来当了小弟；而泄归泥居然也不顾杀父之仇，乖乖投靠了轲比能。

这些行为逻辑，实在让人难以捉摸。

轲比能跟步度根打了几年，渐渐占了上风，步度根撑不住，只好带着余部一万余人归降魏国，被安置在并州的太原、雁门（治今山西代县西）一带。然后，步度根暗中派人去联络侄子泄归泥，叫他别再给仇家打工了，赶紧过来跟叔叔团聚才是正理。泄归泥遂率部脱离了轲比能，跑来跟步度根团聚了。

轲比能打跑了步度根后，于黄初五年（公元224年）全力攻打素利。素利不敌，只好向魏将田豫求助。田豫时任"护乌丸校尉"，就是专门管理乌桓、鲜卑等边境事务的。而魏国对付这些蛮族的策略，向来是分化制衡、分而治之。如今轲比能逐渐坐大，似有一统鲜卑之势，这对魏国的边境治理显然是极为不利的。

为了恢复鲜卑各部落的势力平衡，田豫当即出兵帮助素利，击退了轲比能的部将琐奴。

轲比能咽不下这口气，立刻写信给魏将鲜于辅，拼命喊冤叫屈，埋怨魏国偏袒素利，然后要求鲜于辅务必将他的冤情上达天听。

曹丕知悉后，担心轲比能闹出更大的乱子，便采取怀柔之策，命田豫出面安抚。

此后数年，轲比能没有了制约，部落越发强盛，"控弦十余万骑"，一跃而为鲜卑各部落中势力最强的一支，迫使其他部落首领不得不唯他马首是瞻。

让轲比能深得人心的，还不只是他的军事才干，更重要的是他的人格魅力。史称，轲比能"每钞略得财物，均平分付，一决目前，终无所私，故得众死力"（《三国志·鲜卑传》）。

就是说，每次劫掠所得的财物，轲比能都会当着部众的面，把东西平均分配给所有人，他自己从不会私下多取一星半点儿。这样的老大，当然值得小弟们死心塌地追随、心甘情愿替他卖命。

魏明帝太和二年（公元228年），田豫派遣了一个叫夏舍的翻译去轲比能的女婿郁筑鞬那儿办事，可不知何故，郁筑鞬竟然把夏舍给杀了。田豫大怒，立刻召集西部鲜卑首领蒲头和泄归泥，一同率部征讨郁筑鞬，把他打得落荒而逃。

女婿被群殴，老丈人轲比能当然不能坐视不管，遂亲率三万精骑，在田豫回师途中，将其包围于马城（治今河北怀安县西）。田豫所部在此被围了七天七夜，险些全军覆没。危急时刻，素来跟鲜卑关系不错的上谷（治今北京市延庆区）太守阎志亲自赶来，跟轲比能交涉，可能许了他一些好处，轲比能这才解围而去。

值得一提的是，正当轲比能在北方边塞日渐壮大之际，远在西南边陲的诸葛亮适时地向他伸出了橄榄枝。

敌人的敌人就是朋友。虽然蜀国与鲜卑相距遥远，但诸葛亮还是秘密派人来到塞外，对轲比能展开了“统战”工作，希望双方联手，一致对付曹魏。轲比能自然不会拒绝这个盟友，双方一拍即合。

时任“护鲜卑校尉”的魏将牵招察觉到他们的异动，立刻禀报朝廷，明帝曹叡遂命牵招严密监视轲比能。不过，此后数年，因诸葛亮的北伐一直没有取得进展，所以轲比能也不敢轻举妄动。

不久，魏国朝廷新任命了一位幽州刺史（兼护乌丸校尉），这个人就是王雄。

王雄跟田豫一贯政见不合，且做事风格截然不同。他一上位，立刻做了两件事：第一，排挤田豫，促使朝廷把田豫调离了边塞，转任汝南太守；第二，对轲比能极尽笼络安抚之能事，大大消除了轲比能对曹魏的戒心和敌意。

随后，轲比能多次入塞，亲自到幽州给王雄送礼纳贡，双方关系迅速进入了蜜月期。

青龙元年（公元233年），轲比能自以为搞定了王雄，于是转而着手处理内部问题，把目光再次瞄向了步度根、泄归泥叔侄。

这回，轲比能没有诉诸武力，而是主动提出愿与步度根结为儿女亲家，然后千方百计劝说他们叛离曹魏、回归鲜卑。步度根兴许是生出了叶落归根的想法，又或是在汉人地盘上过得并不如意，便答应了。

轲比能大喜，随即亲率一万多骑兵前往陉北（雁门关以北），一方面迎接步度根叔侄，一方面防备曹魏。

轲比能如此明目张胆地策反步度根，曹魏当然不会没有反应。并州刺史毕轨立刻采取行动，一边上报朝廷，一边命部将苏尚、董弼出兵追击。

苏、董二部追至楼烦（治今山西宁武县西南），轲比能命其子率骑兵阻击。双方在此会战，魏军失利，苏尚和董弼阵亡。

其后，轲比能和步度根联手，屡屡侵扰并州，残杀百姓，劫掠资财。

轲比能的猖狂行径彻底激怒了魏明帝曹叡。他随即下诏，命骁骑将军秦朗率中央精锐军团北征，讨伐轲比能和步度根。

尽管轲比能麾下有十多万骑兵，如今又加上步度根、泄归泥二部，实力更为强大，但其战斗力跟魏国的中央军团比，终究还是差得远，只有被碾压的份儿。秦朗一战便击溃了轲比能和步度根，二人只好带着残部亡奔漠北。而泄归泥这株墙头草见势不妙，马上又叛回了曹魏，被曹叡封为归义王。

轲比能和步度根逃到漠北不久，二人又爆发内讧，步度根自然不是轲比能的对手，旋即被砍掉了脑袋。

以轲比能在鲜卑人中的威望和影响力，一时的挫败算不了什么。只要给他一段时间休养生息，他必定会死灰复燃，卷土重来。

所以，斩草还须除根。

青龙三年，幽州刺史王雄精心策划了一场刺杀行动，派出刺客韩龙前往漠北，目标就是轲比能。史书没有记载这次行动的经过，但我们不难料想，王雄一定是利用了之前跟轲比能的交情，使其放松了警惕，所以韩龙才有机会接近轲比能。

这次斩首行动非常成功——原本最有机会统一鲜卑的枭雄轲比能，没有死在金戈铁马的战场，却死在了刺客韩龙的手上。

史书没有记载韩龙的结局，我估计，很可能是“壮士一去兮不复还”了。因为轲比能身边的侍卫肯定不少，韩龙就算一击得手，也很难脱身，所以大概率是壮烈牺牲了。

轲比能死后，魏国朝廷扶持了他的弟弟继任首领。

对于鲜卑而言，失去了轲比能这样一位有勇有谋又有人格魅力的领袖，原本就互不统属、一盘散沙的诸多部落就更难被凝聚在一起，其最终的衰落是必然的。

史称，自此以后，鲜卑“种落离散，互相侵伐，强者远遁，弱者请服，边陲遂安”（《资治通鉴·魏纪五》）。

平定辽东:"变化如神"的司马懿

随着边塞狼烟的逐渐消逝，魏明帝曹叡把目光转向了帝国的东北方向。

那个地方，就是表面臣服，实则无异于独立王国的辽东。

这是三国时代，除魏、蜀、吴之外的第四支割据势力。由于地处东北边陲，山高皇帝远，所以这几十年来整个天下一片大乱，可它非但不受影响，反倒趁机躲在暗处发展。几年前公孙渊跟东吴勾勾搭搭，曹叡就曾命田豫和王雄出兵征讨，可惜出师不利，最后公孙渊又砍了东吴使臣向魏国示好，曹叡才就坡下驴封他为乐浪公。

说到底，曹叡这么做只是忍一时之怒，暂时稳住辽东罢了。在心里，他做梦都想把公孙渊灭了。只是当初魏国一直跟蜀、吴缠斗不休，加之鲜卑动辄反叛，实在腾不出手收拾辽东。而如今，诸葛亮已驾鹤西去，东吴的孙权也暂时消停了，连最桀骜不驯的轲比能都已身首异处，还有什么理由不打辽东呢?

景初元年（公元237年）七月，曹叡特意将荆州刺史毌丘俭调任幽州刺史，明眼人都看得出来，皇帝这是有大动作了。因为毌丘俭是曹叡的藩邸旧臣，跟皇帝的关系十分密切，绝非一般将领可比，把他调到幽州，摆明了就是要对辽东动手了。

对此，毌丘俭自然是心领神会，当即上疏说："陛下自即位以来，尚未有值得记载的重大功绩。东吴、蜀汉依恃山川之险，短时间内难以平定，所以臣以为，可让目前没有作战任务的幽州将士出征，平定辽东。"

然而，辽东到底该不该打，曹魏君臣的意见并不统一。

时任光禄大夫的卫臻就表示了反对。他的理由有二：第一，毌丘俭攻打辽东的建议，并非当务之急，更非帝王大业，而魏国常年用兵，百姓疲敝，不宜再度开战；第二，公孙家族已在辽东经营了三代，外抚戎夷，内修战备，毌丘俭打算以幽州一支孤军长驱直入，便欲平定辽东，纯属痴心妄想。

可是，曹叡决心已定，根本不听，旋即命毌丘俭率幽州兵团，并征召鲜卑、乌桓骑兵，大举出动，直抵辽东的南部边境。

然后，曹叡给公孙渊发了道诏书，命他入朝觐见。

这就是给两条路让公孙渊选了：第一，乖乖入朝，或许可以饶你一命，但土皇帝你是没的做了；第二，拒不奉诏，顽抗到底，那就让你死无葬身之地！

公孙渊做惯了土皇帝，当然不肯束手就擒，旋即出兵迎击毌丘俭，与魏军在辽隧（治今辽宁海城市西北）交战。当时正逢天降大雨，且一连下了十余日，辽河大涨，对魏军的后勤补给和行军作战都极为不利，导致攻击受挫。毌丘俭无奈，只好率部撤回了右北平（今河北唐山市丰润区）。

同年九月，魏国的冀、兖、徐、豫四州暴发了严重的水灾，曹叡忙着赈济灾民，没办法再对公孙渊用兵，于是二征辽东就这样不了了之。

公孙渊借着老天爷帮忙，轻而易举地击退了魏军，顿时自信心爆棚，遂公然宣布独立，自立为燕王，改元绍汉，设立文武百官，同时派遣使节前往鲜卑，授予各部酋长“单于”印信，并对边塞各族豪强大肆封官授爵，企图建立一个以他为盟主的对抗曹魏的联盟。

公孙渊以为先后两次击退了魏国的进攻，自己就具备了称王称霸的实力和资格，所以彻底撕掉了阳奉阴违的假面具，头也不回地走上了与曹魏悍然决裂的道路。

殊不知，这是一条不归路，因为前方横亘着一个“身死国灭”的万丈深渊。

在毌丘俭撤兵的短短半年后，即景初二年（公元238年）正月，曹叡就发布了三征辽东的命令。

这一次，曹叡打出了一张王牌——司马懿。

凭着多次抵御蜀汉北伐、牢牢捍卫帝国西线的功绩，加上唯一在世的辅政大臣的身份（陈群已于前年病故），此时的司马懿，已经毋庸置疑地成为曹魏帝国资历最老、威望最著的社稷重臣，没有之一。

曹叡在这个时候把司马懿推出来，无疑是在向天下人表明——不灭辽东，誓不罢休！

他把司马懿从长安召回朝中，然后集结了四万精锐，命他挂帅出征。

一些参与决策的大臣立刻提出意见，认为四万人太多了，军费难以筹措。曹叡的回答是：“四千里远征，虽然要靠出奇制胜，但也要依靠实力，不应该计较军费多少。”

言下之意，四万人真心不多。一句话，就把反对者的嘴堵死了。

出征前，曹叡特地召见司马懿，问：“你认为，公孙渊这次会作何反应？”

司马懿答道："对公孙渊而言，他若弃城而逃，是上策；若出兵阻击，在边境布防，是中策；若据守老巢襄平，负隅顽抗，必然被我军生擒。"

曹叡又问："那公孙渊会选哪一策？"

司马懿答："只有明智之人，才会审慎考量双方的力量对比，从而懂得放弃。公孙渊明显不是这种人，他定然认为，我军还会像之前那样，孤军深入，难以持久。所以，他会选中策，在辽河阻击抵抗，最后不得不退守襄平。"

见司马懿一副胜券在握之状，曹叡颇感欣慰，便问了最后一个问题："一去一回，需要几日？"

司马懿答："进军，需百日；作战，需百日；班师，需百日；其间需要六十日休息。如此，一年足矣。"

敢面对皇帝把一场战争的时间掐得这么死，无异于给自己立下严苛的军令状，足见司马懿对这次远征的确信心十足。

事后来看，司马懿果然没有吹牛，时间掐得分毫不差——从出征到班师，恰好一年整。

得知这回的对手是司马懿，公孙渊慌了。

直到此刻，他才意识到曹叡要灭他的决心有多大。咋办呢？这时候再跟曹叡低头服软恐怕是没用了，而仅凭一己之力肯定也干不过司马懿。情急之下，公孙渊想到了孙权。

现如今，也只有东吴能救他的命了。

可是，之前把孙权耍得那么惨，现在又去求人家救命，这不是太无耻了吗？

是的，很无耻，不过公孙渊这家伙一向不要脸，所以这事对他来讲不存在什么心理障碍。更何况，眼下已是生死关头，跟命比起来，脸面又算啥？

随后，公孙渊立刻遣使来到东吴，再度向孙权称臣，然后请求他出兵援救。

孙权的第一反应，就是把这个使节砍了，以泄心头之恨。大臣们也纷纷附和，都巴不得把这个辽东来的浑蛋碎尸万段。满朝文武中，只有一个叫羊衜的东宫属官提出了异议。

他对孙权说："若杀辽东使节，是发泄匹夫之怒而放弃霸王之计。依臣之见，不如厚待来使，派一支特遣队前往辽东，伺机而动。如果魏国打不赢，公孙渊会感恩我军千里驰援，我国的大义和声威也会远播万里；如果战事胶着，我军就趁机扫荡边陲郡县，掳掠其百姓和财富，满载而归，如此也算替天行道，一雪往日之耻了。”

没错，这才是对付无耻之徒的最好办法。公孙渊若是赢了，东吴就赚一把救人急难的美名；若是打不赢，东吴就趁火打劫，捞些实惠拍屁股走人，横竖对东吴都有利。

孙权转怒为喜，连声称善。

当天，孙权便下令部队集合，然后领着辽东使节参观大军阵容，说：“请回去转告燕王，我定会出兵，与老弟祸福同当，生死与共。就算援兵殒命沙场，我也心甘情愿。”接着，又写了一封信让使节带回，信中说：“司马懿善于用兵，变化如神，所向无前，我真是替老弟担忧啊！”

孙权这番称兄道弟、侠肝义胆的表态，估计肯定把公孙渊感动得眼泪哗哗的。殊不知，天道好还，善恶有报，这回终于轮到他被耍了——人家孙权压根儿没想救他，只想报仇雪耻，往他背后狠狠捅一刀！

送走使节后，孙权旋即任命羊衜为督军使者，会同郑胄、孙怡二将，率部扬帆启航，从海路前往辽东。

公孙渊求援之事，没有瞒过魏国间谍的耳目。很快，曹叡得到了情报，便问近臣蒋济：“你觉得，孙权会不会援救辽东？”

蒋济答：“孙权很清楚，我们为这一仗做足了准备，他难以从中渔利。若是深度介入，则力所不能及；若是小打小闹，则劳而无功。眼下，就算是孙权的儿子兄弟身处险境，恐怕他都不敢动，何况异国的公孙渊，而且还是羞辱过他的人？他现在扬言要救辽东，不过是欺骗使节、迷惑我们罢了。依臣看来，他的真正目的是隔岸观火，若我军出师不利，就趁机迫使辽东臣服于他。不过，若我军与敌军相持，不能速战速决，孙权也可能见机行事，派轻兵突袭，这也很难说。”

听蒋济这么一分析，孙权有可能采取的行动基本都在可预料和可控的范围内，于是曹叡的一颗心总算放下了。

同年六月，司马懿与牛金、胡遵等将领，率步骑四万进抵辽东边境。公孙渊急命大将卑衍、杨祚率步骑数万进驻辽隧，并在城池周围挖掘了二十多里长的壕沟。

牛金、胡遵等人一个个摩拳擦掌，纷纷建议立刻攻城。司马懿却道：“敌人之所以深沟高垒、坚壁清野，就是想把我们拖死。现在进攻，正好跳入他们的圈套。如今，敌人的主力都在这里，老巢反而空虚，我们若绕过辽隧，直指襄平，必能一战破敌。”

前两次出征，田豫、毌丘俭等人的打法都太过死板，只一味从正面进攻，跟辽东军打硬仗，如此便要付出很大的伤亡，因此很容易受挫。

司马懿吸取了前两次的教训，自然不会再打这种呆仗。随后，他派出一部在辽隧南面大张旗鼓，做出要从南边迂回的假象。卑衍等人立刻出动精锐，向这支魏军扑来。而司马懿则亲率主力，在辽隧北面悄悄渡过辽河，兵锋直指襄平。

卑衍等人这才意识到中了司马懿的声东击西之计，连忙掉头北上，拼命追赶，准备从背后对魏军发起攻击。

此时魏军主力已推进到襄平西南面的首山。司马懿得知辽东军从后面追了上来，非但不慌，反而得意一笑，对诸将道：“之前不让你们攻城，正是要让敌人自己出来，现在就是消灭他们的时候了。”

魏军旋即掉转方向，对疲于奔命的辽东军发起了主动进攻。

辽东军擅长守城，却不善野战，尤其不善于这种东奔西跑的运动战，遂被魏军打得大败。卑衍等人不甘心，又组织了两次反击，却接连败北，不得不带着残部退守襄平。

魏军三战皆捷，士气大盛，遂乘胜进围襄平。

从七月起，辽东开始暴雨如注，一连下了快一个月，平地积水深达数尺，不但阻滞了魏军攻城，且给魏军的营地造成了严重内涝。魏军将士叫苦不迭，纷纷建议把军营移到高地上。

可是，司马懿却不为所动，并下了一道死命令——敢言移营者，斩！

他麾下一个叫张静的都督令史，可能实在受不了大水的浸泡，想带着部下偷偷挪窝，立刻被司马懿砍掉了脑袋。全军顿时震悚，再也没人敢离营半步。

司马懿之所以反对迁营，是因为在这种大雨滂沱、道路泥泞的情况下，部队一旦开始迁营，很难做到秩序井然，极有可能乱成一团，这就会给辽东军可乘之机。所以，宁可被大水浸泡，也不能自乱阵脚。

这场大雨虽然耽误了攻城，但还是有一个好处，就是由于辽河暴涨，后方运粮队索性走海路，直接从辽河入海口把运粮船开了进来，所以极大保障了司马懿大军的粮草和补给。

不缺粮，司马懿就可以跟公孙渊耗到底。

双方就这样在大雨中无声地对峙着。辽东百姓知道这仗一时半会儿打不起来，就照常过日子，该放牛放牛，该砍柴砍柴，天天在魏军眼皮底下晃来晃去。

这下，魏军将士可不乐意了——你们这般悠闲自在，是把我们堂堂大魏军队当透明的吗？

于是，诸将纷纷表示，就算暂时无法攻城，至少也要把襄平外围这些敌国百姓全都抓起来，杀一杀辽东人的气焰。可不管他们怎么说，司马懿愣是不答应。

司马陈珪忍不住跟司马懿吐槽，说："想当初攻打新城郡的孟达，咱们从八个方向同时进攻，昼夜不停，所以短短半个月就攻下坚城，斩杀孟达。如今千里远征，利在速战，却反而安坐不动，我实在搞不懂。"

司马懿淡淡一笑，道："当初孟达兵力少，粮食却足以支撑一年，而我们的兵力四倍于他，粮食连一个月都不够。那种情况下，岂能不速战速决？四个人打一个，就算伤亡一半，也还是二打一，所以可以不计死伤，必须抢在断粮之前结束战斗。而如今，情况恰好相反，敌人兵多，我们兵少，敌人缺粮挨饿，我们日日饱餐。何况大水泛滥，限制我们行动，即便想攻城，又能怎么攻？自从出征的那天起，我便从不担心与敌人交战，而只担心让敌人逃脱。眼下他们粮食快吃完了，而我们的合围尚未完成，这时候去劫掠他们的百姓和牛马，只会把公孙渊吓跑。正所谓'兵者，诡道也'，善用兵者，就得随机应变。如今敌人仗着他们兵力强大，而且大雨不止，所以虽然饥困，却不肯束手就擒，那我们就得表现出无能的样子，让他们安心。如果为了劫掠牛马，得到一点蝇头小利，就把公孙渊吓跑，那是因小失大。"

陈珪闻言，这才恍然大悟。

当时，魏国百官得知辽东大雨不止，全都认为应该罢兵，只有皇帝曹叡对司马懿非常有信心，说："司马懿面对危局，总能随机应变，依朕看来，生擒公孙渊指日可待。"

一场战争的胜利，除了前方主帅要有随机应变的能力，身在后方的皇帝能够信任主帅、不随便指手画脚，也是非常重要的因素。如南宋学者张预在《孙子兵法》注中所言：“将有智勇之能，则当任以责成功，不可从中御也。”

这话的大意是：如果大将有勇有谋，那就授权给他，等待成功的结果就够了，不可在朝廷遥控指挥。

曹叡和司马懿这对君臣，用他们的行动诠释了这一兵法要义。

到七月底，大雨终于停了，而魏军也已将襄平团团围困。司马懿立刻命全军发起总攻。这场攻城战打得异常激烈，魏军堆土山、挖地道、起云梯、上冲车……把所有能想到的攻城手段全都用上了，且昼夜不停，轮番进攻。

而公孙渊及其部众已无路可退，只能拼命死守。一时间，矢石如雨，纷纷而下，给魏军造成了相当大的伤亡。

尽管辽东军民的抵抗意志非常顽强，却终究不可能在饿着肚子的情况下长期坚守。

很快，襄平断粮了，城中出现了一幕幕吃人的惨剧，士兵和老百姓大量死亡。将军杨祚等人终于崩溃，纷纷出城投降。

当年八月，万般无奈的公孙渊意识到大势已去，只好命相国王建、御史大夫柳甫出城去见司马懿，请求他先解围退兵，并承诺公孙渊君臣会自缚出降。

司马懿一听，不由冷笑不已。

都到这步田地了，你公孙渊还不死心，居然敢跟我谈条件？真要投降，直接把自己绑了乖乖出城不就行了吗？何必要这么多花样？！

司马懿二话不说，马上命人把王建和柳甫给砍了，然后给公孙渊写了封信，说：“春秋时期，楚国和郑国地位相等，可楚国攻灭郑国时，郑国国君尚且要脱下上衣，光着膀子，手里牵一头羊出来投降（肉袒牵羊，古代战败投降的仪式）。而我司马懿，是天子的上公（此前司马懿已兼任太尉，位居三公），区区王建、柳甫竟然让我解围退兵，这是无礼冒犯！想必这两个家伙老糊涂了，连话都传错，我已经替你把他们斩了。如果你还有话要说，就派个头脑清楚的年轻人过来。”

很明显，此时此刻，公孙渊已然是司马懿砧板上的鱼肉了。所以，斩杀两个老头也好，写信怒斥公孙渊也罢，都是司马懿在玩一场猫捉耗子的游戏——玩够了再吃，才有味道。

可公孙渊仍心存侥幸，就照司马懿说的，又派了一个叫卫演的年轻人出城，请求司马懿指定一个日期，然后他会送几个人质过来。

公孙渊搞这么多花样，无非就是想拖延时间，可在司马懿这个老江湖面前，他玩什么都不好使。司马懿冷笑着对卫演说："凡是打仗，大致有五种结果：能战则战，不能战则守，不能守则逃；剩下的只有两条路，要么降，要么死。公孙渊不肯自缚出降，那就是一心要寻死了，还送什么人质？"

八月二十三日，襄平终于被魏军攻陷。公孙渊带着儿子公孙修，在数百骑兵的护卫下，拼死突围，往东南方向逃窜。魏军穷追不舍，在梁水（辽河支流）岸边追上，将公孙渊父子双双斩落马下。

自东汉末年以来，这个在帝国东北边陲割据了将近半个世纪的独立王国，至此终于灰飞烟灭。

司马懿入城后，为杀戮立威，进行了一场小规模屠城，斩杀了三公九卿以下的官员及军民七千余人，将他们的首级堆成了一座"京观"（古代为炫耀武功，聚集敌人尸首，封土而成的高冢）。

随后，魏军又横扫了辽东下辖的带方（治今朝鲜沙里院城）、乐浪（治今朝鲜平壤市）、玄菟（治今辽宁沈阳市）三郡，加上辽东本郡，四郡悉数平定。

司马懿大功告成，于八月底班师。

这场平定辽东之战，充分展现了司马懿过人的军事才干。如果说之前对付诸葛亮，出于当时的态势和曹魏既定的防御战略，司马懿不得不采取"乌龟战术"，始终打得束手束脚，那么这一次，他的胆略和智谋，无疑得到了尽情的发挥和施展，也让世人真正领教了他的厉害。

纵观整场战役，司马懿在第一阶段，采用的是"声东击西""引蛇出洞"的战术，巧妙绕过了公孙渊重兵布防的辽河防线，在运动战中歼灭了辽东军的有生力量。第二阶段，当攻势被大雨阻滞，司马懿又回归他最擅长的"乌龟战术"，闭营不战，示敌以弱，从而稳住了公孙渊，为最后的合围聚歼创造了条件。而到了最后的总攻阶段，就没必要再玩什么虚的了，最好用的战术就是四个字——往死里打！

在这三个阶段中，司马懿并未固守任何一种战略战术，而是因时制宜，随机应变，可以说把"兵无常势，水无常形"这一兵法要义诠释得淋漓尽致。

战前，孙权曾警告公孙渊，说司马懿用兵“变化如神”。现在看来，这绝不是在吓唬公孙渊，更非过誉之词，而是十分中肯且恰如其分的评价。

辽东之战就这么三下五除二结束了，可东吴准备趁火打劫的那支部队上哪儿去了呢?

他们迟到了，而且迟到了很久。

也许是羊衜的舰队在海上遇到风浪，不得不中途靠岸休整，抑或是他们早早就到了辽东，却一直找不到机会下手。总之，直到此战结束的大半年后，即曹魏景初三年（公元239年）四月，羊衜所部才趁魏军不备发动突袭，击败了魏将张持、高虑，并掳掠了大量百姓和资财，然后满载而归，总算是没白跑一趟。

虽然羊衜等人最后捅的这一刀，没捅在公孙渊背上，“报仇雪耻”的目的落空了，但“趁火打劫”这个任务终究是完成了，勉强可以说不辱使命。

曹叡驾崩：魏国命运的转折点

曹魏景初二年冬，天地萧瑟，纷纷扬扬的雪花在洛阳皇宫上空肆意飞舞。

十二月初八，一个看上去十分平常的冬日，正当盛年的魏明帝曹叡，几乎没有半点征兆，突然一病不起。

皇帝不豫，整个内宫外朝的气氛骤然紧张了起来，尤其是负责宫中机要的大臣，这时候他们的角色就显得举足轻重了，因为他们对皇帝的影响力是外朝大臣无法比拟的。

明帝一朝，主要有两位大臣执掌中书：一个是中书监刘放，一个是中书令孙资。

早在曹操时代，刘、孙二人便是曹操身边的秘书郎；之后曹丕称帝建国，二人升任现职，开始掌握宫廷机要。曹叡即位后，对二人越发倚重，同时让他们兼任侍中、光禄大夫，并同封县侯。由于曹叡自登基以来便“亲揽万机”、政由己出，陈群等辅政大臣都只是挂名而已，所以刘放和孙资才是真正辅佐皇帝的左膀右臂。这些年魏国屡屡对外作战，都是刘、孙二人在中枢筹划；每次遇到重大决策，曹叡虽然都会召集大臣廷议，但最后往往交给刘放和孙资拍板。

在大臣们看来，皇帝对这两位近臣的宠信，似乎已经超出了应有的限度。

为此，蒋济就曾上疏力陈其弊。他说："臣曾经听闻，大臣权力太重者，则社稷有危险；左右过于受宠者，则天子受蒙蔽。此乃自古以来，为政者最重要的鉴戒。前朝大臣当权，内外不安，如今陛下总揽万机，朝纲自然得以整肃。当权的大臣其实也不一定不忠，只是一旦威权下移，人们对君王就会怠慢，此乃理之必然。如今，陛下既然已经有能力防范大臣当权的流弊（意指曹叡成功撇开了陈群等辅政大臣），但愿别忘了左右亲信可能造成的另一种流弊。

"天子左右之人，其忠诚正直、深谋远虑未必超过大臣，但钻营奔走、谄媚逢迎的功夫，却往往比大臣厉害。如今外朝的言论，动辄就说'中书'如何如何。虽然中书官员谦恭谨慎，不敢随便结交外朝大臣，但仅以'中书'的名义，就足以惑乱世人了。更何况，中书手握权柄，整日在皇上跟前，万一乘着皇上困倦之时，窃弄威权，众臣发现他们能够左右大局，必然趋炎附势，顺着他们的意志行事。

"一旦发生这种现象，私结朋党之风就兴起了，到时候不论是臧否毁誉还是功过赏罚，都可能会颠倒。走正道之人，路会被堵死；攀附天子亲信的人，反而一帆风顺。久而久之，陛下对左右亲信的信任已成习惯，就不再有任何警觉了……"

蒋济这番谏言说得非常直白，可谓一针见血，分析也十分到位，但很可惜，曹叡听不进去。

如今，曹叡突然就病危了，帝国有两件大事必须立刻着手，一是立太子，二是指定顾命大臣。

曹叡只有两个养子，曹芳和曹询。曹叡向来属意曹芳，所以太子人选没什么悬念。眼下存在变数的，是顾命大臣的人选。

按曹叡本意，打算命五位大臣共同辅政：燕王曹宇（曹操幼子、曹叡叔父）、领军将军夏侯献（夏侯惇之孙）、武卫将军曹爽（曹真之子）、屯骑校尉曹肇（曹休之子）、骁骑将军秦朗（曹操继子）。

很显然，这五个人都是清一色的曹魏宗亲，一个外人都没有。他们虽年纪和辈分不一，但均属曹魏政治军事核心圈的人物。如果最终这五个人真的上位，恐怕就没司马懿什么事了——既不会有司马氏父子掌控朝政、篡位夺权的戏码，也不会有后来横空出世的西晋帝国。

然而，历史最终还是选择了司马懿。

确切地说，其实是刘放、孙资为了巩固自己的权力和地位，客观上成全了司马懿。

刘放和孙资"久典机任"，难免专权，自然引起了很多朝臣的不满，其中就包括两位准顾命大臣：夏侯献和曹肇。

当时的洛阳皇宫中，宫人们养了几只公鸡负责打鸣，又种了一棵树专供这些鸡踩在高枝上报晓。夏侯献和曹肇就故意指桑骂槐地说："公鸡占这棵树也够久了，看它们还能再占几天！"

听见这种话，刘放和孙资岂能睡得着觉？

倘若夏侯献和曹肇真的成了顾命大臣，那刘、孙二人非但权力和富贵不保，甚至连项上人头都可能保不住。

正当二人忧心忡忡之际，燕王曹宇竟主动请辞曹叡刚刚授予他的大将军和首席顾命大臣之位，无意中送给了他们一个绝处逢生的机会。

曹叡把刘放和孙资召到榻前，问："燕王究竟是什么意思？"

刘、孙二人赶紧道："燕王自知难以承担这么重大的责任，所以请辞。"

曹叡黯然片刻，又问他们："那有谁能担此重任？"

当时曹爽恰好也在场，而刘、孙二人很清楚这家伙没多大能耐，不足以对他们造成威胁，便顺水推舟地推荐曹爽担任首席顾命，然后又加了这么一句："应召司马懿回朝，让他同担此任。"

此刻，司马懿还在班师的路上。他并不知道，宫中正在发生一场惊天变故，更不知道自己和整个家族的命运，正在阴差阳错地被刘放和孙资改写。

曹叡听了刘、孙二人之言，没有立刻表态，而是把目光转向曹爽，问："你能承担辅政的重任吗？"

令人难以置信的是，按相关史料记载，此时的曹爽竟然"流汗不能对"，也就是紧张得满头大汗，连皇帝这句问话都不知该如何回答。

刘放连忙偷偷踩了一下他的脚，还附在他耳旁道："你应该说，臣以死奉社稷。"

曹爽庸懦无能的这个细节，出自郭颁的《魏晋世语》，司马光在《资治通鉴》中采用了这则史料。虽然从日后来看，曹爽这个人的确没多大本事，但我相信，他不太可能像《魏晋世语》描述的这么不堪。因为尽管曹叡现在已卧床不起，可还没到神志不清的地步。如果曹爽真是如此庸懦无能的人，曹叡怎么可能把他纳入“五人顾命团”呢？

不过，选择顾命大臣这么大的事，终究还是不好下决心。曹叡虽然听从了刘放和孙资的建议，决定让曹爽和司马懿共同辅政，可稍后却又变了卦，命人把刚刚拟定、尚未下发的诏书又追了回来。

刘放和孙资赶紧再次进入寝殿，又苦口婆心地劝说了一番，曹叡才终于下定决心。

据《三国志·明帝纪》注引《汉晋春秋》记载（司马光《资治通鉴》沿用之），刘放怕曹叡又变卦，忙道：“陛下应该下一道手诏。”

曹叡说：“我累了，不能提笔。”

刘放一听，立刻撸起袖子，爬上龙床，抓着皇帝的手，愣是把这道决定帝国命运的诏书强行写成了。

然后，刘放迫不及待地拿着诏书出殿宣旨，说：“有诏，燕王曹宇及夏侯献、曹肇、秦朗四人，一律免职，不准在宫中逗留。”

曹宇等人接旨后，相对而泣，旋即被迫出宫，返回私邸。

这场事关重大的最高权力之争，至此总算尘埃落定。

十二月二十七日，曹爽取代曹宇，被任命为大将军。曹叡担心曹爽能力有限，便命尚书孙礼担任大将军长史，专门辅佐他。

直到此刻，刚刚走到汲县（治今河南卫辉市）的司马懿，才接到了皇帝命他即刻入宫觐见的手诏。

之前，燕王曹宇以关中防务重大为由，建议曹叡直接让司马懿回长安，不必入朝。所以这个时候，按照回防长安的诏令，司马懿必须直接前往轵关（今河南济源市西北，太行八陉之一），然后直趋关中，而不能回洛阳。

看着手中这两道旨意截然不同的诏书，司马懿猛然意识到——宫中已然发生巨变了。

他立刻乘上“追锋车”（古代一种轻便的驿车，因车行疾速，故名），昼夜兼程，一口气奔驰了四百多里，风驰电掣地赶回了洛阳。

曹魏景初三年正月，司马懿赶到宫中见到了皇帝。

此时的曹叡已然生命垂危，他抓着司马懿的手，气息奄奄道："我把后事托付给你了，由你跟曹爽辅佐少子。死是无法忍耐的，但我强忍着不死，就是为了等你，现在总算见到了，我死而无恨！"

然后，曹叡把曹芳和曹询叫到床前，指着曹芳对司马懿说："就是他了，你看清楚，不要搞错了。"说完，命曹芳上前，抱住了司马懿的脖子。

司马懿跪伏在地，涕泪横流，频频顿首。

就在这一天，曹叡驾崩，年仅36岁（一说35岁）；同日，曹芳被立为太子。

曹叡的英年早逝对曹魏帝国无疑是巨大的损失，更是一个沉重的打击。

自从曹魏立国以来，曹丕在位仅六年，其间除制定实施九品中正制，对后世有较大影响外，其他方面并没有多么突出的历史功绩。

而曹叡在位十六年，在朝政上乾纲独断、政由己出，令几位辅政大臣形同虚设，显示出极强的执政能力；他在位期间，不仅抵御了蜀汉、东吴的多次进攻，且平定鲜卑、辽东，并改革刑律，制定颁布《魏律》十八篇，成为三国时代最有代表性的法典，是古代法典编纂史上的一大进步。

由此可见，曹叡在政治、军事、法律等方面都颇有建树，其政绩比文帝曹丕显著得多。若是天假以年，曹魏的国力很可能得到进一步增强，其国祚势必也会更加长久。说白了，曹叡若能活个六七十岁，肯定就没司马懿和司马家族什么事了。

曹叡即位之初，目光如炬的大臣刘晔对他就有这样一句评价："秦始皇、汉孝武之俦，才具微不及耳。"（《三国志·明帝纪》注引《魏晋世语》）

意思就是，曹叡是可以比肩秦皇汉武的皇帝，只是才干稍有不及。乍一看，刘晔似乎把曹叡抬得有点儿高，但从曹叡后来的表现来看，应该说是对得起这句评价的。

当然，正如我们前文所说，曹叡的缺点也很明显，就是大兴土木和耽于美色。其英年早逝，或许就跟后者有一定关系，这是比较令人遗憾的。

所以，陈寿在《三国志·明帝纪》中，就给了曹叡较为中肯、一分为二的评价：

明帝沉毅断识，任心而行，盖有君人之至概焉。于时百姓凋敝，四海分崩，不先聿修显祖，阐拓洪基，而遽追秦皇、汉武，宫馆是营，格之远猷，其殆疾乎！

魏明帝沉着刚毅、果断、有胆识，行事任由心意，不受拘束，颇有君主的英明气概和风范。可当时民生凋敝，四海分崩，他却没有去光大祖先的功德，开拓宏伟的基业，而急切地效仿秦皇汉武，营造宫殿楼阁，若用远大谋略的标准来衡量，这恐怕就是他的毛病吧！

曹叡驾崩数日后，年仅八岁的曹芳即位，以曹爽、司马懿为辅政大臣，朝廷在二人原有官爵上又加侍中、假节钺、都督中外诸军、录尚书事，且令二人各领禁军三千，在宫中宿卫。

这一刻，无疑是曹魏帝国命运的转折点，也是司马懿个人和整个家族命运的转折点。

对曹魏而言，是由盛而衰；对司马懿而言，则是一举走上了人生巅峰。

随着曹叡的英年早逝和司马懿的强势上位，曾经困扰了东汉王朝近一百年的宿命般的噩梦，竟然落到了立国还不到二十年的曹魏帝国身上。

如果要用一个词来概括这个噩梦，那就是——主少国疑。

皇帝幼弱，势必导致权臣崛起；权臣崛起，势必导致社稷危殆。

尽管离国祚的最终覆灭还有一些年头，但没有人能否认，从这一刻起，一度强大的曹魏帝国，已经亦步亦趋地走上了东汉帝国当年的末路……

第三章

三国的转折点

走向昏聩：孙权的特务统治

古人在评价历史人物的时候，经常会引用《诗经·大雅·荡》中的一句话："靡不有初，鲜克有终。"

这话的意思是：做事往往都有一个良好的开端，却很少有能坚持到底、善始善终的。

历史上有不少帝王，都难逃这条人性的铁律。比如齐桓公小白，还有唐玄宗李隆基，都属于年轻时励精图治，老来昏庸误国的典型。即使雄才大略如秦始皇、汉武帝，还有唐太宗李世民、明太祖朱元璋，晚年都不可避免地犯下了许多严重错误——或服食丹药、追求长生，或大兴土木、耽于逸乐，或独断专行、滥杀无辜，或任用奸佞、残害忠良……

令人遗憾的是，被曹操誉为"生子当如孙仲谋"的孙权，似乎也可以归入此列。

孙权从英明睿智走向昏聩猜忌，差不多与曹叡渐趋奢靡同步。

东吴赤乌元年（公元238年，曹魏景初二年），即司马懿平定辽东的这一年，孙权五十七岁，虽说还不太老，却已在东吴之主的宝座上坐了整整三十八年。

当一个人掌握最高权力的时间太久，就会出现一种非常矛盾的心态：一方面，由于手中握有生杀予夺的大权，所以掌权者心中会有一种无所不能的幻觉；另一方面，人的能力终究是有限的，尤其是接近老年，脑力、体能等各方面都在逐步退化，所以掌权者心中又会生出一种权力被削弱（或被窃取）的恐惧。

这二者相互叠加，自然就会催生出一种历史上屡见不鲜的政治毒瘤——特务统治。

因为掌握最高权力，所以皇帝认为自己有权知道所有臣民的所思所想和一举一动；也因为害怕失去权力，总担心有刁民想害朕，所以皇帝就有必要通过一个无孔不入的特务机构，去打探和监测所有臣民的一举一动，甚至所思所想。

在汉武帝和唐朝武则天的时代，负责这项工作的人被称为酷吏。这个特务机构，在宋代叫皇城司；在明代，叫锦衣卫、东厂、西厂；在清代前期，叫粘杆处。

而在此刻的东吴，孙权则任命了一个叫吕壹的人，担任“典校诸官府及州郡文书”。

吕壹的本职是中书郎，即掌握宫中机要的皇帝近臣，职能跟曹魏的刘放、孙资相同。如今，孙权又给了吕壹这个新的职务，顾名思义，就是专门负责监察文武百官及各州郡官员的。可想而知，这是一项不受任何人监督制约，却可以监督制约任何人的权力。

当然，皇帝除外。

所以，从吕壹担任这项职务的那一刻起，东吴的所有臣民就开始瑟瑟发抖、人人自危了。

史称，吕壹就任后，“渐作威福，深文巧诋，排陷无辜，毁短大臣，纤介必闻”（《资治通鉴·魏纪六》）。就是说，吕壹一上任就开始作威作福，利用法律条文，巧妙罗织罪名，排挤陷害无辜之人，诋毁中伤朝廷大臣，事无巨细，都要向孙权报告。

太子孙登看不下去，屡屡向孙权劝谏，可孙权根本不听。文武百官一看连太子都拿吕壹没辙，也都只好结舌钳口，默默祈祷别被这个特务盯上。

然而，总有人会被盯上。

第一个倒霉的人是前江夏太守刁嘉。

吕壹指控他在私下聚会时诽谤朝政，孙权大怒，不分青红皂白就把刁嘉扔进了监狱。参与聚会的官员全都遭到传讯，众人慑于吕壹淫威，被迫承认刁嘉确实说过那种话。在被传讯的人中，只有一个叫是仪的侍中矢口否认。

吕壹遂一连多日对是仪进行了严厉盘问。同时，孙权也连下多道诏书过问此事，分明已经对是仪动了杀机。于是，满朝文武都吓得噤若寒蝉，没人敢替是仪和刁嘉说话。

面对皇帝的诏书责问，是仪自始至终只有一句回答："今日刀锯已在臣的脖颈，臣怎么敢再为刁嘉隐瞒，自找灭门之祸，成为不忠之鬼呢？臣只是把自己知道的，原原本本，据实回答而已。"

不管吕壹如何软硬兼施，也不管皇帝怎么威胁，是仪就是梗着脖子不改口供。

所幸，孙权还有一定的理智，眼看证据链不够完整，终于还是做了让步，把刁嘉和是仪都给放了，没有滥杀无辜。

虽然此事有惊无险，但暴露出来的问题却已相当严重。倘若让吕壹继续这么祸乱社稷，东吴迟早有一天会离心离德。时任上大将军的重臣陆逊和太常潘濬每当言及此事，无不忧心忡忡，乃至怆然涕下。

可是，还没等他们想出办法对付吕壹，第二个倒霉的人又出现了。

这回可不是像刁嘉那样无足轻重的离休官员了，而是堂堂东吴帝国的丞相顾雍。

吕壹向孙权检举揭发了顾雍的种种过失。具体什么过失史书无载，想必就是一些欲加之罪、何患无辞的东西，而且肯定触犯了皇帝的忌讳。

孙权闻言大怒，遂将顾雍怒斥了一顿。

眼看顾雍有被罢相的危险，正直的朝臣再也无法坐视不管了。但是，直接向皇帝进谏肯定没什么用，贸然跟吕壹硬碰硬也不是明智之举。为此，黄门侍郎谢厷不得不想了一招"曲线救国"，登门前去拜会吕壹。

谢厷问吕壹："顾公之事，现在情况如何？"

吕壹冷冷道："不太乐观。"

谢厷又问："依你看，若顾雍罢相，谁会接任？"

吕壹摸不准他葫芦里卖的什么药，便沉吟不语。

谢厷遂自问自答道："会不会是太常潘濬？"

吕壹一怔，蹙眉良久，才道：“你说的，很有可能。”

谢厷见鱼儿咬钩了，连忙露出关切的神情，道：“潘濬对你可是切齿痛恨啊，只是没机会下手而已。假如他今日当上丞相，恐怕明日便会对付你啊！”

吕壹如梦初醒，心中甚惧，随后便撤销了对顾雍的指控。

顾雍就这样险险逃过一劫。

当时，潘濬跟陆逊都驻扎在武昌，他得知吕壹连丞相都敢咬，顿时忍无可忍，遂赶回建业，准备好好跟皇帝谏诤一番，彻底铲除吕壹这个祸害。可一回朝，他就听说连太子孙登都无法撼动吕壹，只好打消了进谏的念头。

文的不行，那就只能动武了。

潘濬随即向满朝文武发送请柬，邀众人来家中聚宴，其中当然也包括吕壹。潘濬的计划，是打算在宴会上动手，干掉这家伙，然后再去向孙权请罪——宁可赔上自己一条命，也决意要把吕壹这个特务弄死！

然而，特务之所以是特务，就在于他的耳目无处不在。想暗杀特务头子吕壹，可没那么容易，很快就有耳目把潘濬的计划密报给了吕壹。

吕壹冷笑，遂以生病为由，婉拒了潘濬的邀请。

潘濬的计划落空，意味着非但杀不了吕壹，还很可能遭到他的报复。为了防止吕壹的反扑，正直的官员们不得不相互打掩护。

上次掩护顾雍的是谢厷，这回负责掩护潘濬的，则是时任西陵（今湖北宜昌市）督的步骘。

虽然明知劝谏没用，但步骘还是给孙权上了一道奏疏，力陈潘濬等人对社稷的忠心——不管吕壹那边会不会告潘濬的御状，至少可以提醒一下皇帝，把一碗水端平，不要让大臣们寒了心。

步骘在奏疏中说：“顾雍、陆逊、潘濬，对社稷竭尽忠诚，但最近却都寝食不宁。他们一心想要安国利民，为国家建长久之计，可以说都是陛下的心腹股肱，也都是难得的社稷之臣。陛下理应对他们给予足够的信任，不让其他官员再去监视他们的行为，或以考核为由干涉他们的工作。如果说这三位大臣在做事时有思虑不周的地方，那是可能的，但他们又岂敢欺瞒和辜负天子呢？”

步骘这么说，就是先给孙权打下预防针，以免被吕壹蛊惑。

随后，潘濬果然没遇到什么麻烦。也许是吕壹知道潘濬是个狠角色，不敢再纠缠他，抑或是步骘的奏疏起了作用，孙权不再一味听信吕壹之言。总之，这件事算是翻篇了。

但是，没过多久，第三个倒霉的人又出现了。

这回落入吕壹魔爪的，是一位响当当的人物——既是朝廷大员，也是孙权的女婿，堂堂东吴的驸马爷。

他就是时任左将军的朱据，娶的是孙权的二女儿孙鲁育。

连这样的人物都敢咬，可见吕壹已经丧心病狂到什么地步了。

朱驸马这回被栽赃的罪名，是贪污。因朱据所部有一笔三万缗的公款被挪用，且不知去向，吕壹就指控是朱据贪污了。

三万缗就是三千万钱，这可不是一笔小数目。三国中后期，大概五十钱就可以买一斗醇酒，四百钱可买一石优质小米，一万钱左右可买一亩膏腴良田，一百万钱就可以买一栋豪华住宅。所以，三千万钱绝对是一笔巨款。

驸马居然犯了贪污案，而且案值巨大，此事立刻惊动了东吴朝野。

为坐实朱据之罪，吕壹逮捕了朱据属下分管财务的官员，然后不择手段，严刑逼供，最后竟然把人活活打死了。

朱据大为悲愤。尽管是堂堂左将军兼驸马爷，可他还是不敢跟吕壹叫板，毕竟吕壹现在无异于皇帝的代言人，你能怎么办？无奈之下，朱据只好买了一口上等棺木，把那个蒙冤而死的部下厚葬了。

可他万万没想到，就是这个完全出于同僚之情和人道主义的举动，却还是被吕壹抓了小辫子。

吕壹声称，肯定是该官员替朱据隐瞒了罪行，所以朱据才会用厚葬予以回报。

孙权认为吕壹说得很有道理，便一连数日传召朱据进宫，劈头盖脸好几顿臭骂。朱据百口莫辩，又惶然无计，只好“藉草待罪”，即搬出家门，睡在草堆上，等待皇帝治罪。

眼看堂堂朱驸马就要躺平、任人宰割了，有一位军方同僚奋起援救，终于让事情出现了转机。

这个人叫刘助，是一名禁军军官。他通过好几天的周密调查，最后查清，那三万缗公款是被一个叫王遂的包头工给冒领了。这家伙可能是专门承包军方工程的，不知为何鬼迷了心窍，就施展手段弄走了这笔巨款，以致险些害死了驸马爷。

至此，这起惊动朝野的“驸马贪污案”总算真相大白。孙权这才知道自己冤枉了女婿，皇帝的这张老脸一下子没处搁了。他做出一副幡然醒悟的样子，对左右道：“连朱据都被陷害，更何况其他官民?!”

恼羞成怒之下，孙权自然要拿吕壹开刀，一来给自己找个台阶下，二来是顺势平息朝野公愤。

随后，孙权逮捕了吕壹，同时赏了见义勇为的刘助一百万钱。

吕壹下狱后，丞相顾雍作为主审官审问他。其间，顾雍展现出了一个丞相应有的胸怀和气度，并不因过去的事情报复吕壹。在整个审问过程中，顾雍始终秉公执法，并且和颜悦色，临了还特意问了吕壹一句：“你还有什么想要申诉的吗？”

吕壹很清楚，自己早就把满朝文武得罪光了，现在所有东吴臣民都恨不得食其肉、寝其皮，哪还有他申诉的机会？所以，他无话可说，只能跪伏在地拼命磕头。

旁边有个陪审官员忍不住痛骂吕壹，一口气飙了不少脏话。顾雍立刻正色道：“朝廷自有律法在，又何必如此？”

随后，有关部门上奏孙权，建议将吕壹处以死刑，有人甚至提议用“火烧”或“车裂”这样的酷刑，否则不足以彰显吕壹的大奸大恶。孙权咨询中书令阚泽的意见。阚泽说：“盛明之世，不宜再用这样的酷刑。”

最终，吕壹以常规的斩刑伏诛。

历史上，酷吏和特务几乎都没有好下场，因为他们本来就是被皇帝拿来当刀使的，一旦没有了利用价值，皇帝肯定会让他们不得好死，以此平息公愤。所以，他们最后究竟怎么个死法，皇帝其实并不关心。或者说，皇帝其实更希望他们死得难看点儿。因为他们死得越难看，臣民们就越发能够体验复仇的快意，同时越发认为皇帝英明。

就此而言，历史上的那些酷吏和特务，通常会被皇帝利用两回：第一回，利用他们来铲除所有不利于统治的因素，以此巩固权力；第二回，利用他们的死来收买臣民的心，重新塑造自己的威望。

然而，皇帝和大多数臣民都有理由让酷吏（特务）们不得好死，但头脑清醒、为社稷负责的大臣却不能由着皇帝和多数人的心意这么干。

因为历来的特务统治，其最坏的结果还不只是杀害了很多正直和无辜的人，而是破坏了正常的政治生态和社会秩序，损害了法律的尊严，削弱了公权力的威信。这才是对一个国家和社会最严重的破坏，因为它动摇了国家和社会的根基。

所以，真正怀有公心的大臣，必然不能采取“以怨报怨”的手段对酷吏（特务）们进行复仇，这样只会加剧对这个国家和社会的伤害。真正想要拨乱反正，让国家的政治生态和社会秩序重回正轨，最好的办法就是“以直报怨”——按照国家法律，该怎么处理就怎么处理。

我们看到，以顾雍、阚泽为代表的这些公忠体国的大臣，正是这么做的。

正因此时的东吴还有这帮大臣在，所以尽管孙权已经开始昏聩，吕壹的倒行逆施也一度造成了人人自危的局面，可东吴帝国还有自我修复的力量，还能暂时保持朝野的安定。

当然，此时的孙权仍然保持着一定程度的理智，因此没让吕壹在丧心病狂的道路上走得太远，这点也是不能否认的。

吕壹死后，孙权试图修复与军方高层的关系，便派了一个叫袁礼的中书郎去慰问了一圈，一方面表达朝廷的歉意，一方面听取诸位高级将领对朝政的意见。

袁礼慰问的对象，包括陆逊、诸葛瑾、步骘、朱然、吕岱、潘濬等人。

然而，孙权此举，却没有达到他预想的目的。诸葛瑾、步骘、朱然、吕岱等人，都以只知军务、不掌政务为由，拒绝对朝政发表意见，还把皮球踢给了陆逊和潘濬。而当袁礼去拜会这两人时，陆逊和潘濬则双双演起了悲情戏，没说几句话便涕泪横流，一脸悲苦之状，且眼神中还透露着恐惧和不安，反正就是不言朝政之事。

很明显，东吴这些社稷重臣此刻的做法，既是心有余悸、明哲保身，也是在用一种委婉的方式给皇帝甩脸色——我们当时极力劝谏你不听，现在你想听，我们还不想说了。

说白了，孙权跟陆逊等人之间的信任关系，已经遭到严重破坏，再也回不到当初了。

“信任”这种东西，就像一块擦得很干净的玻璃，透明、脆弱、易碎，人们平时往往不怎么意识到它的存在；可它一旦破裂，不仅会对人造成伤害，而且不管用什么办法，都永远不可能令它恢复原状。

特务吕壹，就是一头撞碎了这块玻璃的人。

而纵容吕壹去撞玻璃的人，正是孙权自己。

意识到这帮重臣是在用消极抵抗的方式表达对他的不满，孙权很生气，便专门下了一道诏书，把陆逊、诸葛瑾等人全点名批评了一遍，然后做了一番自我辩解，说：“我听了袁礼的奏报后，内心怅然，深感困惑！天下只有圣人才不犯错误，只有绝对明智之人才能看清自己。人的一举一动，怎么可能都正确呢？我曾经伤害过诸位，拒绝过诸位的好意，那只是一时疏忽，当时并未察觉，以致今日诸君为了避嫌都不敢开口。”

接着，孙权打起了感情牌，试图重新凝聚这帮重臣的心：“我与诸君共事，从少到老，头发都白了一半，我自认为还是表里如一、与诸君推诚相见的。不论在公在私，我与诸君都是相互成全的关系。在大义上，我们是君臣，可在私情上，却犹如兄弟骨肉。我们祸福与共，悲喜相通。若是忠臣，就不该隐瞒心中所想；若是智者，就不该藏起谋略计策。在事关朝政的大是大非上，诸君又岂能袖手旁观呢？”

诏书的最后，孙权举了历史上的齐桓公和管仲为例，号召大家向管仲学习。他说：“我与诸君同在一条船上，商议朝政不找诸位又能找谁呢？从前，齐桓公做了善行，管仲没有一次不赞扬，有了过失，管仲没有一次不劝谏。若是劝谏得不到采纳，就一直进谏不止。如今，我明白自己不如齐桓公，而诸君却不肯出言谏诤，仍然心存疑虑。就此言之，我不比齐桓公差，却不知诸君跟管仲比，又如何呢？”

看得出来，这道诏书，孙权写得很用心，言辞不可谓不恳切，态度不可谓不真诚。想必陆逊等人看了之后，多少都会被他打动。

可令人遗憾的是，很快孙权就好了伤疤忘了疼，就算大臣们劝谏，且意见正确，大多数时候他也听不进去。此后，孙权虽然不再实行特务统治，但昏聩、猜忌和暴虐却有增无减，导致东吴政局发生了剧烈动荡。而东吴原本还算强盛的国力，就在孙权的一次次折腾中渐渐衰落了……

就像孙权自己讲的，他跟齐桓公还真的很像，年轻时励精图治，到老来却一塌糊涂。如此，就算他手底下有十个八个管仲，又有什么用呢？

曹爽集团的强势崛起

曹爽和司马懿联袂登上魏国的权力巅峰后，一开始，曹爽对司马懿还是相当恭敬的。

首先一个原因，就是年龄。

成为曹魏辅政大臣的这一年，曹爽三十多岁，司马懿已经六十一岁，所以曹爽基本上是把司马懿当成了父辈，非常谦恭地执子弟之礼。

其次，就是资历和威望。

众所周知，司马懿从曹操时代起便已进入曹魏政坛的核心圈，在曹丕当太子时更是最受倚重的东宫属官之一，继而又成为曹魏开国的功臣元勋；此后，他在曹丕、曹叡两朝都是位高权重的股肱之臣，所以到了曹芳这一朝，司马懿已是不折不扣的四朝元老，而且还是曹叡、曹芳两朝辅政大臣。

要论资历和威望，在当时的曹魏政坛上，司马懿是当之无愧的第一人。

因此，曹爽名义上虽然是“首席”辅政大臣，但在司马懿面前却绝不敢妄自尊大，政事无论大小，都要先征求司马懿的意见，有时候甚至主动上门请教，丝毫不敢独断专行。

然而，曹爽对司马懿的这种尊重，并没有维持太久。确切地说，其实只维持了短短一个多月，因为权力这东西是最容易腐蚀人的。

古往今来，手握大权又能长期保持自律、常怀临深履薄之心的，实在是寥若晨星，而曹爽显然不是这种人。

此外，任何人一旦掌握大权，必然都会起用一批自己人，而这些人为了自己的利益，也必然不会允许带头大哥把权力跟别人分享。

在此时的曹魏政坛上，曹爽手底下就有这样一帮小弟，他们是何晏、丁谧、邓飏、毕轨、李胜。

何晏，汉末大将军何进之孙，因其母尹氏被曹操纳为妾，他也算是曹操的继子，后来又娶了曹操的女儿金乡公主。从少年时代起，何晏便颇有才名，因喜好老庄之学，崇尚清谈，遂开一代风气之先，在历史上被认为是魏晋玄学的创始者之一。

由于生性狂放不羁，何晏必然不受“正统人士”待见，文帝曹丕就一向厌恶他，始终没给他官做。到了明帝时期，曹叡同样认为他虚浮不实，只给了他闲散无事的“冗官”之职。所以，在曹魏开国后的二十年间，何晏其实一直是边缘人物。不过，他跟曹爽是好友。因着这层关系，何晏就注定要走到历史的聚光灯下。

丁谧，典军校尉丁斐之子。这个丁斐，就是当初曹操西征马超，在黄河渡口遇险时，放跑牛马救了曹操一命的那个军官。由于这个渊源，丁谧就等于自带了一个护身符。据说丁谧曾有一次得罪权贵，被抓进了监狱，曹叡得知他是功臣之子，便把他放了。

后来，曹叡听说丁谧从小就博览群书，且性格沉毅，颇有才略，便任命他当了度支郎中。跟何晏一样，丁谧跟曹爽的私交也很好。曹叡在位期间，曹爽便多次举荐过他，建议曹叡予以重用。

邓飏，东汉开国名将邓禹的后人，少年成名，但生性放荡，贪财好色，在明帝时历任尚书郎、洛阳令、中书郎等职。在任上大搞权色交易，曾许诺给人官职，让人用侍妾来换。后来，曹叡知其劣迹，且厌其浮华，便将他罢免，不再任用。

毕轨，典农校尉毕子礼之子，跟上述几人一样，也是少年成名，曾任曹叡东宫属官。曹叡对他颇为宠信，将女儿嫁给其子，跟他结成了亲家。毕轨因着这两重紧密关系，仕途亨通，历任地方长史、黄门郎、并州刺史。鲜卑酋长步度根归附时，就是到并州投靠了他。后来，轲比能策反了步度根，毕轨派苏尚、董弼率部追击，结果全军覆没，苏、董二将战死。

因遭此败绩，毕轨遭到蒋济弹劾，加之他平时为人骄纵，作风浮华，于是就被曹叡罢免了。

李胜，议郎李休之子，有才智，从少年时代起便跟着曹爽混，关系亲密。跟上述四人不同，李胜早年一直没有入仕，但生性浮华却跟他们毫无二致。年轻时，李胜将家中正堂修建得十分豪华，很可能逾制了，正巧碰上曹叡禁绝浮华之风，李胜被人举报，旋即被捕，在监狱里待了好几年。若不是他早早就跟了老大曹爽，这辈子估计是与仕途无缘了，更别想飞黄腾达。

这五个人，都是曹爽的死党，其中除了丁谧为人较为稳重，另外四人都有放荡不羁、骄纵浮华的共同特征。同样，至曹叡驾崩之前，五个人中也只有丁谧还在官场上混，其他人都已被边缘化了。

而丁谧虽然头上还戴着一顶“度支郎中”的乌纱帽，但跟他的才略比起来，这顶乌纱帽显然还是太小了，至少在丁谧本人看来是这样。

所以，仕途蹉跌、被边缘化的共同命运，必然催生出他们的愤懑和不甘；而当曹爽骤然登上权力巅峰后，这五个人郁结已久的对于权力和富贵的渴望，也必然会像火山口下汹涌奔突的岩浆一样，瞬间喷发而出，且一发不可收拾。

曹爽上位后，立刻将这五个死党拉进了帝国的权力中枢，并一步步擢至高位：

何晏先任散骑侍郎，不久升任侍中、吏部尚书，一手掌控了朝廷的人事大权；丁谧由度支郎中升任散骑侍郎，后升任尚书；邓飏先出任颍川太守，后升任侍中、尚书；毕轨先任中护军，后任侍中、尚书，再迁司隶校尉；李胜先任洛阳县令，后升任征西将军长史、荥阳太守、河南尹。

这五个人一上来，首先就把矛头对准了司马懿。

在他们看来，这老家伙不靠边站，老大曹爽就不能独掌大权；而老大不能独掌大权，他们就没办法步步高升，到手的权力和富贵也没有保障。

可是，正如前文所言，司马懿在如今的曹魏帝国已是大神级的人物，要让他靠边站又谈何容易？

五个人中，读书最多的丁谧给曹爽献上了一计——外示尊崇，内夺其权。

具体办法就是，以天子名义下诏，擢升司马懿为太傅，表面上给他尊贵的名号，然后不论大小政务都由尚书启奏，再由曹爽裁决，如此便把司马懿架空，彻底剥夺了他的实权。

曹爽依计而行。

曹魏景初三年二月底，即曹芳即位次月，司马懿便莫名其妙地成了太傅；与此同时，曹爽的弟弟们则纷纷进入中枢：曹羲任中领军，曹训为武卫将军，曹彦任散骑常侍，另外还有几个弟弟全部封侯，并担任宫中侍从，皆有自由出入宫禁之权。

一时间，曹爽一门“贵宠莫盛”。

曹爽表面上对司马懿仍然保持恭敬，但朝廷的一切决策事实上都由他说了算。而何晏等人成功搬走了司马懿这尊大神，从此再无任何忌惮，便开始在朝中呼风唤雨了。史称，何晏等人“依势用事，附会者升进，违忤者罢退，内外望风，莫敢忤旨”（《资治通鉴·魏纪六》）。

当时，一个叫傅嘏的黄门侍郎实在看不下去，便对曹爽的弟弟曹羲说：“何晏这个人，表面清静无为，实则热衷名利，做事喜欢弄巧，却从不务本，我担心他们会先蛊惑你们兄弟，然后正直的人都遭贬谪，朝政将因此废弛啊！”

这话说完没几天，傅嘏就因一些鸡毛蒜皮的小事被何晏罢免了。

曹叡临终前，担心曹爽能力有限，曾指定为人正直的孙礼做他的副手，如今曹爽大权独揽，嫌孙礼碍事儿，就把他外放到扬州当刺史去了。

司马懿被架空，正直的朝臣也被陆续驱逐，此时的魏国朝廷，俨然成了曹爽一家及其党羽的私人产业了。

面对如此恶劣的形势，司马懿难道就无动于衷、甘心任人摆布吗？

司马懿当然不是任人揉捏的软柿子，只不过他很清楚，现在还不是跟曹爽集团硬碰硬的时候。因为此时的曹爽及其党羽们锐气正盛，警惕性也很高，何况禁军基本都掌握在曹爽兄弟手里，这时候跟他们干仗，胜算不大，一着不慎就可能满盘皆输。所以，眼下只有低调隐忍、韬光养晦才是上策。

说起来，在司马懿六十余载的人生中，“隐忍”似乎一直是贯穿始终的主题。

早在当年曹操要征召他入仕时，司马懿认为时机尚不成熟，就愣是装病装了七年。后来，他被曹操任命为曹丕的东宫属官，一不留神又引发了曹操的猜忌。

曹操隐隐察觉他有“雄豪志”，又听人说他有“狼顾相”，便故意要试试他。某日，曹操召司马懿前来奏事，结束后司马懿转身退下，才走了几步，曹操突然叫住了他。司马懿下意识回过头来，曹操一看，果然正是人们传说中的

“狼顾相”——“面正向后而身不动”（《晋书·宣帝纪》）。

就是说，一般人回头时，通常身体也会转过来，可司马懿异于常人的地方就在于，他回头时会把头和脖子转过来，可身体却仍然保持向前的姿势不动。这就是所谓的狼顾之相。

这个姿势固然奇怪，可在今天的我们看来，似乎也不能说明什么。但在迷信的古人看来，尤其是在生性多疑的曹操看来，这或许就是一种城府极深且包藏野心之相。

没过多久，曹操又做了一个梦，梦见有三匹马在马厩里同食一槽。曹操醒来自己解梦，认为“马”象征司马懿，“槽”象征曹魏，那么三匹马同食一槽，不就意味着将来司马懿和他的两个儿子会“吃掉”曹魏的江山吗？

这下子，曹操对司马懿的厌恶之情顿时达到了顶点，便对曹丕说：“司马懿绝非甘心做臣子的人，日后必会坏我们曹家的大事。”

所幸，司马懿早就利用他的能耐博得了曹丕的倚重和信任，所以曹丕极力替他说话，这才慢慢打消了曹操的疑虑。

当然，曹丕保他是一方面，司马懿自己懂得低调做人、敛藏野心则是更重要的。倘若不是深谙隐忍之道和韬晦之术，因而日后重新获取了曹操的信任，那么曹丕再怎么力保恐怕也无济于事。

再后来，司马懿挂帅出征，两次成功抵御诸葛亮的北伐，把遭人耻笑的“乌龟战术”发挥得淋漓尽致，其精髓也正是在于顾全大局、以退为进的隐忍。

所以到了今天，面对咄咄逼人、锋芒毕露的曹爽一党，司马懿当然会再度祭出“韬晦隐忍”这一无往不胜的生存法宝。

大不了，不就是跟当初对付诸葛亮一样，再做一回缩头乌龟吗？

尽管这回的乌龟，司马懿整整做了十年——从六十一岁熬到了七十一岁，但这十年没有白熬，乌龟也没有白做。到头来，一生隐忍的司马懿，还是在时机成熟时断然出手，一举铲除了曹爽及其党羽，成了那个笑到最后的人。

“老谋子”司马懿再立新功

曹魏主少国疑、权臣当道、内部政局不稳，这对东吴来讲，无疑是个好消息。

东吴赤乌四年（公元241年，曹魏正始二年）春，吴零陵（治今湖南永州市）太守殷礼上奏孙权，提出了一个全面进攻曹魏的计划。他在奏疏中说：

“如今，上天厌弃曹氏，曹丕、曹叡父子相继丧亡，当此龙争虎斗之时，竟然让一个幼童坐上了君王之座。臣建议，陛下应御驾亲征，征调荆、扬二州的全部人力物力，青壮的编入军伍，老弱的负责后勤运输。同时，请蜀汉出兵陇右，配合进攻；然后，把主力交给诸葛瑾和朱然，命其直指襄阳；再命陆逊、朱桓率偏师进攻寿春；陛下则进军淮河以北，攻击青州和徐州。

“如此一来，魏国的襄阳、寿春被我军围困，长安以西又要抵御蜀军，许昌、洛阳等心脏地带势必空虚。而我军四路并进，其国内必定生变，会有臣民做我们的内应。届时，两军将帅对决，他们顾此失彼，若一军战败，则三军离心。而我军则乘胜北上，攻城略地，必能平定中原。

“然而，倘若我们不举全国之力投入战场，而是像从前那样只出动少数部队，轻率出击，那就不足以成就大业，稍有失利便撤退，致使军民疲惫，声威受损。总之，屡屡出兵的结果，只能令战力衰竭，绝非上策。”

殷礼这个“全面开战”的计划，理论上是没有错的，因为东吴的综合国力远不及曹魏，所以小打小闹根本没用。想要战胜曹魏，只能全面动员、倾尽国力，才有可能毕其功于一役。但是从实操层面来看，这个计划却显得过于冒进，大有孤注一掷的味道，而且太过理想化，缺乏相应的后备方案——举全国之力打一场战争，万一最后失败了怎么办？岂不是连自保都成问题？

计划好提，但孙权作为最终决策者，决心却没那么好下。

经过一番考量，孙权还是否决了这个计划。

当然，他之所以否决，既可以说是出于审慎，也可以说是出于保守。毕竟这一年，孙权已经六十岁了，过去的雄心壮志已然渐渐消泯。跟北定中原、统一天下比起来，毋宁说，孙权现在更在乎的，是如何巩固自己的皇帝宝座，以及如何把现有的江山平稳地传给下一代。

即使雄才大略如曹操，在六十一岁那年打下汉中后，不也生出了倦怠之心，没有乘胜南下、扫平益州吗？孙权如今的保守与倦怠，跟当年的曹操基本上如出一辙。

不过，保守归保守，趁曹魏现在“主少国疑”，打一仗还是很有必要的，说不定能捞点儿便宜。

这一年四月，孙权部分采纳了殷礼的建议，虽没有举全国之力出战，但还是派出了四路兵马，从东、西两个方向对曹魏发起了进攻：

东线，命卫将军全琮出建业，进攻寿春；由威北将军诸葛恪予以策应，出皖口（今安徽怀宁县东），进攻六安。

西线，命征北将军朱然出乐乡（今湖北松滋市东北），进攻樊城；由大将军诸葛瑾予以策应，出公安（今湖北公安县），进攻柤中（今湖北南漳县东）。

可是，正如殷礼所言，打曹魏，不拼尽全力是没有用的。眼下孙权四路出兵、两线开战，貌似声势浩大，实则出动的兵力并不多，对战果也没有特别大的期待，所以结果只能跟以前一样——雷声大雨点小。

东线战场，魏征东将军王凌和扬州刺史孙礼，联手迎击吴军，与全琮所部在芍陂（今安徽寿县西南）会战。全琮战败，迅速撤退，只一个回合就偃旗息鼓了。而负责策应的诸葛恪，在六安似乎也没有取得任何战果。

西线战场，魏荆州刺史胡质从宛城出兵，轻装急进，驰援樊城。当时城池已被吴军朱然部围困，属下建议胡质说：“敌军兵力不少，我们恐怕不宜太接近城池。”胡质却道：“樊城城墙低矮，守兵又少，必须火速赴援，否则就危险了。”随后，胡质率部进抵樊城，与吴军在城下对峙。守军原本惶惶不安，见援兵抵达，这才安下心来。

然后，这场围城仗一直打了一个多月，朱然攻不下城池，胡质也赶不走他，双方陷入了相持状态。而负责策应的诸葛瑾进抵柤中后，也没能打下来，只是在城外袭扰抄掠。

此时，司马懿虽然已被剥夺实权，但毕竟还是朝廷的太傅和辅政大臣，身负社稷安定之责，且若想保持对朝政的影响力，避免进一步被边缘化，最好的办法就是建立新的战功。因此，于公于私，他都没有理由在洛阳安坐不动。

司马懿旋即主动请缨，上奏曹芳：“柤中的汉人和夷人共有十万之多，被隔在汉水之南，流离无主。而樊城被围已一个多月，局势危险，臣愿出兵征讨。”

然而，司马懿的奏疏呈上后，迎来的却是一片反对之声。

据《晋书·宣帝纪》记载：“议者咸言，贼远来围樊，不可卒拔。挫于坚城之下，有自破之势，宜长策以御之。”就是说，朝廷的主要决策者们都认为，敌人远道而来，围困樊城，难以在短时间内攻下。而且，他们在坚城之下受挫，已经显露出不攻自溃之势。所以，朝廷应该考虑的是用什么样的长远策略御敌，而不必在此时劳师远征。

史书没有明说反对司马懿出征的这些“议者”都是谁，但大概率就是何晏、丁谧那帮人。他们很清楚，司马懿一出手，很可能会再立新功，这显然不符合他们的利益。

司马懿据理力争，再次上奏，说：“边城受敌而安坐庙堂，疆埸骚动，众心疑惑，是社稷之大忧也！”（《晋书·宣帝纪》）

“安坐庙堂”这四个字，用得十分巧妙。明面上，司马懿是在说自己责无旁贷，不能坐在洛阳不动；暗地里，却是在嘲讽何晏、丁谧等人尸位素餐，只会在庙堂上争权夺利，却无视社稷安危。

这番话说得大义凛然，不仅占据了政治上和道义上的制高点，而且暗中给反对者扣下了一顶大帽子。何晏、丁谧等人不便再反对，只好闭嘴。

同年六月，司马懿率军南征，迅速进抵樊城。时值盛夏，南方炎热潮湿，不利魏军久战，所以司马懿一到，便命轻骑到吴营前挑战。此时吴军已在樊城外坚持了两个多月，士气低落，而对手则是刚刚投入战场的生力军，朱然自然不敢迎战，只能闭营固守。

司马懿算准了这一点，开始对吴军大打心理战，一边遴选精锐，组织敢死队，一边大张旗鼓，天天操练，摆出一副要大举进攻的架势。

这一招果然奏效。朱然知道自己再待下去也捞不着便宜，且很可能被司马懿一口吃掉，旋即在某日深夜悄悄拔营，撤出了战场。

司马懿等的就是这一刻，遂命全军追击，在三州口（今湖北襄樊市襄阳区东）追上了吴军，轻而易举地打了一场胜仗。据《晋书》记载，司马懿这一仗取得了丰硕的战果，不仅“斩获万余人”，且缴获了吴军的大量“舟船军资”。

当年七月，司马懿凯旋。朝廷因功增加了他的食邑，与前共计一万户，同时把他的子弟十一人全部封为列侯。

至此，一度被边缘化的司马懿又狠狠地刷了一回存在感。他不跟曹爽一党玩下三烂的阴谋诡计，而是玩了一场堂而皇之的“阳谋”——用实实在在的军功说话，用有目共睹的贡献说话。对此，不仅朝野上下都很服气，连曹爽及其党羽也没有话说。

当然，“阳谋”也是谋，比如司马懿出兵的时机就掐得很准。他主动请缨时，吴军已在樊城打了一个多月，而等他到了战场，又过了一个月，吴军的战斗力和士气必然低落，而魏军在兵力和士气上都占据绝对优势，岂有不胜之理?

所以，这回的军功，与其说是司马懿凭实力打出来的，不如说是凭权谋捞回来的。当然，权谋也是一种实力，而且是一种更可怕的实力。

司马懿的权谋，不仅体现在他运筹帷幄就可以决胜千里，更体现在他建立大功之后，仍能保持谦恭低调的做人之道——用《晋书》的说法，就是“勋德日盛，而谦恭愈甚”。

他有一个同乡叫常林，在朝廷担任太常，年纪比较大，司马懿每次见了他，都要恭恭敬敬行拜见之礼。以司马懿的身份和地位，大可不必这么做，可他却愿意这么做，也乐意这么做。

古往今来的许多牛人，真正让人佩服的地方，往往不是他们功业有多大、地位有多高，而是不论功业多大、地位多高，都能始终保持不骄不躁、戒慎恐惧的低姿态。

司马懿如此，清末的中兴名臣曾国藩同样如此。在曾国藩的日记和家书中，处处可见其超人般的道德自律和对子弟在立身处世上的严格要求；他把自己的书房命名为“求缺斋”，更足见其对“天道忌盈”这一中国传统智慧的深刻领悟。

同样，司马懿也不止一次告诫过自己的家族子弟，说：“功业太盛太满，这是道家最忌讳的。一年四季有寒暑推移，就跟人生有福祸荣辱的变化一样，我何德何能领受这么大的功名富贵呢？老子说‘为学日益，为道日损，损之又损，以至于无为’，以此为准绳，差不多就能免于灾祸吧！”

月盈则亏，水满则溢。这是大自然的规律，也是人世间的铁则。所以，老子要倡导“日损”哲学，曾国藩要常常“求缺”，司马懿要遵循道家思想，目的通通都是做减法，以免物极必反，招致灾祸。

老子在《道德经》中，还说过这么两句话：

“知其雄，守其雌，为天下溪。”

“知其白，守其黑，为天下式。”

深知什么是雄壮强盛，却安守雌柔谦卑的地位，甘愿做天下的溪涧。

一切都看得清楚明白，却保持韬光养晦的状态，将成为天下的范式。

老子的这两句话，从做官的角度来看，是一种很深的权谋；从做人的角度来看，则是一种绝顶的智慧。

就此而言，“老谋子”司马懿，可以说深得老子思想的精髓。

这一年，东吴可谓流年不利，不仅在战场上遭遇挫败，还有两个重要人物相继去世：一个是太子孙登，于五月病故，年仅三十三岁；一个是重臣诸葛瑾，于闰六月病故，享年六十八岁。

诸葛瑾长子诸葛恪，之所以在六安没有取得任何战绩，估计就是因为父亲突然去世，不得不仓促撤兵，回国奔丧。因诸葛恪之前已经以战功封都乡侯，所以孙权就让他的弟弟诸葛融继承了诸葛瑾宛陵侯的爵位，并统领其部众，接替诸葛瑾驻防公安。

诸葛瑾的去世，让孙权失去了一位股肱之臣。不过，人生七十古来稀，在古代，活到六十八岁也算是得享天年了，所以孙权虽然惋惜，但还不至于太过悲伤。真正让孙权难以承受的，是太子孙登的英年早逝。

孙登十三岁就被立为王太子（八年后晋位皇太子），在储君之位上坐了整整二十年。其间，他礼贤下士，处理政务谨慎得体，且多次劝谏孙权，对时政多有匡弼，可以说是一个称职的太子。若非英年早逝，而是正常继位，相信孙登会是一个合格的守成之君。倘若如此，那后来的东吴也就不会因皇权之争而乱成一锅粥了。

孙权对孙登也一向寄予厚望，不料如今却白发人送黑发人，遂悲痛到不能自已。

孙登临终前，还不忘给孙权上了最后一道奏疏，说陆逊、诸葛瑾、步骘、朱然、全琮、朱据、吕岱等人都是公忠体国的大臣，恳请孙权多加亲近他们，“博采众议”，听取他们的谏言，同时“宽刑轻赋，均息力役，以顺民望”，多多体恤老百姓。另外，还推荐了异母弟孙和，说他“仁孝聪哲，德行清茂”，可继任太子。

当孙权接到这份奏疏时，孙登已经与他阴阳永隔。

看着儿子留在世上的最后的笔墨，孙权忍不住老泪纵横，泣不成声。此后许多年，每次提到孙登，孙权都会怆然涕下，哀不自胜。

第二年，即东吴赤乌五年（公元242年）正月，孙权把时年十九岁的三子孙和立为太子。孙和之所以能够入主东宫，一来是因为孙登的举荐，二来是因为孙权次子孙虑十年前就病故了。换言之，原本排行老三的孙和如今已经变成了长子，继任太子自然顺理成章。

可是，孙和虽然成了太子，但并不等于他的储君之位就是牢固的。

因为他还有一个同母弟孙霸，年龄和他相近，估计也就小个两三岁（具体年龄史书无载），而且孙权对孙霸特别宠爱——尽管已将孙和立为太子，可对孙霸的宠爱却丝毫不亚于孙和，所有待遇几乎相同。这一点，无疑为日后的夺嫡之争埋下了隐患。

同年八月，孙权封四子孙霸为鲁王，同时命尚书仆射是仪兼任鲁王傅。

是仪虽然成了孙霸的师傅，但理智和责任感告诉他，皇帝对孙霸的宠爱不亚于太子，这对孙霸并不是一件好事，对社稷更不是一件好事。

于是，刚刚就任鲁王傅没几天，是仪就上疏孙权，说：“臣私下认为，鲁王天资聪颖，才兼文武，而今最适合他的，就是让他出镇地方，作为中央的屏藩和辅弼。这既符合朝廷礼制的规范，也符合海内臣民的盼望。而且，太子和亲王应该有等级差别，如此才能维护上下的秩序，彰显教化的根本。”

然而，奏疏呈上，孙权却不搭理他。

是仪并不气馁，又接二连三地上奏，可孙权始终不听。是仪无奈，只好沉默。

随着孙权的拒谏和是仪的沉默，几年后终将爆发的孙和与孙霸的“两宫之争”，就在此刻悄然拉开了帷幕……

蒋琬转变战略，曹爽兵败汉中

蜀车骑将军、汉中都督吴懿于建兴十五年（公元237年）病故，大司马蒋琬奉刘禅之命出镇汉中，这一待就是四年多。

其间，蒋琬没有发动过一次北伐，曹魏也没有来打过汉中，双方相安无事，度过了一段难得的休养生息的时期。到了蜀汉延熙四年（公元241年，曹魏正始二年），也就是东吴四路发兵进攻曹魏却遭遇失利后，蒋琬才向刘禅提出了一个全新的战略计划。

这一计划，全盘改变了诸葛亮时期的北伐战略，将主攻方向从汉中北面的秦岭、关中一线调整为东南面的魏兴（治今陕西安康市）、上庸（治今湖北竹山县西南）一线。

蒋琬的理由是：此前诸葛亮屡屡北伐，都从秦岭出兵，道路艰险，后勤运输非常困难，所以不能成功。因此，他决定大造舟船，训练水军，改从汉水、沔水东下，攻击曹魏的荆襄地区，以此打开突破口。

可是，计划刚提出来，蒋琬便旧病复发，精力不济，只好搁置了。

蜀汉朝廷的文武百官，普遍不看好这个计划。他们认为，从汉水、沔水顺流东下，固然比穿越秦岭容易得多，问题是一旦失利，要撤退的话就变成了逆水行舟，同样很困难，所以绝非上策。

刘禅也觉得百官的意见有道理，连忙派遣时任尚书令的费祎前往汉中，与时任右监军的姜维（此时驻兵汉中）一起做蒋琬的思想工作。

眼看皇帝和百官都不赞成，蒋琬只好放弃了该计划。

然而，北伐总是要继续进行的，不从汉水、沔水出兵，这仗又该怎么打呢?

蒋琬跟费祎、姜维商议了一番后，上疏刘禅，又提出了一个新的计划。

他在奏疏中说：“为汉室除残去秽，是臣应尽的职责。自从臣奉命来到汉中，已经四年多，由于臣暗弱无能，加之疾病缠身，北伐大计毫无进展，遂日夜忧闷。如今，曹魏横跨九州，根深蒂固，要铲除殊为不易。若能与吴国东西合力，首尾夹击，即令不能很快打败曹魏，至少可以达到分裂蚕食、消灭其部分力量的目的。只可惜，跟吴国数次约定同时出兵，却接连受挫，不能如愿。臣与费祎等人商议，认为凉州是边塞要地，进可攻退可守，且当地的羌人和胡人都渴望归附汉室，所以臣建议，任命姜维为凉州刺史，出征陇右，若进展顺利，臣再率大军继进。此外，臣还有一项提议，因涪县（治今四川绵阳市）是水陆枢纽，四通八达，可以随时应急，即便汉中有危险，也不难快速驰援，所以臣建议，将我军的基地从汉中迁到涪县。”

如果说，诸葛亮时期的北伐可以用“谨慎”一词来总结，那么作为诸葛亮的继任者，蒋琬的这个北伐计划就只能用“消极”来形容了。

先来看计划的前半部分，蒋琬让姜维去打陇右，这不过是在走诸葛亮前几次北伐的老路罢了。那几次北伐的结果，早已证明对曹魏难以构成实质性威胁，所以诸葛亮的最后一次北伐才会把主攻目标转向关中。更何况，诸葛亮两度出祁山打陇右，是把蜀军主力全部拉上去的；而今姜维顶多就是带一支偏师出征，其结果可想而知，很难取得比诸葛亮更大的战果，只能是小打小闹。因此，与其说是北伐，还不如说是袭扰。

再来看计划的后半部分，消极退缩的意味就更明显了。因为汉中是诸葛亮毕生经营的北伐基地，不仅是蜀汉自身的战略屏障，而且是扎在曹魏重镇长安跟前的一根刺，其战略地位的重要性怎么说都不为过。即便蜀汉的北伐一直没能成功，但只要把汉中经营和巩固好，曹魏就始终如鲠在喉，而蜀汉的安全就有了保障。

可现在，蒋琬竟然要把蜀汉的北伐基地从汉中南迁到涪县，这几乎就等于不战而退。要知道，涪县远在汉中南面一千里，距成都则不足三百里，蒋琬把蜀军主力调到涪县，进行如此大幅度的收缩回防，不是消极又是什么呢？把北伐基地后撤一千里，还能叫北伐吗？这相当于是把蜀汉的整体战略，从诸葛亮时期的积极进攻一下子改变为消极防御了。

我们之前说过，蜀汉国力弱小，与曹魏相差悬殊，所以蜀汉要保证自己的生存和安全，就只能以攻为守，别无他法。这也是诸葛亮连年发动北伐的最根本原因。

也许，蒋琬做出如此重大的战略决策的转变，跟他自身常年多病、力不从心有一定关系。可问题在于，当蒋琬把这个计划提交给朝廷时，刘禅毫不犹豫就批准了，而蜀汉的文武百官也没有一个提出反对意见。

这足以说明，此刻的蜀汉，绝不仅是蒋琬一个人有了消极懈怠之心，包括皇帝刘禅和满朝文武在内，其实都已渐渐丢掉了刘备时代和诸葛亮时代那种顽强拼搏、奋发进取的精神。取而代之的，则是安于现状的怠惰，以及偏安一隅的苟且。

生于忧患，死于安乐。不论个人还是国家，都逃不开孟子揭示的这个规律。从这个意义上说，当刘禅在蒋琬的奏疏上画可盖章时，蜀汉未来的命运就已经注定了。

耐人寻味的是，随着曹叡驾崩、幼主即位，魏国走上了转折点；而随着孙权在位日久，逐渐昏聩，东吴也露出了由盛而衰的征兆；还有此刻，蜀汉在战略决策上的重大转变，似乎也预示着转折点的来临。

鼎足而立的这三个国家，情况各有不同，但就国运的转折而言，三者却出人意料地殊途同归了。

曹魏正始五年（公元244年，蜀汉延熙七年），这是曹爽及其党羽把持魏国朝政的第六个年头。虽然曹爽早已坐稳了权臣的位子，不必担心司马懿或任何人来抢，但曹爽手下的邓飏和李胜还是觉得，老大的地位似乎并不稳固。

因为他们认为，曹爽身上还缺了一样东西——军功。

尤其是跟司马懿比起来，这个缺憾就特别明显。所以，邓飏和李胜就劝曹爽，趁蜀汉把战略重心南移，汉中空虚，曹爽应率大军出征，一举拿下汉中，“立威名于天下”！

曹爽立刻心动了，旋即集结兵马，准备出征。司马懿闻讯，赶紧劝阻。因为在他看来，汉中易守难攻，当年曹操亲征张鲁，就打得异常辛苦，尽管眼下蜀军在汉中的兵力不多，可对曹爽这样一个军事经验不足且从未打过大仗的人来讲，打汉中依然是一件难如登天的事。

然而，司马懿的劝阻根本没用。因为曹爽这次出征的目的，就是想用军功压司马懿一头，怎么可能听他的？

当年三月，曹爽率大军进抵长安。此时驻守长安的是征西将军、都督雍凉诸军事的夏侯玄（曹爽表弟）。同月，曹爽与夏侯玄一共调集了大军十余万人，自骆谷口（今陕西周至县南）南下，兵锋直指汉中。

此时，驻守汉中的蜀将是王平，麾下将士不足三万。

敌众我寡，诸将大为震恐，纷纷建议坚守城池，等待涪县的援军。王平却道："汉中距涪县将近一千里，敌人一旦抢先占据关隘，形势就危险了。依我看，刘护军（刘敏）可率部进驻兴势山（今陕西洋县北），结营固守，由我担任后卫。若敌人分兵进攻黄金城（今陕西洋县东北），我便率一千人亲自迎战。周旋之际，涪县援军当可到达，这才是上策。"

诸将都没有信心，只有护军刘敏临危不惧，立刻接受命令，率部赶往兴势山拒敌。

闰三月，刘禅接到战报，赶紧派遣时任大将军的费祎率主力驰援汉中。

就在费祎即将出发之际，朝廷的光禄大夫来敏前来送行，居然要求跟费祎下一盘围棋。此刻的军情十万火急，前线的战报和文书如雪片般飞来，而大军也已整装待发，可费祎居然答应了，还兴致盎然地跟来敏手谈了一局。

下完棋，来敏不禁赞叹道："在下方才是想试一试大将军，看来大将军信心十足，此行必能破敌啊！"

大军出征前的这个小插曲，固然可以说明费祎这个人的确很有定力，在危急关头还能如此镇定自若、举重若轻，实属难得。但若换一个角度来看，其实来敏搞这么一出没什么意义。不管他是自己想试探费祎还是奉刘禅之命，这么做往小了说是耽误时间，往大了说就是贻误军机，完全没必要。假如费祎拒绝跟他下，或者下棋时心不在焉，难道就能说明他不是大将之材，不能胜任此次任务吗？

幸好，眼下守在前线的人是久经战阵、经验丰富的王平，要是换成别的将领，恐怕等不到援军抵达，汉中就丢了。倘若如此，那来敏和费祎这种故作潇洒的行为，岂不是要受军法处置？

汉中前线，刘敏进据兴势山后，因兵力薄弱，只好虚张声势，在山上"多张旗帜，弥亘百余里"，给魏军造成兵强马壮的假象。据《读史方舆纪要》记载，兴势山的地势极其险峻："山形如盆，外甚险，中有大谷。"并且，该山位于骆谷道的南谷口，是魏军进入汉中的必经之路。

当曹爽率大军进至兴势山后，一来慑于山势险峻，二来又见漫山遍野都是蜀军军旗，不敢贸然进攻，便迟滞不前了。

可曹爽万万没料到，这一迟滞，就导致后勤补给出了问题。

由于此次出征动用了十余万兵力，后勤的压力大增，没有足够的人手运送粮草，曹爽只好把关中百姓和氐人、羌人拉出来当苦力，顺带把他们的牛马驴骡也给征用了。

百姓们自然不情愿给魏军卖命，工作效率很低，加之骆谷道本身实在艰险难行，所以非但粮草补给运不上前线，而且牛马驴骡也大批死亡。那些可怜的汉人和胡人百姓索性不走了，就守着牲畜的尸体，在路旁号啕大哭。

仗还没打，补给就跟不上了，军心也随之浮动。残酷的现实告诉曹爽——庞大的兵力在优秀将领的手中是一种优势，可在平庸将领的手中却是一个累赘。

同年四月，费祎率大批蜀汉援军抵达汉中。魏军闻报，军心越发动摇。参军杨伟向曹爽分析了眼下的严峻形势，极力建议立刻退兵，否则必将大败。

曹爽当然不甘心就此退兵。正犹豫时，邓飏和李胜这两个始作俑者又开始互相推卸责任，当着曹爽的面争吵不休。杨伟趁势劝他说："邓飏和李胜终究会坏了国家大事，应该把他们斩杀！"

曹爽虽然也不喜欢这两个家伙"狗咬狗，一嘴毛"的样子，但二人毕竟是他的心腹，岂能说杀就杀？

就在魏军进退两难之际，得到情报的司马懿及时给夏侯玄写了一封信，说："当年武皇帝（曹操）二征汉中时，险些大败，最后也不得不撤军了，这些事你都知道。如今，兴势山山势至险，蜀军却已先行占据。我军若进攻，敌人必结营固守，不肯出战；若是撤退，敌人必切断退路，截击我军。到时候很可能全军覆没，你担得起这个责任吗？"

夏侯玄见信，越想越恐惧，便力劝曹爽赶紧撤兵。

到了五月，万般纠结的曹爽终于在一仗没打的情况下，无比尴尬地草草退兵了。

然而，让他做梦都没想到的是，就在他反复纠结的这一个月间，费祎已经率蜀汉大军悄悄绕到了他的背后，且分别占据了沉岭、衙岭、分水岭（皆在今陕西周至县西南）这三座高地，几乎把魏军的退路完全截断了。

一切果然不出司马懿所料。到了这一步，曹爽也只能硬着头皮杀开一条血路了。

史称："费祎进据三岭以截爽，爽争险苦战，仅乃得过，失亡甚众，关中为之虚耗。"（《资治通鉴·魏纪六》）

就是说，曹爽不得不命部众拼死争夺这三座高地，为此进行了一番苦战，最后虽然得以通过，但是伤亡极为惨重；而关中历年来储备的粮草和其他军需物资，也因这场大败仗而虚耗一空。

兴势之战，在历史上并不太出名，但此战的意义却不可小觑。

对曹爽个人而言，这是他一生中唯一一次指挥大兵团作战，却遭遇如此惨败，对其威望和影响力无疑造成了严重打击，从而为他五年后的政争落败埋下了伏笔；对曹魏而言，经此一败，魏国高层征伐蜀汉的信心大为受挫，以致后来司马昭决意伐蜀时，满朝文武基本上都持反对意见，只有钟会一人赞同。

对费祎个人而言，此次大胜有力地巩固了他大将军的地位，并为他随后接替蒋琬执掌朝政铺平了道路；对蜀汉而言，这场胜仗振奋了人心和士气，也震慑了曹魏，可以说在一定程度上帮蜀汉延续了二十年的国祚。

不过，尽管如此，蜀汉整体国力的弱小和军事上的颓势仍然是无法掩盖的，并不会因为一场胜仗而从根本上改变。换句话说，兴势之战只能帮蜀汉"续命"，却无法帮它"改命"。

这一年年底，蒋琬因久病不愈，主动提出把自己兼任的益州刺史一职让给费祎。刘禅遂命费祎兼任益州刺史，同时把费祎兼任的尚书令一职给了侍中董允，让董允做费祎的副手。

至此，蒋琬虽然还是大司马，但蜀国朝政的实际控制权已经转到了费祎和董允手上。

由于连年征战，蜀汉的政务十分繁杂，之前费祎担任尚书令时，每回批阅公文，都只是匆匆瞄上一眼，便能把握要旨，做出决断，速度快过常人好几倍；而且，只要是经他之手处理过的政务，不管时隔多久都能牢记不忘。

费祎甚至还有一心多用的本事，他经常一边处理公务，一边接待客人；然后到了饭点，他能一边吃饭喝酒、与众人嬉戏，一边跟人下棋。一整天下来，自己玩得很尽兴，公事却丝毫不耽误。

可轮到董允当尚书令，那就是两码事了。他本来想效仿费祎工作娱乐两不误的潇洒作派，没想到才学了十来天，案头上的公文就已堆积如山，严重耽误了工作。

后来，董允只好老老实实埋头处理公务。可饶是如此，一天忙下来，还是感觉事情做不完，时间不够用。

董允十分无奈，只能仰天长叹："人和人的才干能力，就是相差这么大，费祎之才，非我所能及啊！"

两宫之争：东吴的政治乱局

东吴赤乌八年（公元245年，曹魏正始六年），孙权对孙霸的过度宠爱，渐渐结出了恶果。

由于太子孙和与鲁王孙霸同住皇宫之中，且两人的待遇几乎完全相同，所以孙霸自然不把太子当回事儿。东吴群臣大多认为这么做后患无穷，于是频频上奏，建议孙权改弦更张。孙权架不住舆论的轰炸，决定做出改变。

可让人大跌眼镜的是，孙权所做的这项改变，非但无助于消除潜在隐患，反倒加剧了太子和鲁王之间的利益冲突。

孙权的做法是：让太子和鲁王分开住，各居一处宫殿，同时给了他们建立各人僚属的权力。也就是说，从此以后，太子和鲁王都可以公开建立自己的政治班底了。

事实上，作为太子和亲王，各自建立僚属也无可厚非，可孙权的错误在于，在走这一步之前，应该按照之前是仪的建议，让鲁王出镇地方，这样才能尽量避免他跟朝中文武之间的勾连，以免对太子构成威胁。

而现在孙权这么做，客观上等于是默许朝中文武在太子和鲁王之间选边站队，同时也等于是助长了鲁王及其僚属的夺嫡野心。

此令一下，一些精明的大臣立刻闻风而动，开始选边站队。头一个做出反应的，就是卫将军全琮。他马上命儿子全寄去跟孙霸大表忠心，坚决站在了鲁王一边。

似乎是为了把陆逊也发展为鲁王党，全琮随即写信，把依附鲁王的事告知了陆逊。

此时，陆逊虽仍镇守武昌，但已于去年接替病故的顾雍出任丞相；同时，他的“上大将军”“荆州牧”等本兼各职也全都在。换言之，此时的陆逊不论是官职、权力、地位，还是威望和功勋，都是东吴百官中当之无愧的头号大佬，属于典型的一人之下，万人之上。

也许正因为这一点，全琮才想拉拢他。

然而，全琮打错了算盘。陆逊很快就给他回了一封信，说：“子弟若有才，不必担心不受重用，你不该让他私下去邀取荣华富贵；而子弟若无才，终究是自取其祸。况且，如今两宫虽势均力敌，但迟早会决出胜负，这是古人认为最危险的时候，切不可介入。”

全琮碰了钉子，却不思反省，而是铁定了心要介入这场夺嫡之争。随后，他授意儿子全寄抓紧时间结交鲁王，并让全寄在朝野散布不利于太子的舆论。

陆逊闻讯，赶紧又写信劝他，说：“你纵容全寄去走邪道，总有一天，会给你的家门惹来滔天大祸！”

可全琮还是把陆逊的告诫当成了耳旁风，仍旧不遗余力地扩大鲁王和太子之间的矛盾。

鲁王孙霸有了全琮父子鼎力相助，夺嫡之心越发强烈，开始刻意结交实权人物，加紧培植自己的势力，车骑将军朱然之子、偏将军朱绩就成了他的笼络对象之一。

孙霸亲自到军营去拜会朱绩，还故作亲切地挨着他坐下。可朱绩脑子十分清醒，见状立刻起身离席，极力表示不敢当，把自以为折节下士的孙霸弄得十分尴尬。

然而，像朱绩这种脑子清醒的人终究是少数。随着两宫矛盾的逐渐加深，内宫外朝的人都开始纷纷站队，慢慢分成了水火不容的太子党和鲁王党，把许多朝廷高官都卷了进去，大有将东吴帝国一分为二之势。用《资治通鉴》的话说，就是“造为二端，仇党疑贰，滋延大臣，举国中分”。

形势发展到这一步，孙权自然不会无动于衷。他立刻下令，命太子和鲁王都要专注于自身的修学，严禁他们与宾客交往。

可是，这个办法纯属治标不治本——只要孙权不降低鲁王的政治地位和各项待遇，他的禁令就无法阻挡那些攀龙附凤的政治投机客。

更何况，真正在这场两宫之争中搅风搅雨的人，并不只是所谓的“宾客”，而是东吴帝国身份最尊、权势最盛的一批人。更准确地说，其实都是孙权的“身边人”。

就以鲁王党为例。

孙霸最核心的党羽，首先当然是全琮、全寄父子；其次，就是全琮的夫人、孙权的长女孙鲁班（世称全公主）；最后就是吴安、孙奇、杨竺三人。

吴安，是孙权舅舅吴景的孙子，承袭父爵封新亭侯；孙奇，是孙权堂兄孙辅的孙子，官居散骑侍郎、武卫都尉。在所有核心党羽中，只有杨竺一人非宗室成员，而且似乎也没有官爵，大致就属于“宾客”一类。不过这个宾客却不一般。由于此人年少成名，估计是东吴数得着的名士，所以不仅是鲁王孙霸的宾客，也是皇帝孙权的座上宾。后面我们就将看到，此人虽无正式官职，却经常可以出入宫禁，说的话在孙权那儿也颇有分量。

可想而知，鲁王党这六名核心成员，在东吴的影响力有多大，对孙权的影响有多深。所以，孙权想用一纸禁令消弭两宫之争的做法，实在是有些自欺欺人。

别人暂且不说，光是一个“全公主”孙鲁班，对孙权的影响就相当大了——她甚至可以干预孙权的立后之事。

孙权称帝已十多年，后宫自然是美女如云，其中受宠的也不在少数。可奇怪的是，不知何故，孙权一直没有册立皇后。唯一一个让他动了“立后”心思的，就是太子孙和的母亲王夫人。

孙和被立为太子后，孙权一度想封王夫人为皇后。只不过，全公主跟这位王夫人一向不和，所以她既不希望王夫人当上皇后，也不希望孙和坐稳储君之位（这也许就是全琮一家子义无反顾选择鲁王的原因之一）。

于是，全公主便千方百计阻挠孙权册立王夫人。也不知她使了什么招，反正孙权最后听了她的意见，打消了立后的念头。

全公主在这件事上得手后，信心大增，便再接再厉，抓住一切机会构陷太子。

有一回，孙权生病，就命太子孙和到“桓王庙”（孙策之庙）去祭祀祈福。巧合的是，太子妃的叔父张休（张昭之子）就住在桓王庙附近。张休就邀请太子顺道去他家坐坐。这本来是一件挺正常的事，可问题是全公主一直在派人跟踪监视太子。如今一看太子进了张休的家门，全公主自然就有文章可做了。

她立刻入宫，对躺在病榻上的孙权说：“太子根本就不在桓王庙里，这会儿正在太子妃的娘家人那儿呢，也不知在计划商议什么。”

晚年的孙权本来就疑心病重，加上现在身体抱恙、心情烦闷，一听这话，自然是怒形于色。

全公主见谗言奏效，马上加大火力，又道：“王夫人看到皇上卧病，脸上似有喜色。”

此言一出，基本上就是置王夫人于死地了。

孙权顿时暴怒。没过几天，王夫人便忧惧而亡了。史书没有记载孙权对她做了什么，但很可能是进行了非常严厉的惩戒，否则好端端的王夫人也不会这么快就香消玉殒。

随后，孙权对太子孙和的宠爱更是一落千丈。

见太子失宠，鲁王党的杨竺、全寄、吴安、孙奇等人趁热打铁、火力全开，天天在孙权耳边各种轰炸，所言当然全是太子的负面消息。

孙权被包围在这些人刻意打造的“信息茧房”中，对太子的猜忌和厌恶日甚一日，遂渐渐萌生废立之念。

随着两宫之争的白热化，太子党与鲁王党旋即上演了一场精彩纷呈的谍战大戏。

据西晋张勃的《吴录》记载，有一天，孙权特意召见了杨竺，并屏退左右，与他谈论起孙霸的才干。

皇帝的这个举动，用意再明显不过。杨竺心中大喜，当即顺水推舟，表示孙霸有文武英姿，完全有资格成为储君。据说孙权当天便答应了，准备立孙霸为太子。

可孙权万万没料到，太子早就在他身边安插了眼线。正当孙权以为这场对话绝对私密时，一个宦官居然藏在了他坐的御榻下面，把这场对话一字不漏全都听了去。随后，眼线立刻把这份绝密情报传进了东宫。（《吴录》：“有给使伏于床下，具闻之，以告太子。”）

孙和大为震惊。

事已至此，整个东吴帝国唯一能帮他保住太子位的人，也许就只有陆逊了。可是，陆逊远在武昌，太子若直接派人跟他联络，目标太大，很容易被人抓住把柄，到时候麻烦更大。正焦灼之际，有个人及时出现，解了他的燃眉之急。

这个人就是陆逊的侄子、时任尚书选曹郎的陆胤。

据《三国志·陆凯传》相关记载，太子孙和很早就“闻其（陆胤）名，待以殊礼”了，可见这个陆胤大概率就是太子党成员。此时他因公务要前往武昌，便来跟孙和辞行。孙和为了避人耳目，表面上拒绝接见他，暗中却微服潜出东宫，悄悄钻进他的马车，命他立刻把情报送到武昌，并让陆逊赶紧上表劝说孙权。

得知孙权随时可能废掉太子，一直不愿卷入这场争斗的陆逊终于坐不住了，只好上疏力谏，说：“太子是社稷的正统，其地位应该像磐石一样坚固；鲁王只是一介藩臣，给予他的宠爱和待遇应该要有差别。只有两宫各安其位、各得其所，朝野上下才能获得安定。”

奏疏呈上后，孙权毫无回应。陆逊便接连上奏，最后甚至表示要亲自入朝，当面向孙权陈说“嫡庶之义”。

尽管陆逊这番谏言纯粹出于公心，可客观上看，尤其是在孙权看来，他如此急切地为太子说话，显然是太子党无疑了。

孙权极为不悦，可看在陆逊的面子上，还是暂时搁置了废立之事。

稍后，时任太常的顾谭（顾雍之孙、陆逊外甥）又上疏劝谏，说：“臣听说，不论一国之君还是一家之主，都要明确划分嫡庶，使其地位有尊卑，高下有差别，等级不可逾越。如此，骨肉的恩情才可保全，觊觎储位之念才会断绝。”

陆逊和顾谭这对舅甥如此公然力挺太子，自然是把鲁王孙霸往死里得罪了。孙霸奈何不了陆逊，却完全可以拿顾谭开刀。

当然，要拿人开刀，总是需要借口的。很快，鲁王及其党羽便找到了一个借口。

事情源于之前由全琮指挥的那场芍陂之战。当时，顾谭的弟弟顾承和太子妃叔父张休都参战了，且立下了战功。而全琮之子全端、全绪一直在跟他们二人争功。现在鲁王想整顾谭，全琮父子便顺势拿战功之事大做文章，在孙权面前极力诋毁顾承和张休，指控他们与有关人员串通一气，诈冒军功。

眼下孙权正厌恶太子，而顾谭、顾承和张休也都已被他划入了太子党，所以孙权未经调查，就剥夺了三人的官爵（顾谭因顾承之事连坐），并将三人投进监狱，随后又流放交州。

三人踏上流放路后，孙权仍未解恨，又追加了一道诏书，在半道上把张休赐死了。没过多久，顾谭、顾承也相继在贬所抑郁而终。

纵然太子党遭到了严重打击，可一心维护正统的大臣依然前仆后继。比如太子太傅吾粲，便不顾危险，继顾谭之后继续上疏，劝孙权让鲁王出镇夏口（今湖北武汉市），并请求将杨竺等人逐出建业，不得住在京师。

奏疏一上，鲁王党立刻群起而攻，罗织各种罪名诬陷吾粲。孙权再度听信谗言，将吾粲逮捕下狱，旋即在狱中处死。

太子党的核心成员被一一剪除后，鲁王党又乘胜追击，掉转枪口，把全部火力集中到了陆逊身上。

在他们看来，陆逊无疑是太子党最后的大佬，也是最后一座必须攻克的堡垒。

由于吾粲此前曾多次把有关太子的消息通报给陆逊，这自然成为鲁王党攻击陆逊的把柄，杨竺甚至捏造了陆逊的二十条罪状。

在鲁王一党的蛊惑下，孙权频频派出内使前往武昌，对陆逊进行了严厉的训斥和责问。陆逊从未受过这等羞辱，心中愤恨不已，却又百口莫辩，不久竟然“愤恚而卒”，终年六十三岁。

一生出将入相、为东吴帝国立下汗马功劳的“社稷之臣”陆逊，就这样死在了一场他本不愿介入的权力斗争中。

他生前的功业有多么显赫耀眼，他的死就有多么暗淡和不值。哪怕是像诸葛亮一样死在北伐的战场上、死在前进的征途中，也是一种悲壮的荣耀。只可惜，陆逊之死丝毫没有悲壮色彩，更谈不上荣耀。作为东吴内乱的牺牲品，他的死只能让人感到无奈和悲哀。

陆逊含恨而终后，孙权任命他的儿子、年仅二十岁的陆抗为建武校尉，继续统领陆逊的部众，并命他扶棺东还，回建业安葬。

可是，还没等陆抗料理完父亲的后事，孙权就拿着杨竺构陷陆逊的那二十条罪状质问他。假如陆抗的心理素质差一点，恐怕结果就是步他父亲的后尘了。所幸，陆抗毫不慌乱，对那些根本没有实锤的所谓罪状一一作了说明解释。

孙权找不出破绽，心中的怒意才稍稍化解，没再找陆抗的麻烦。

赤乌八年的这场两宫之争，到此并未画上句号，只是暂告一段落。表面上看，这场内乱是由鲁王孙霸及其党羽的夺嫡野心导致的，可实际上，孙权才是这场争斗的始作俑者。正是他对孙霸毫无原则的宠爱和纵容，才激发了孙霸的野心，并助长了其党羽的嚣张气焰，从而导致这一幕幕惨剧的发生。

究而言之，就是孙权自己，一手把陆逊、吾粲、张休、顾谭等忠臣良将送入了鬼门关；也是孙权自己，一手开启了东吴帝国离心离德、纷争内耗的政治乱局。

靡不有初，鲜克有终。当年那个励精图治、精明强干的孙权其实已经死了，只剩下这个年老昏聩、暴虐无道的孙权，在这条“自毁长城”的道路上埋头狂奔，并一步一步蚕食掉大哥孙策和孙权自己奋斗大半生打造的东吴基业。

第四章

皇权旁落

刘禅纵情声色，曹爽专擅朝政

蜀汉延熙八年（公元245年）十一月，患病多年的大司马蒋琬去世。仅隔一个月，尚书令董允也跟着一病而亡了。两位朝廷重臣几乎同时离世，这对本来就缺乏人才的蜀国而言，自然是无可挽回的损失。

按理说，碰上这种事，后主刘禅应该深感痛心才对，可事实并非如此。蒋、董二人之死，尤其是董允之死，却让刘禅感觉如释重负，正如当年诸葛亮去世一样。

原因不言自明——董允管他管得太严了。

据《资治通鉴》记载，董允在世时，“秉心公亮，献可替否，备尽忠益，汉主甚严惮之”。就是说，董允持心公正，对于什么事该做，什么事不该做，都会随时提醒刘禅，竭尽忠诚，以致刘禅对他十分敬畏，或者说害怕的成分要远大于敬重。

刘禅于章武三年（公元223年）登基，那一年才十七岁，而眼下他已经三十九岁了。在刘禅当时二十二年的帝王生涯中，前面十一年有诸葛亮管着，后面十一年有董允管着，几乎没有一天可以随心所欲，这当然令刘禅深感憋屈和郁闷。

事实上，早在诸葛亮时代，董允便是宫廷的侍中，即皇帝的近臣。而诸葛亮忙于军国大政，只能抓一些原则性的东西，至于匡正刘禅的具体工作，大部分还是董允负责的。因此，刘禅对董允的忌惮，肯定比对诸葛亮更甚——毕竟“现官不如现管”。

刘禅自从登基后，不止一次想要广采美女、扩大后宫，可每一次都被董允拦了下来。董允对他说：“古代的天子，后妃的数量不过十二人，如今后宫嫔妃已经够了，不应该再增加。”刘禅当然很不爽，但也无可奈何——谁让你只是个挂名天子，一天也没有真正执掌大权呢？

除了不让刘禅多娶美女，董允还牢牢管着一件事，那就是遏制宦官。

刘禅后宫有一个叫黄皓的宦官，生性狡黠，颇有些小聪明，自然讨得了刘禅欢心。董允敏锐地察觉了这一迹象，于是多次在刘禅面前正色规劝，然后一下殿，就把黄皓叫过来一顿训斥。因此，董允在世时，黄皓怕他怕得要死，丝毫不敢为非作歹。直到董允去世前，黄皓的职位不过是官秩三百石的黄门丞而已。

然而，随着董允去世，刘禅和黄皓的春天来了。

董允病故后，费祎提拔了一个叫陈祗的人接任侍中之职。陈祗原本只是选曹郎，只因相貌堂堂，颇为威严，且多有才艺，人又聪明，很对费祎的胃口，所以就被越级提拔了。

陈祗上位后，宫中的事基本就由他说了算了。而此人的做事风格，与董允大相径庭：董允处处匡正刘禅，陈祗则是各种阿谀迎合；董允极力遏制宦官，陈祗则是与黄皓穿上了一条裤子。

史称：“祗与皓相表里，皓始预政，累迁至中常侍，操弄威柄，终以覆国。”（《资治通鉴·魏纪六》）就是说，陈祗上位后，便与黄皓互为表里、沆瀣一气，于是黄皓开始干预朝政，一路升迁到中常侍，此后更是窃弄权柄，最终导致了蜀汉的亡国。

“中常侍”，这是自东汉桓、灵二朝以来，最令天下人切齿痛恨的三个字，因为它几乎就是擅权乱政、祸国殃民的代名词。可如今，它竟然又堂而皇之地出现在了蜀汉的宫廷中，并且恰恰又成了亡国的主要因素之一。这对自诩继承了大汉国祚的蜀国而言，不啻一种辛辣的嘲讽。刘备倘若地下有知，怕是恨不得当初在长坂坡就把阿斗丢掉算了。

早在十八年前，诸葛亮就在《前出师表》中对刘禅提出了这样的告诫：

“亲贤臣，远小人，此先汉所以兴隆也；亲小人，远贤臣，此后汉所以倾颓也。先帝在时，每与臣论此事，未尝不叹息痛恨于桓、灵也。”

遗憾的是，让刘备和诸葛亮都“叹息痛恨”的这个局面，终于还是重现了。从这一刻开始，纵然蜀国还有费祎、姜维这样的文武之才在支撑大局，但充其量也就是推迟蜀汉灭亡的时间而已。换言之，“北定中原，兴复汉室”的理想，已注定没有实现的可能了。

有了黄皓和陈祇这两个谄媚之徒在侧，刘禅再也没有任何约束，开始放飞自我，“数出游观，增广声乐”，即到处游山玩水，纵情声色。太子家令谯周上疏劝谏，说：“先帝奋斗一生的大业，只打下一个基础，还等待陛下去建设，如今真不是尽情享乐之时，还望陛下削减乐官人数和后宫规模；凡宫室营造，只限于修缮先帝在位时所建的，以此为子孙后代树立节俭的榜样。”

可想而知，奏疏呈上如石沉大海，刘禅根本不搭理他。

曹爽虽然在汉中惨败，以军功立威的目的落空了，但这丝毫不影响他的权臣地位。相反，手握大权的时间越久，曹爽及其党羽越发肆无忌惮，《资治通鉴》便称其“专擅朝政，多树亲党，屡改制度”。

到了曹魏正始八年（公元247年），时任太尉的元勋老臣蒋济再也看不过眼，便上疏给少帝曹芳，说：“国家的法令制度，只有命世之才能够建立且垂范后世，岂是中下之才的普通官吏所能随意更改的？这非但无益于国家，且恰足以伤害人民。臣建议，应告诫文武百官，各守其职，各安本分，朝廷方有清平祥和之气。”

蒋济当然也知道，眼下皇帝曹芳才十六岁，是个啥也不懂的毛孩子，而且朝政大权都在曹爽一党手上，所以这道奏疏根本起不到任何作用，充其量就是吐吐槽、发泄一下胸中愤懑而已。

此刻，跟蒋济一样愤懑的，当然还有司马懿。

但是，跟蒋济不一样的是，不管心中有多么愤懑，司马懿都会把这股气往肚子里吞，而绝不会发出半句牢骚。

非但不发牢骚，司马懿甚至还决定把曹魏帝国的权力舞台彻底让给曹爽一党。

这一年五月，司马懿称病不朝，主动淡出了权力中心，不再过问任何政事。

是年，司马懿已经六十九岁，接近古稀之年。那么，他是不是精力不济，雄心不再，所以打算颐养天年呢？

答案当然是否定的。

《道德经》说："将欲歙之，必固张之；将欲弱之，必固强之；将欲废之，必固兴之；将欲夺之，必固与之。是谓微明，柔弱胜刚强。"

想要收敛它，必先扩张它；想要削弱它，必先加强它；想要废除它，必先兴举它；想要夺取它，必先给予它。这就叫幽微的智慧，所以柔弱能战胜刚强。

深谙老子智慧和权谋之术的司马懿，用的正是"以退为进、以弱胜强"的招数。

可曹爽却以为司马懿主动出局了，从此再也没有人可以制约他，遂越发得意忘形，骄奢无度。他把饮食、车马、衣服都弄得跟皇帝一样，还把皇宫府库中的无数珍玩搬到了自己家里，甚至把明帝曹叡留下的七八个才人娶回家做了侍妾。

曹爽公然把皇家的人、财、物据为己有，他手下的何晏等人当然就有样学样了。他们开始大肆侵吞朝廷的土地田产，仅洛阳、野王两地就有数百顷良田落入了他们私囊，就连许多朝臣的食邑也被他们强行霸占。然后，他们又把黑手伸向了各个州郡，只要是他们看上的土地和产业，各地官员只能拱手奉上，绝不敢说半个"不"字。

曹爽跟何晏等人还有一个癖好，就是在家里开凿地下室，并装修得十分奢华，一群人躲在里面花天酒地，纵情玩乐。用《三国志·曹爽传》的说法，就是"作窟室，绮疏四周，数与晏等会其中，饮酒作乐"。

眼看曹爽在骄奢淫逸的道路上狂奔而去，其弟曹羲深感忧虑，屡屡劝谏，甚至声泪俱下，可曹爽根本听不进去。

曹爽专权期间，跟他们不和或稍有忤逆的大臣，都遭到了打击报复。

比如廷尉卢毓，是汉末大儒卢植之子，早在曹操时代便已入仕，堪称四朝元老，因刚正不阿，得罪了何晏、毕轨等人。何晏等人遂以卢毓的一个手下为突破口，抓住其小问题大做文章，将矛头指向卢毓。然后，何晏竟直接闯进廷尉寺，收缴了卢毓的印信，撤了他的官，最后才例行公事地上奏少帝，俨然已经在代行皇帝大权了。

再比如当初被曹叡指定辅佐曹爽的孙礼，先被曹爽排挤出朝，任扬州刺史，后转任冀州刺史，又因一件小事触怒曹爽，就被扔进了监狱。

事情源于清河国和平原国的边界之争，争端延续了八年之久，一直悬而未决。孙礼提出了一个解决办法，就是找出明帝曹叡当年封平原王时的地图，以此为准划定边界。但是曹爽估计是受了贿赂而偏袒清河，说那张地图也不足为凭。孙礼反复上疏，据理力争，由于态度急切，说话比较直白，便触怒了曹爽。

曹爽立刻将他免官，并判处五年徒刑。等孙礼坐完牢出来，又过了些日子，才被重新起用为并州刺史。赴任前，一肚子不平的孙礼特意去拜会司马懿。可到了司马府上，他却摆着一张臭脸，愣是不说话。

司马懿知道孙礼是在怨他逃避责任、放任曹爽一党，却故意装糊涂，问他说："孙卿是嫌并州之地太小呢，还是仍为当年的分界之事不平？"

孙礼没好气道："明公这话说得何其离谱！我虽无德，但还不至于为了官位和从前的事情烦恼。我本来以为，明公可以像伊尹和姜子牙一样，匡扶魏室，上报明帝之托，下建万世功勋。可如今呢？社稷危殆，天下汹汹，这才是我心中不悦的原因！"

说完，孙礼忍不住涕泪横流。

司马懿看着他，只淡淡地说了一句："且止，忍不可忍！"（《三国志·孙礼传》）

别难过了，要忍人所不可忍！

听到这句话，想必孙礼一定若有所悟——司马懿的隐忍，不是懦弱无争，也不是逃避责任，而是在韬光养晦，等待时机。

换言之，司马懿是在暗示他，曹爽一党垮台的日子，不会太远了。

然而，隐忍这种事，说起来容易，做起来难。正如司马懿当年为了躲避曹操征召，不得不装病装了七年一样，眼下的隐忍，同样要付出常人难以想象的代价。

曹爽这帮人虽然嚣张跋扈，但对司马懿还是始终保留着一丝警惕。这一年冬，曹爽手下的李胜由河南尹调任荆州刺史。临行前，曹爽便授意他以辞行为由，前去试探司马懿。

于是，李胜来到了司马府上。就是这一次，司马懿为后世读者奉献了一场“影帝”级别的出色表演。

据《晋书·宣帝纪》记载，司马懿由两个婢女搀扶着出来见客，只见他老态龙钟，步履蹒跚。婢女拿衣服给他，司马懿双手颤抖，接都接不住，竟滑落在地。而且，司马懿连话都说不清楚了，指着嘴巴，示意婢女自己口渴。

婢女端来稀粥，司马懿不去接碗，直接把嘴凑上去就喝，弄得胡须和胸前到处都是。李胜皱了皱眉，道：“大家都以为明公只是风疾复发，没想到身体都这样了啊！”

司马懿上气不接下气，十分虚弱道：“年老病重，死在旦夕。先生这次去并州，那地方靠近胡人，要加强防备啊！以后，咱们恐怕见不着了，我就把犬子司马师、司马昭托付给先生了。”

李胜眉头又是一皱，忙解释道：“我是要去荆州，不是并州。”

司马懿梦呓般道：“先生已去过并州了？”

李胜只好又重复一遍：“我要去的是荆州。”

司马懿迷迷糊糊地看着他，说：“年纪大了，脑子糊涂，听不清先生说什么。这次回到本州，以你的盛德才干，正好建立功勋啊！”

眼前的司马懿，已经是一个妥妥的废人，李胜知道自己不必再试探了，旋即告辞而出，飞报曹爽，说：“司马懿苟延残喘，形神已离，不足为虑了。”

几天后，李胜再次向曹爽强调，说司马懿已经病入膏肓，无力回天了。曹爽终于确信，遂不再防备司马懿，连最后一丝警惕都解除了。

随着司马懿这场表演的圆满成功，曹爽及其党羽的末日便已悄然降临。

然而，他们根本没有意识到自己已死到临头。这年岁末的一天，何晏特意找来一个精通《易》的术士管辂，想让其为自己算一卦。

宾主落座，二人聊了一会儿《易》。当时邓飏也在座，对管辂有些不以为然，道：“先生自诩精通《易》，可说了这么多，并未涉及《易》的精义，这是为何？”

管辂淡淡道：“真正了解《易》的，从不轻易谈论《易》。”

何晏微笑颔首，赞叹道：“先生真是要言不烦啊！不过今日，还是要请先生占一卦，看我能否位至三公？”

未及卜卦，何晏又说起了自己最近常做的一个梦，说梦见数十只苍蝇聚集在鼻子上，驱之不去，不知是何征兆。

管辂沉吟片刻，道："从前，八元八恺（上古十六位贤臣）辅佐帝喾和颛顼、周公辅佐成王，皆以和惠谦恭而享有多福，这并不是靠占卜就能算出来的。如今，君侯位高权重，但怀德者少，畏威者众，这恐怕不是小心求福之道。再说这个梦，鼻者，乃'天中之山'，常言道居于高位而不危险，才可长保富贵。而苍蝇乃恶臭之物，竟聚集鼻梁，说明有高位跌落之危，及轻狂覆亡之险，不可不深思啊！愿君侯扬善去恶，非礼勿行，然后三公可至、青蝇可驱也。"

邓飏在一旁听得大不耐烦，冷笑道："这不过是老生之常谈。"

管辂毫不示弱，立马顶了回去："只有老生，才能见事所未生；只有常谈，才能谈人所不谈。"

这就是我们今天惯用的成语"老生常谈"的出处。

管辂只是一介术士，却不阿附权贵，敢当面警告何晏、硬顶邓飏，分明已经把自身的安危置之度外，实在是令人钦佩。

当天，管辂回到家，就把这事跟舅舅说了。舅舅大摇其头，骂他说话太直。管辂竟冷然一笑，说："跟死人说话，有什么好怕的？"

舅舅大怒，连声说他疯了。

在管辂眼里，何晏、邓飏之流已经跟死人无异，足见这帮人多么不得人心。同时也说明，在当时的有识之士看来，曹魏帝国很可能马上就将迎来一场血腥的政治风暴。

此时此刻，司马懿正在跟自己的长子、时任中护军的司马师，以及次子、时任散骑常侍的司马昭日夜密谋，随时准备发动政变，彻底铲除曹爽一党。

高平陵之变：司马懿笑到了最后

曹魏正始十年（公元249年，四月改嘉平元年）正月初六，少帝曹芳（时年十八岁）出了洛阳，前往城南四十里外的高平陵（曹叡陵墓）祭拜，同行的不仅有曹爽，还有他的三个弟弟：中领军曹羲、武卫将军曹训、散骑常侍曹彦。

当时，禁军全在曹爽兄弟手里掌握着，所以司马懿很难有机会动手。可这一天，曹氏四兄弟竟然一块出城了，禁军大部都留在城中，这对司马懿来讲，无疑是天赐良机。

其实在此之前，曹爽的同乡、时任大司农的桓范就警告过他，说："你们曹家兄弟，总揽朝政，手握禁军，最好不要一同出城，万一有人关闭城门，谁还进得来？"

曹爽闻言，只冷笑着回了四个字："谁敢尔邪！"

谁敢这么干?!

满朝文武中，其他人估计都没这个胆量，但司马懿肯定是敢的。问题是曹爽早就被司马懿忽悠了，以为他成了废人，所以才会肆无忌惮。

这一天，当浩浩荡荡的天子车队出了洛阳南门后，司马懿立刻展开了政变行动。

他宣称奉太后旨意，第一时间关闭了洛阳的所有城门，接着占领了军械库，将武器分发给麾下部众，然后亲自率部出城，占领了洛阳城南的洛水浮桥，以防曹爽回军。

同时，命司徒高柔持节，以"行大将军事"的名义进入曹爽大营，又命太仆王观以"行中领军事"的名义进入曹羲大营，一举掌控了京师的所有禁军部队。

此外，命司马师率部进驻司马门，控制进入宫城的主要通道；命司马昭率部直入宫城，分别控制少帝所居的嘉福殿和太后的永宁宫。

值得一提的是，司马师兄弟率领的部众，主要是司马师平时暗中蓄养的死士。《晋书·景帝纪》称，"初，帝（司马师）阴养死士三千，散在人间，至是一朝而集，众莫知所出也"。可见司马懿父子对这场政变早就做了充分的准备。

完成上述一系列动作后，司马懿才从容不迫地给少帝曹芳上了一道奏疏，历数曹爽的种种罪行：

"当初，臣平定辽东回朝后，先帝命陛下、秦王和臣同到御榻前，握着臣的手，对身后事深感忧虑。臣对先帝说：'太祖、高祖都曾把后事托付给臣，此乃陛下亲眼所见，请不必忧虑。万一将来有不测之事，臣定以死奉诏。'

"而今，大将军曹爽，背弃顾命大臣之责，败乱国朝典章，内则僭越，外则专权，破坏兵制，掌控禁军。凡朝廷要职，皆任用亲信；殿中宿卫，亦委任私人。其势力盘根错节，且越来越无法无天。

“非但如此，曹爽还起用小黄门张当为内宫总管，监视陛下，离间陛下与太后，伤害骨肉亲情，以致天下汹汹，人人自危。陛下只是暂居天子宝座，如何保证长久安全呢？这绝非先帝召陛下和臣接受遗命的本意！臣虽老朽年迈，但绝不敢忘记誓言！

“如今，太尉蒋济与臣等均认为，曹爽内怀无君之心，曹氏兄弟已不宜典兵宿卫，臣等已奏报太后允准，由臣负责执行。臣已命有关官员，即刻罢免曹爽、曹羲、曹训之职，解除兵权，以侯爵身份返回私邸，不得逗留，阻挠御驾回宫；若胆敢阻挠，便以军法从事！臣则率军进驻洛水浮桥，监视一切异常举动。”

这与其说是司马懿写给少帝的一道奏疏，还不如说是专门发给曹爽的一道檄文。

因为司马懿很清楚，奏疏送到高平陵后，第一时间打开看的人，一定是曹爽，而不是少帝。换言之，司马懿就是故意要告诉曹爽——你完蛋了，别指望翻盘，还是束手就擒吧！

曹爽见到奏疏后，如遭雷击，顿时不知所措。他不敢呈给少帝，只能把天子车队留在伊水南岸过夜，然后命部众砍伐树木，修筑鹿砦，并征调洛阳城外的数千屯田士兵前来护卫。

司马懿不想大动干戈，还是希望用政治手段解决问题，于是派了好几拨人前去劝降，如侍中高阳人许允，还有尚书陈泰（陈群之子），以及曹爽颇为信任的殿中校尉尹大目等人。司马懿让他们向曹爽保证，并指着洛水发誓——只要放下武器投降，最坏的结果就是免官而已，绝不会要他性命。

在这个世界上，大多数誓言都是不可信的，尤其是从政客嘴里发出的誓言，几乎百分之百不可信。

曹爽也是政客，当然不会轻易相信司马懿的誓言，所以一直处于纠结状态。

其实，此刻的曹爽还远不到山穷水尽的地步，因为少帝曹芳在他手里，如果应对得当，学曹操来一回“挟天子以令诸侯”，仍然是有机会翻盘的。而司马懿虽然德高望重，但毕竟只据有洛阳一城，如果曹爽善用皇帝的旗号，急召四方大军前来勤王，或许大事仍有可为。

很快，就有一位智囊赶来给他出谋划策了。

这个人就是他的老乡桓范。

政变刚爆发的时候，司马懿是打算把桓范拉到自己这边的，便命他代理中领军。桓范起初也想奉命，却被他儿子拦住了。他儿子认为，现在皇帝在曹爽手上，司马懿的赢面不如曹爽大，还是投靠曹爽更稳当。

桓范犹豫片刻，最后听从了儿子的建议，旋即策马出城。

当时四面城门均已关闭，桓范来到南面的平昌门，恰好守门官司蕃是他的旧部。桓范高举手中的一块版牍，大声说奉诏出城，命司蕃速开城门。司蕃要求看一眼诏书，桓范厉声呵斥："你是不是我的老部下？竟敢如此！"

司蕃无奈，只好打开城门。桓范一边疾驰而出，一边回头道："司马懿谋反，你赶快跟我走！"

司蕃吓了一跳，情急之下来不及骑马，徒步就跟着桓范往城外跑。可两条腿终究跑不过四条腿，转眼就被桓范甩了。司蕃无奈，只好在路旁的隐蔽处躲了起来（到政变过后才乖乖回城自首）。

得知桓范出逃，司马懿有些担忧，对蒋济道："糟了，智囊去了。"

蒋济却不以为然道："放心吧，桓范虽有智谋，但曹爽就跟劣马贪恋槽头的草料一样，必定不会用他的计策。"

桓范赶到高平陵后，立刻劝曹爽挟持少帝前往许昌，然后征调四方军队勤王。如果曹爽听从了这个建议，那么司马懿的这场政变就没那么容易收场了，胜负殊难预料。

可是，明明有这条路可以走，曹爽却还是迟疑不决。

桓范只好转而去劝曹羲，说："眼下的形势明摆着，你平时读那么多历史书作何用处？像你们这样的权势地位，一旦落败，想当个穷人都做不到了！而且，就算是一介匹夫劫持一个人质，还打算求生，你们兄弟有天子在手，号令天下，谁敢不从?!"

没想到，这番话说完，回答他的仍旧是死一般的沉默。

桓范急得跳脚，接着对曹羲道："你有一支部队就在城南，洛阳的屯垦部队都在城外，只要一声令下，马上就能集结。今天前往许昌，中途不过只住一夜，许昌的军械库，足以装备部队；唯一值得担心的，就是粮食不够，可大司农的印章就在我身上啊！”

大司农是有权征调各地粮草的，可见桓范这个计划，确实有可行性，并非情急之下乱出主意。现在，桓范该说的话都说完了，接下来，就看曹爽兄弟们有没有殊死一搏的胆识和魄力了。

遗憾的是，直到此刻，曹爽四兄弟还是一言不发，仿佛根本没听见桓范在说什么。

众人就这样尴尬地沉默着，直到次日天亮时分，曹爽才忽然抽出佩刀，当啷一声扔在地上，就说了一句话：“我亦不失作富家翁！”（《资治通鉴·魏纪七》）

不出蒋济所料，曹爽这种人，就像贪恋草料的劣马一样，终究是一个贪恋富贵、毫无胆识的庸才！

其实，贪恋富贵是普遍的人性，一般来讲也不是什么大错。可问题在于，曹爽是一个独揽大权整整十年的权臣，而青史上的斑斑血迹早已证明，权臣一旦在政治斗争中落败，是断然没有机会再做“富家翁”的，因为对手一定会将你赶尽杀绝，以免遭到反扑。这些道理，曹爽和他的弟弟们不见得不懂，可就是不敢跟司马懿殊死一战，所以便心存侥幸，宁可相信司马懿的所谓誓言。

听到曹爽还幻想做“富家翁”，桓范顿时气急攻心，忍不住放声大哭道：“曹子丹（曹真）英雄一世，可生出你们兄弟，竟如猪狗一般！没想到今日会陪着你们被族灭啊！”

曹爽既已决定投降，接下来的事情就没什么悬念了。

他把司马懿的那道奏疏呈给了曹芳，主动要求曹芳免去他的官职，然后就乖乖带着曹芳回了洛阳。之后，曹爽四兄弟皆被勒归私邸。司马懿派兵包围了他们的宅邸，并在曹爽家的四个角筑起了四座望楼，日夜监视。每当曹爽在家里走动，比如上后花园溜达时，望楼上便有士兵高呼（古人称为唱言）：“故大将军东南行。”（《资治通鉴·魏纪七》）

除非曹爽整天待在屋里哪也不去，否则只要他一走动，四面望楼上的这种“唱言”必定此起彼伏。说难听点儿，就连上个茅房，肯定也有人高呼一嗓子。对于一个曾经权倾天下的跋扈权臣而言，这样的待遇可谓伤害性不大，侮辱性极强。曹爽为此郁闷难当，却也没有丝毫办法。

这样的日子虽然不好过，但勉强也算个“富家翁”，至少衣食无忧，总比脑袋落地好。可曹爽万万没想到，即便是这样差强人意的日子，他也只“享受”了短短四天。

正月初十，朝廷有关部门就在司马懿的授意下，以黄门张当私自将宫中才人献给曹爽为由，把张当抓进了廷尉寺的监狱，然后严刑拷问。当天，张当便供认说：“曹爽与何晏、邓飏、丁谧、毕轨、李胜等人，阴谋造反，计划在三月中旬发动。”

同日，曹爽四兄弟与何、邓、丁、毕、李五人及桓范，全部被捕，旋即连同张当，以“大逆不道”的罪名，被悉数斩首并夷灭三族。

所有这一切，全都在一天内完成。效率之高，令人咋舌。

这就是政客的誓言，翻脸绝对比翻书快。

其实明眼人都看得出来，所谓曹爽等人阴谋造反之事，纯属子虚乌有。张当肯定是屈打成招的，因为司马懿需要他这份供词。

不过，这也不能怪司马懿心狠手辣。权力斗争的逻辑本就如此——假如最后是司马懿败了，那曹爽肯定也会把司马家族铲除净尽，绝不会心慈手软。

值得一提的是，从正月初六政变爆发到十日曹爽一党被族诛，《三国志》中几乎看不见何晏、邓飏等五人的踪迹。不过，在东晋孙盛所著的《魏氏春秋》中，却有关于何晏在事变期间的一段记载，看上去颇有些耐人寻味：

司马懿拿到张当的供词后，竟然指定何晏参与审理这个大案。受宠若惊的何晏立刻撸起袖子，对昔日的主子曹爽及一帮“战友”穷追猛打，希望以此戴罪立功，获取司马懿的宽宥。于是，曹爽、邓飏、丁谧、毕轨、李胜、桓范、张当这七个人及其家族，自然全都被何晏列入了谋反名单。而且，作为原本的“内部人”，何晏必然会提供很多有关曹爽等人的确凿“罪证”，从而坐实他们的谋反罪名。

审理完毕，司马懿看着罪犯名单，对何晏说：“应该有八族。”

何晏不解，又数了一遍，明明就是七族，哪来的八族呢？

司马懿又淡淡道：“不够。”

何晏急得团团转，旋即猛然醒悟，不禁绝望地看着司马懿："难道……是我？"

司马懿说："是也。"

然后，何晏及其族人就跟着曹爽等七族，一起被押上了断头台。

若这段记载属实，那么司马懿这个人的确是太可怕了。因为比直接杀人更狠的，就是先给人一个希望，然后再把希望掐灭。而且，他故意给了何晏一个自保的机会，让他把曹爽等昔日的主子和同党亲手送上断头台，这样的做法比直接由朝廷将曹爽等人定罪更为毒辣。因为对曹爽等人而言，同样是一死，但死于朝廷治罪跟死于何晏出卖，其感受是全然不同的，那等于是在砍他们脖子一刀之前，就先在他们心上深深捅了一刀。

同理，让何晏出卖主子和同党后再死，也等于让他死了两回：首先是让他的丑陋嘴脸暴露在世人面前，被朝野上下戳脊梁骨，即"社会性死亡"，然后才是让他肉体死亡。

简言之，司马懿玩这么一手，相当于猫在吃掉老鼠之前，先饶有兴致地戏耍一把——不论是让士兵在角楼上唱言曹爽的一举一动，还是让何晏出卖主子和同党后再死，其背后的动机，都是这种戏耍玩弄的心理。

司马懿的心机之深沉狠辣，放眼他的同时代人，可以说无人能及。

铲除了曹爽及其核心党羽后，对于大部分追随者，司马懿非常明智地采取了宽大政策，从而迅速安定了朝野人心。

比如曹爽的麾下司马鲁芝。曹爽出城前，命他留守大将军府。政变爆发后，鲁芝立刻率领一部骑兵杀开了一条血路，从南面的津门冲了出去，迅速到高平陵与曹爽会合。

再比如曹爽的麾下主簿杨综，跟随曹爽出城。当曹爽准备投降时，杨综极力劝阻，说："主公手握大权，却要放弃一切，是打算到东市去受刑吗？"

鲁、杨二人，显然都对曹爽十分忠心。按说，司马懿是完全有理由治他们死罪的，但司马懿却说："彼各为其主也，宥之。"（《资治通鉴·魏纪七》）

他们也是各为其主罢了，赦免吧。

随后，司马懿不仅赦免了鲁芝和杨综的死罪，还分别擢升鲁芝为御史中丞，杨综为尚书郎。

这正是司马懿高明的地方——对付主要的政敌，要斩尽杀绝，这样才能把权力彻底夺过来；但对待其他人，则必须宽容，更不妨用官职加以笼络，这样才能安定人心，让到手的权力更加巩固。

是年正月十九日，司马懿晋位丞相；朝廷打算给他加九锡，司马懿坚决推辞了。

他要的，是实实在在的权力。至于“九锡”那些花里胡哨的东西，在他眼中是无足轻重的。

随着曹爽一党的覆灭，曹魏帝国的权力之巅就只剩下司马懿一个人了。从此，再也没有人可以撼动他的地位，也不能阻止司马师、司马昭兄弟的强势崛起了。

高平陵之变，无疑是司马懿仕途生涯中的巅峰之作。七十一岁的司马懿，凭借常人难以想象的隐忍和自制力、深不可测的心机和谋略，还有杀伐决断的胆识和行动力，成了曹魏帝国独一无二的权臣，也成了那个笑到最后的人。

柔弱胜刚强。在几千年的中国历史上，能够像司马懿这样，把老子的这一哲学思想运用在政治领域又践行得如此成功的人，实在是凤毛麟角。

姜维北伐：戴着镣铐跳舞

作为继诸葛亮之后蜀汉北伐的代表人物，我们有必要正式介绍一下姜维。

姜维，字伯约，天水郡冀县（治今甘肃天水市甘谷县）人。父亲姜冏，曾任天水郡功曹，时逢羌、戎叛乱，挺身护卫郡守，战死沙场；姜维因父荫拜官，任职中郎、天水郡参军。

蜀汉建兴六年（公元228年），诸葛亮首出祁山，发动第一次北伐。当时，姜维与本郡功曹梁绪等人，随同天水郡太守在各地巡查。太守风闻蜀军大兵将至，各县都响应蜀军，便怀疑姜维等人也有异心，遂连夜逃往上邽。

姜维等人追之不及，只好回城，但城门已闭，守军不让他们进城。姜维等人只好前往冀县，不料照旧吃了闭门羹。姜维、梁绪等人万般无奈，只能前往蜀军大营，归降诸葛亮。

从此，姜维追随诸葛亮参与了一次又一次北伐，逐步崭露头角。他从仓曹掾起步，历任中监军、右监军等职，军衔也由奉义将军逐步晋升为征西将军、辅汉将军。延熙六年（公元243年），在蒋琬的举荐下，姜维晋升镇西大将军，并遥领凉州刺史（凉州仍是魏国地盘，所以遥领）。随后，姜维开始在北伐前线独当一面，屡屡出兵进攻陇西（今甘肃陇西县），与魏国大将郭淮、夏侯霸等人多次交手。

因蜀汉后期将星凋零，所以在蒋琬执政时期，作为后起之秀的姜维，已经成为蜀汉军方的首脑人物之一。

到了延熙九年（公元246年），随着蒋琬、董允的相继离世，姜维又升任卫将军，与大将军费祎“并录尚书事”，即共同执掌朝政机要。

至此，姜维成为仅次于费祎的蜀汉政坛的二号人物。

同年，汶山郡平康县（治今四川黑水县东北）的夷人发动叛乱，姜维率部平定。

延熙十年（公元247年）岁末，雍州、凉州一带的羌胡背叛曹魏，准备归附蜀汉。姜维立刻出兵陇右予以接应，与魏将郭淮、夏侯霸在洮西（洮水以西，今甘肃临潭县一带）展开会战，掩护了羌胡的叛逃行动。随后，羌胡首领白虎文、治无戴等人率部落前来投奔，姜维把他们及其族人全部安置在了蜀国境内；但仍有一些部落行动失败，被郭淮平定。

蜀汉延熙十二年（公元249年），曹魏爆发高平陵之变，曹爽一党被诛除殆尽，一名身在陇西前线的魏国大将顿时惶惶不可终日。

他就是夏侯霸。

夏侯霸是夏侯渊之子，因夏侯渊在汉中死于蜀军之手，所以夏侯霸立志为父报仇，便以右将军出任讨蜀护军，长年驻扎陇西，受征西将军夏侯玄管辖。

因夏侯霸、夏侯玄都是曹爽的党羽，所以曹爽被诛后，司马懿立刻将夏侯玄征召回朝，命郭淮接任征西将军，驻守长安。

夏侯霸顿感唇亡齿寒，且他与郭淮一向不睦，故越想越怕，索性投奔蜀汉。但因道路不熟，夏侯霸逃到半道上就迷路了，险些被活活饿死。后主刘禅闻讯，连忙派人接应，于这一年二月把他接到了成都。

说来也是有趣，刘禅跟夏侯霸，还有一层鲜为人知的亲戚关系。

早在建安五年（公元200年），即刘、关、张三兄弟还在曹操手底下打工的时候，夏侯霸的一个堂妹（时年大概十三四岁），有一天单独外出，被张飞所掳。不久，因“衣带诏”事件爆发，刘备与关羽、张飞逃离曹操，亡奔小沛。张飞便顺势娶了夏侯氏做老婆，后来二人生的女儿，就嫁给了刘禅，并于刘禅登基后被立为皇后。

所以，要论辈分，刘禅还得跟着老婆管夏侯霸叫一声“表舅”。

由于这层关系，加上夏侯霸在曹魏的身份和地位都不低，所以降蜀之后，刘禅对他礼遇有加，十分尊重。头回见面，刘禅便对夏侯霸说：“令尊是在交战中阵亡的，并非我的先辈亲手所杀。”然后还指着自己的儿子说：“这也是你的外甥之后啊！”论辈分，刘禅之子得叫夏侯霸“舅公”。

随后，刘禅立即授予夏侯霸车骑将军之职。

就这样，昔日与姜维在战场上多次交手的死敌夏侯霸，摇身一变就成了他的同袍。姜维对高平陵之变后的曹魏国策很感兴趣，就问夏侯霸：“司马懿既已执掌大权，依你看，还会不会有对外征伐的企图？”

夏侯霸如实回答：“他现在忙着经营自家基业，顾不上对外作战的事。”说完，又补了一句，“不过，魏国朝廷有一个叫钟会的人，虽然年轻，但来日若管理朝政，会是蜀、吴的心腹大患。”

钟会，就是已故曹魏重臣钟繇之子，此时在魏国还只是区区尚书郎。可正如夏侯霸所预见的，十几年后，他果然成了蜀汉帝国的掘墓人。

姜维得知司马懿无暇他顾，决定利用这个机会，再度对陇西发动进攻。

同年秋，姜维率部北上，进入魏国控制的雍州，在麴山（今甘肃岷县东）附近修筑了两座要塞，命麾下将领句安、李歆分别驻守，同时掳掠了当地羌人的妻儿做人质，迫使他们出兵袭扰附近郡县。

魏征西将军郭淮得到战报，立刻与雍州刺史陈泰联兵抵御。陈泰建议直接进攻蜀军在麴山的要塞。他说：“麴山要塞虽然坚固，但远离蜀国本土，粮秣补给困难，必会驱使羌人服劳役，而羌人绝不会甘心。我军若围困麴山要塞，定可兵不血刃，将其攻取。敌人纵然出动援军，但山高路险，对他们的行动将极为不利。”

郭淮采纳了陈泰的意见，旋即命他率讨蜀护军徐质、南安（治今甘肃陇西县东南）太守邓艾，迅速进兵，包围了麴山要塞。

跟钟会一样，这个邓艾，后来也成了蜀汉的掘墓人——就是他发动了一场匪夷所思的千里奇袭，一口气杀到成都，直接导致了蜀汉的覆灭。

陈泰等人将麴山的两座要塞团团围困后，又出兵截断了蜀军的补给线，并切断了水源。蜀军立刻陷入困境。句安和李歆不得不出城挑战，但魏军却坚守不出。句安和李歆被迫对所剩不多的粮食实行了严格的配给；而饮用水方面，所幸此时的陇西已开始降雪，他们极力收集雪水，才避免了断水之虞。

姜维得知要塞被围，亲自率军前去援救，却在牛头山（今甘肃岷县）遭到了陈泰的阻截。

陈泰对左右说："兵法贵在不战而屈人之兵。眼下，只要我们占领牛头山，就能切断姜维的退路，必可将他生擒。"随后，陈泰命部众坚守营垒，不准应战，同时派人飞报郭淮，请求郭淮火速进军，占领牛头山。

郭淮依计而行，率部直趋洮水。姜维担心后路被断，只好撤军。而坚守麴山要塞的句安、李歆二部，在内无粮草、外无救兵的绝境之下，不得不放下武器，投降了魏军。

郭淮遂掉头向西，攻击叛乱的诸羌。此时，邓艾提出建议，说："姜维并未走远，或许会杀回马枪，应分兵戒备，以防不测。"郭淮随即命邓艾驻防白水（今白水江）北岸。

果然不出邓艾所料，三天后，姜维就命部将廖化杀了回来。因邓艾在北岸堵着，廖化便在南岸扎营，与邓艾对峙。一连数日，廖化都没有主动进攻的迹象，甚至连挑战都没有。邓艾觉得不对劲，对左右道："敌人果然杀回来了。不过，我军兵力少，按说廖化应架设浮桥，强行渡河才对，可现在却按兵不动，这恐怕是姜维故意命他牵制我们，然后姜维很可能会向东偷袭洮城（治今甘肃岷县东）。"

洮城位于白水北面，距邓艾军营六十里。邓艾摸准了对手的战略意图后，遂连夜率部北上，悄悄进驻洮城。次日，姜维果然带着主力杀到了城下。可此时邓艾早已严阵以待，姜维意识到战机已失，只好撤军。

自从姜维在北伐前线独当一面以来，曾多次对陇西发起进攻，但基本上都跟这回一样，劳师无功，败多胜少，始终没什么建树。究其原因，首先是魏国大将郭淮、陈泰、邓艾等人都善于用兵，他们头脑冷静，判断准确，行动果决，所以姜维根本无机可乘；其次，姜维一直遭受着来自内部的压制，故而难以施展拳脚。

这个内部的压制力量，就是费祎。

《三国志·姜维传》记载，“（姜维）每欲兴军大举，费祎常裁制不从，与其兵不过万人”。我们前文说过，诸葛亮的五次北伐，其中只有第三次北伐（袭取武都、阴平）出兵最少，估计是一两万人，其余应该都在五万到八万之间，最后一次甚至达到了十万。而费祎给姜维的兵，每次都不超过一万人，那还有什么戏可唱？

历史上固然有许多以少胜多的战例，但大部分情况下，还是兵力强的一方握有更多胜利的筹码。所以，长期遭到费祎压制的姜维，就很难在北伐上取得可观的战果。若仅就兵力而言，他对陇西的进攻甚至都不好意思称为“北伐”，或许称为“袭扰”更合适。

那么，费祎为什么要压制姜维呢？

有主观、客观两方面原因。先说客观原因，费祎本人曾对姜维解释过为什么给他的兵那么少。其原话是：“吾等不如丞相亦已远矣，丞相犹不能定中夏，况吾等乎？且不如保国治民，敬守社稷，如其功业，以俟能者，无以为希冀侥幸而决成败于一举。若不如志，悔之无及。”（《三国志·姜维传》注引《汉晋春秋》）

这段话的大意是：你我的能力远远不如诸葛丞相，连他老人家都不能北定中原，更何况我们呢？不如暂且保国安民，敬守社稷，至于北定中原的功业，就留给将来有能耐的人吧，切不可心存侥幸，企图一举决定成败。若不能成功，到时后悔都来不及。

费祎这么说，固然有他的道理。毕竟蜀汉国力弱小，的确经不起大的失败，与其倾尽国力去打一场胜算渺茫的战争，不如收缩自保，也给后人攒一些家底。

然而，这个道理也只是对了一半。因为蜀汉自立国以来就始终面临一个两难的困境：主动进攻，总有一线希望，但有可能把自己折腾死；消极防御，固然可偷一时之安，但最后可能是坐着等死。

基于这样的悖论，费祎的说法就很难用对错来衡量，只能说他有他的立场和选择。

接下来，我们再来看费祎压制姜维的主观原因。

其实这个原因也很简单，自从蒋琬、董允死后，费祎就成了蜀汉政坛的老大，姜维就成了老二，倘若让老二在北伐战场上取得成功，那老大的地位岂不就岌岌可危了？即便姜维没有抢班夺权之心，身为老大的费祎也不可能没有提防之意。

国际社会上，向来有所谓老大打压老二的“修昔底德陷阱”[1]，人际社会又何尝不是如此呢？从这个意义上讲，费祎刻意控制姜维的兵力，就不单纯是出于顾全大局的公心，而是同时也有出于政治利益的私心。

因此，姜维的北伐，说白了就是戴着镣铐跳舞，怎能指望有什么优美的舞姿？

平定淮南：司马懿的收官之作

司马懿铲除曹爽一党后，大权独揽，势倾朝野，但魏国上下却不见得所有人都服他。

时任魏国司空的王淩，还有他的外甥、时任兖州刺史的令狐愚，就决定联手发动政变，另立皇帝，与司马懿分庭抗礼。

这个王淩，算起来也是曹魏的四朝元老了。

此人是汉末大臣王允的侄儿，早在曹操时代便在其麾下任职。曹丕登基当年，王淩便已官居兖州刺史，随后曾与张辽并肩作战，大破吴军。曹叡时期，王淩随曹休参加了夹石之战，并在魏军受困时拼死突围，掩护了曹休撤退，此后历任扬州、豫州刺史，颇得民心。

1　修昔底德陷阱：一个新崛起的大国必然要挑战现存大国，现存大国也必然会回应这种威胁，这样战争变得不可避免。此说法源自古希腊著名历史学家修昔底德。——编者注曹爽执政后，极力拉拢王淩，任其为征东将军、假节、都督扬州军事。正始二年，王淩与孙礼联兵，在芍陂击败了吴将全琮，因功进封南乡侯，不久又迁车骑将军。

正始九年，王淩晋位司空。虽然职位已是三公，但他并未到朝廷就职，而是仍率部驻守寿春，负责淮河以南的防务。

不难发现，要论战功与资历，王淩是不亚于司马懿的。他唯一不足的，就是常年在外统兵作战，缺乏在中枢任职的经历，所以对朝政的影响力比司马懿弱很多，但其个人的威望和号召力还是有的。

此外，其外甥令狐愚驻扎在平阿（治今安徽怀远县西南），同样负责淮南防务，舅甥二人皆手握重兵。

正因为屡建战功、资历深厚，加之手上有军队，才让王淩自认为拥有与司马懿一较高下的资本。

自从曹爽被诛后，这对舅甥便日夜密谋，认为少帝曹芳懦弱无能，而权臣司马懿专擅朝政，遂决意拥立楚王曹彪（曹操之子），在许昌另立朝廷。

嘉平元年（公元249年）九月，令狐愚派遣部将张式前往白马（治今河南滑县东），暗中与楚王曹彪取得了联络。同时，王淩也派出心腹到了洛阳，把准备起事的消息告知了儿子、时任屯骑校尉的王广，显然是要让他在朝中充当内应。

王广闻讯，深感忧虑，便劝阻道："凡是要发动大事，必须顺应民心和人情。曹爽因骄奢淫逸失去人心，何晏虚骄浮华，丁谧、毕轨、邓飏、桓范等人虽然都有名望，但过于热衷名利，且屡屡变易国典，更改法令，口号虽好听但不切实际；人民习惯旧有的秩序，自然无所适从。纵然他们势倾四海，声震天下，但同日被诛后，百姓却安之若素，没人哀悼他们，正是因为他们失去了民心。如今，司马懿心里在想什么，虽然难以揣度，但并无谋反迹象，反而选贤任能，修正法令，满足士众和百姓的期望。而曹爽所行的那些恶政，司马懿都一一革除，夙夜忧劳，精勤匪懈，以百姓利益为先；况且其父子兄弟，都手握军权，没那么容易对付啊！"

然而，王淩根本不听。

同年十一月，令狐愚再度派遣张式去拜见曹彪，就拥立之事进行了深入磋商。

正当王淩、令狐愚紧锣密鼓地准备起事之际，意外发生了——还没等张式回来向领导禀报磋商结果，令狐愚竟然一病而亡了。

这对王淩而言不啻晴天霹雳。

这一年，王淩已经七十八岁了，而外甥令狐愚则年富力强。原本这场政变肯定是要由年轻人令狐愚来打头阵的，王淩只是负责居中指挥而已。如今令狐愚居然暴病而亡，那就意味着，如果要把策划中的政变进行下去，所有主要工作无疑都要由王淩这个年近八旬的老头子自己承担了。

就在这个节骨眼上，朝廷忽然发来一道诏书，擢升王淩为三公之首的太尉。

这当然是司马懿的意思。

此时的司马懿，并不知道王淩正在处心积虑策划一场“另立皇帝”的政变，所以此举显然是一种示好，是对王淩这样一位四朝元老必要的笼络。毕竟诛除曹爽后，司马懿大权独揽，把最肥的肉叼到嘴里头了，当然要给这个共事多年的老哥们儿喝点肉汤。

倘若脑子清醒一点的话，此时的王淩，或许就该重新考虑政变之事了。一来是因为准备冲锋陷阵的外甥令狐愚死了，王淩独臂难支，强行起事肯定力不从心；二来人家司马懿也算够意思，自己吃肉也没忘了让你喝汤，你何苦一定要造他的反呢？

可遗憾的是，王淩的脑子并不清醒，他还是决定把这场注定要失败的政变进行下去。

曹魏嘉平三年（公元251年）四月，耐心蛰伏了一年多的王淩终于等到了一个起事的机会。

此时，王淩刚好八十岁，已然进入耄耋之年。可谁也没料到，在王淩日渐衰朽的身躯中，依然有着一颗不肯服老的心。

王淩等到的这个机会，是一份来自前线的情报。情报称，孙权派遣了十万工兵，在堂邑（治今江苏南京市六合区）附近的涂水（今滁河）修建了堤坝，以备魏国一旦进攻，就凿堤放水，淹没北方通往建业的道路。

孙权老了，且良将多死，才会通过修筑堤坝进行消极防御。此举已然暴露了老年孙权内心的孱弱。王淩抓住这个机会，立刻给麾下各部下达了战争动员令，同时上奏朝廷，请求进攻东吴。

当然，进攻东吴是假，借机起兵、拥立楚王才是真。

司马懿虽然不知道王凌想玩什么把戏，但出于政治敏感和一贯的谨慎，还是拒绝了王凌的出兵请求。

可对王凌而言，却是箭在弦上，不得不发。

只不过，接下来王凌走了一步臭棋，直接把自己推下了身死族灭的深渊。因外甥令狐愚已死，王凌必须寻找帮手，于是就派部将杨弘去找新任的兖州刺史黄华，打算拉他入伙。可没想到，杨弘和黄华一合计，觉得这种杀头族诛的事情不能干，便一块向司马懿告密，把王凌给出卖了。

司马懿闻报，迅速做出反应，一边以皇帝名义下诏，赦免王凌之罪，并亲自写信去安慰他，一边却亲率禁军乘船南下。很快，大军便进至百尺（今河南沈丘县西北）。王凌意识到大势已去，只好单独乘坐一艘小船去迎接司马懿，并提前派出秘书王彧去跟司马懿请罪，同时把自己的印绶和节钺都交了上去。

随后，司马懿大军抵达丘头（今河南沈丘县东南）。王凌在小船上把自己五花大绑，做出一副待罪的模样。司马懿却专门派人前来，解开了他的绳索。

王凌以为得到了赦免，又觉得自己跟司马懿毕竟是老同事了，这回估计能免于一死，遂如释重负地乘船来见司马懿。

可是，就在小船离旗舰十余丈远的地方，司马懿命人拦住了王凌。王凌这才发现不对劲，连忙跑到船头，遥遥向司马懿喊话，说："你直接写一张字条召我，我敢不来吗？又何必兴师动众呢？"

司马懿答："因为你不是一张字条就可以召来的人。"

王凌这才意识到，司马懿之前做出的那些赦免举动其实都是在麻痹他，遂恨恨道："卿负我！"意思就是司马懿欺骗了他，对不起他。

司马懿也不否认，说："我宁负卿，不负国家！"（《三国志·王凌传》注引《魏略》）

我宁可对不起你，也不愿对不起国家！

这话说得冠冕堂皇、掷地有声，让王凌无言以对。

随后，司马懿派遣了六百名骑兵，押送王凌前往洛阳。在半路上，王凌想最后一次试探司马懿是否会置他于死地，便跟押送他的人索要一样东西——几根钉棺材用的铁钉。

押送者汇报给司马懿，司马懿当即命人把铁钉给了他。

至此，王淩终于绝望。这一年五月十日，王淩走到项县（治今河南沈丘县），在此服毒自尽。临死前，他悔恨交加地说了这么一句话："行年八十，身名并灭邪！"（《三国志·王淩传》注引《魏略》）

我活到了八十岁，最后竟然身败名裂啊！

为曹魏帝国打了一辈子江山的元勋宿将，最后落到这步田地，的确令人唏嘘。不过，如果事情到此为止，也不算太惨，毕竟能活到八十，已经比绝大多数人都长寿了，至于是死于非命还是寿终正寝，好像也没那么重要。

真正悲惨的，是被王淩牵连的那些人。

司马懿进驻寿春后，当初参与密谋的陈式等人纷纷自首。司马懿没有采取宽大政策，而是兴起大狱，穷追猛打，把所有犯案人员口供中牵涉的人，悉数收监，然后全部诛灭三族。可想而知，会有多少无辜的男女老少被卷进来，并莫名其妙被砍掉了脑袋。

随后，司马懿又命人剖开王淩和令狐愚的棺椁，把尸体拖出来，在附近的市集上暴晒三天，然后把陪葬的印绶、朝服等物尽皆烧毁，最后才将尸体裸葬。

同年六月，司马懿将楚王曹彪赐死，并将曹魏宗室的所有亲王、公爵全部赶到邺城（今河北临漳县西南）集中安置，命有关部门严加看管，不准他们与任何外人交往。

至此，这起事变总算画上了一个血淋淋的句号。

通过对这起未遂政变的镇压，司马懿又铲除了遍及朝野的一批反对派，进一步巩固了权臣的地位；尤其是将曹魏宗室全部异地软禁的举措，更是从根本上杜绝了他们主动翻盘或被人利用的可能。

简言之，此刻的司马懿，以及他所代表的司马家族，已经朝"篡夺曹魏政权"的最终目标又前进了一步。

然而，正如王淩"行年八十"还处心积虑要跟司马懿叫板一样，魏国朝野不满司马懿专权的人，并不在少数，更不可能一次性死绝。所以，司马懿及其家族"篡魏夺权"的这条道路，也注定不会一帆风顺。

几年后，就是王凌所在的这个寿春，还将爆发第二次、第三次叛乱，历史上称其为“淮南三叛”。而王凌的这场未遂政变，仅仅是“第一叛”而已。

当然，后面那两场叛乱，司马懿是看不到了。

因为此时的司马懿已经走到了生命的尽头——“淮南一叛”的平定，就是他一生仕途的收官之作。

短短三个月后，即曹魏嘉平三年八月初五，司马懿在洛阳病逝，享年七十三岁。

同日，司马懿长子司马师被擢升为抚军大将军（次年正月晋位大将军），并“录尚书事”，接掌了曹魏帝国的军政大权。

司马懿身后，魏国朝廷给了他“宣文”的谥号；十三年后，其次子司马昭被封为晋王，追谥司马懿为“宣王”；又过了一年，其孙司马炎篡位称帝，建立西晋，追尊司马懿为“宣皇帝”，庙号高祖。

在历史上，后人对司马懿的评价总体上偏于负面，主要有以下四点：

其一，认为司马懿为人阴险狡诈。比如年轻时装病欺骗曹操，后来又装疯卖傻忽悠曹爽，包括在高平陵之变中，以及平定孟达、王凌叛乱时，都是先摆出赦免姿态麻痹对手，然后再一举绞杀。

其二，认为司马懿对付政敌的手段太过残忍。如高平陵之变后，将曹爽及其党羽全部诛灭三族，又如平定王凌叛乱后也一样，都是大肆株连，斩草除根，不论男女老少一个都不放过。当时就有蜀国人对司马懿族诛曹爽一事颇有微词，说：“若懿以爽奢僭，废之刑之可也，灭其尺口，被以不义，绝子丹血食。”（《三国志·费祎传》注引殷基《通语》）大意就是说，如果司马懿认为曹爽骄奢僭越，废掉他或杀了他都可以，何至于灭人三族，连婴儿都杀，还给人扣上谋反罪名，令曹真断子绝孙呢？

其三，认为司马懿身为两朝托孤大臣、三朝辅政大臣，却对曹魏不够忠心。最有代表性的就是唐太宗李世民的看法：“（司马懿）受遗二主，佐命三朝，既承忍死之托，曾无殉生之报。天子在外，内起甲兵，陵土未干，遽相诛戮，贞臣之体，宁若此乎！”（《晋书·宣帝纪》）

其四，认为司马懿父子是欺负孤儿寡母而得天下，令人不齿。最典型的，当属后赵开国皇帝石勒的那句著名评语：“大丈夫行事当礌礌落落，如日月皎

然，终不能如曹孟德、司马仲达父子，欺他孤儿寡妇，狐媚以取天下也。”（《晋书·石勒载记》）

上面四点，第一点固然是事实，但却无可厚非。因为自古以来，真正混官场、走仕途的人，谁都不会是善男信女，尤其是成功登上权力巅峰的人，又有哪一个不是机变百出、一肚子权谋呢？更何况，评价历史上重大的政治人物，一般的道德标准是不太适用的；或者说，道德评判只是众多研究角度中的一个。否则的话，打开史书，我们看见的就都是“坏人”了，只能一股脑儿对他们进行道德批判，那这样的历史研究岂不是太过狭隘？

再来看第二点，虽然也是事实，但司马懿在权力斗争中表现出的残忍，同样是历史上的常态，绝非他所独有。换言之，在古代的官场上，尤其是最高层的政治斗争，历来是充满杀戮和血腥的，倘若对政敌心慈手软，那就是对自己残忍。所以，每一个入局的人要想笑到最后，就必须将对手斩草除根，否则就可能被反噬。更何况，司马懿收拾曹爽、王淩及其党羽，既是为了铲除政敌，又是为司马家族日后篡魏自立扫清障碍，这就需要他拿出犁庭扫穴的残忍手段，也就决定了他的“吃相”不会太好看。

当然，我们这么说，并不是赞同司马懿的残忍，而是说在解读历史人物时，首先必须把他放在他所处的时代和境遇中，用他们所遵循的游戏规则来解读他们，然后才能用后世或今人的标尺和价值观进行衡量。如果抛弃了前提，那不管得出什么结论，都没有多大意义。

再来看第三点。平心而论，司马懿在诛杀曹爽、大权独揽之前，对曹魏帝国还是立下了汗马功劳的，如辅佐曹丕、平定孟达、抵御诸葛亮、征伐辽东等，故其同僚吴质就曾盛赞其“忠智至公，社稷之臣也”；而稍后的东吴大臣张俨更是把司马懿跟诸葛亮相提并论，称二人“辅翼幼主，不负然诺之诚，亦一国之宗臣，霸王之贤佐也”（《三国志·诸葛亮传》注引《默记》）。

尽管如此，要评价一个人是否为忠臣，终究还是要盖棺才能论定的。正如白居易所言：“周公恐惧流言日，王莽谦恭未篡时。向使当初身便死，一生真伪复谁知？”因此，要判断司马懿是不是曹魏的忠臣，当然不能只看他的前半生，而要从其完整的一生，尤其是晚年的所作所为来看。

就此而言，李世民说得没错，司马懿显然不是曹魏的忠臣。虽然司马氏篡魏是直到司马懿的孙子辈才发生的事，可并不等于司马懿生前就没有篡魏自立之心。比如说，夏侯霸叛魏投蜀后，当姜维问他，司马懿是否会对外征伐时，夏侯霸就说，司马懿正忙着“营立家门”，所以“未遑外事”（《三国志·钟会传》注引《汉晋春秋》）。

所谓“营立家门”，其实就是经营事关整个家族的帝王之业。正如周一良先生在相关著作中所言：“（营立家门）并非谋求发家致富，而是谋求取代曹氏，篡夺政权，司马氏之心固不待司马昭而路人皆知矣。”

《晋书·宣帝纪》末尾，有一则记载也可以作为司马懿早有篡魏之心的旁证。那是数十年后的东晋时期，有一天，晋明帝司马绍与丞相王导谈话。晋明帝问起先祖何以得天下，王导就把司马懿如何创立基业、司马昭如何弑杀魏少帝曹髦的往事一一道来。晋明帝听完，非但毫无自豪之色，反而满脸惭愧，以致“以面覆床”，说：“若如公言，晋祚复安得长远！”意思就是：倘若如你所言，那晋朝的国祚又怎么可能长久呢?!

由此可见，司马懿早有篡魏之心，这在历史上是有公论的，所以后来身为晋朝臣子的王导才毋庸讳言，而身为晋朝皇帝的司马绍则会感到惭愧。

最后来看第四点。石勒骂司马懿父子取得天下是欺负孤儿寡母，固然也是事实，但这在中国历史上其实并不少见，似乎也并不值得诟病。因为在古代的政治制度下，主少国疑，权臣篡位，都是司空见惯且难以避免的，纯属体制性的痼疾，必然隔一段时间发作一次。所以，在司马懿之前有曹操父子篡了汉室，之后不是也有隋文帝杨坚篡了北周、宋太祖赵匡胤篡了后周吗?

这些开国皇帝，都可以算是“欺他孤儿寡妇”以取天下，但这并不妨碍他们建立新朝后缔造属于自己的历史功绩，并为当时的国家、社会和民众带来某种程度的和平、秩序与繁荣。说到底，天下者，乃天下人之天下，非一人一姓之天下。既如此，当然是有德有能者居之，无德无能者让位。至于上位者是通过征战四方还是通过权臣篡位的方式取得天下，其实并不重要，也不值得拿来说事。

换言之，真正值得我们关注的，并非取天下的姿势究竟是勇武还是“狐媚”，而是坐天下的姿势是否端正。说到底，就是上位者是否仁政爱民，是否始终把苍生福祉放在第一位。

废长立幼：孙权最后的败笔

自从数年前爆发了“两宫之争”后，孙权对太子孙和跟鲁王孙霸就都产生了厌恶心理，几年来一直想要废黜孙和，另立太子。他曾对侍中孙峻说：“子弟不和睦，臣下分帮派，将来恐怕会落得跟袁绍家族一样的下场，为天下人耻笑。孙和跟孙霸，其中任何一个继位，社稷都会生乱！”

虽然很想废掉孙和，但太子乃一国之本，轻易动摇不得，所以孙权始终下不了决心。

孙权共有七个儿子：孙登、孙虑、孙和、孙霸、孙奋、孙休、孙亮。其中，老大孙登和老二孙虑已不在人世，老三孙和跟老四孙霸都让孙权反感，剩下的三个小儿子中，孙权最喜欢的，就是老七孙亮。

孙亮是潘夫人所生，自小聪明伶俐，而且孙权老来最宠潘夫人，故爱屋及乌，也就最爱孙亮。当初在“两宫之争”中搅风搅雨的全公主孙鲁班，敏锐地察觉了孙权的好恶，遂放弃鲁王孙霸，决定把宝押在年幼的孙亮身上。

为此，全公主时常在孙权面前称赞孙亮，说他小小年纪就有很多良好的品性云云，还把老公全琮的侄孙女许配给了孙亮。

在全公主锲而不舍的鼓动下，纠结了好几年的孙权终于下定了废长立幼的决心。

东吴赤乌十三年（公元250年）秋，孙权突然颁下一道诏书，囚禁了太子孙和，其废黜之意昭然若揭。时任骠骑将军的女婿朱据立刻出面劝谏，说：“太子乃国之根本，更何况他生性仁孝，天下归心。昔日，晋献公宠爱骊姬，太子申生被逼自缢；汉武帝宠信江充，太子刘据含冤而死。臣十分担心太子被囚后，不堪其忧，发生意外。到时候，就算陛下修建‘思子宫’（汉武帝因思念刘据所建），一切也都无可挽回了。”

可是，孙权根本不听。

朱据无奈，只好想了一招“集体请愿”，联络尚书仆射屈晃，率军中将领及大小官吏，在头上涂满污泥，并自缚双手，一连数日跪在宫门前请愿。

孙权闻讯，赶紧登上皇宫最高处的白爵观眺望，只见宫门前乌泱泱一片人头，心中大为厌恶，遂写了一道手诏，命人出去训斥朱据、屈晃等人，说：

“无事匆匆！”大致就是“你们没事找事”的意思。

然而，朱据等人并未退却，仍守在宫门前。非但如此，几天后，连禁军将领陈正、陈象等人都卷了进来，接连上疏，切言直谏。

孙权大怒。

内宫外朝的将领居然串通一气，联手逼宫，你们是想造反不成?！

一场腥风血雨随着孙权的暴怒而降临。

很快，禁军将领陈正、陈象遭到逮捕，并被族诛；朱据和屈晃则像狗一样被拴上铁链，拉到了大殿上。

朱据和屈晃跪在地上，以头磕地，直至血流满面。可他们并不是在悔过，而是依旧在劝谏，且“辞气不挠”，即言辞激切，毫无屈服之意。

孙权下令，将二人各打一百军棍，然后将朱据贬为新都（治今浙江淳安县）郡丞，将屈晃贬为庶民，遣回原籍。

同时，朝中还有数十名参与劝谏的官员，要么杀头，要么流放，被清除一空。

至此，所有反对废黜太子的声音终于全部消失。

孙权旋即把太子孙和废为庶人，流放故鄣（治今浙江安吉县北），同时将鲁王孙霸赐死。然后，鲁王的核心党羽也遭遇了灭顶之灾——杨竺被杀，尸体扔进了长江喂鱼；全琮之子全寄、吴景之孙吴安、孙辅之孙孙奇，于同日被斩。

朱据被贬后，还没走到新都，朝廷就追发了一道诏书，将他就地赐死了。

《三国志·朱据传》记载，这道诏书是中书令孙弘所发，《资治通鉴》也沿袭了这个说法，即暗示孙弘是矫诏杀人，孙权对此似乎并不知情。而孙弘这个人，据相关史料称，为人“佞伪险诐”，即阴险奸邪，人品很差；此外，孙弘也是鲁王党成员，跟朱据是政治上的对手。所以，此人是有动机、也有能力害死朱据的。

不过，朱据毕竟是皇帝的女婿，若无孙权授意或默许，孙弘又岂敢背着孙权，矫诏杀害驸马？可见，朱据之死，真正的元凶应该还是孙权。

同年十一月，孙亮被立为太子，年仅八岁；其母潘夫人于次年被立为皇后。

明明有好几个成年的儿子可用，但孙权偏偏把一个乳臭未干的孩子推上了储君之位，为此还不惜诛杀、流放了一大批忠臣良将。这无疑是典型的“自毁长城”，是孙权晚年在政治上遗祸最为深远的一大败笔。

一个好端端的东吴帝国，就这样在孙权的昏聩、暴虐和拼命折腾之下，国力日衰，败象初露。

对此，魏国的将领自然都看在眼中。

十二月，魏征南将军王昶（时驻新野）上奏朝廷，称：“孙权流放良臣，嫡庶纷争，我军可趁此机会进攻东吴。”

当时司马懿还在世，当即采纳了这个建议，随后三路发兵：命王昶担任主攻，目标江陵；命新城太守州泰进攻巫县、秭归，命荆州太守王基进攻夷陵。

得知魏军来犯，吴军立刻决开沮水、漳水堤坝，引水淹没了江陵北面广大地区。王昶率部南下时，通过江陵的道路已经断绝，不得不命部众修筑竹桥，才得以越过水淹地区。

吴国大将朱绩率部抵御，初战不利，连夜遁入江陵。王昶决定把吴军引到城外决战，遂把部众分成五路，沿着大路向北退却，诱使吴军出城追击；同时，又把以前在战斗中缴获的吴军铠甲、马匹等物堆积在江陵城四周，借此触怒吴军，然后分兵设伏，静待吴军出战。

朱绩不知是计，果然率部出城。王昶一声令下，魏军伏兵俱起，而佯装退却的五支兵马也迅速杀回，遂大破吴军，斩杀吴将钟离茂、许旻。

次月，即东吴赤乌十四年（公元251年，曹魏嘉平三年）正月，王基、州泰所部也击败吴军，俘虏吴将谭正，逼降了东吴军民数千人。

四月，王昶因功升任征南大将军。

废黜并流放孙和一年多后，孙权才开始有所悔悟，意识到孙和是无辜的。这一年十一月，孙权前往南郊祭天，回来后忽然中风，瘫痪在床。老病侵寻之中，孙权生出了想把孙和召回京师的念头。

一旦孙和回朝，就有可能被重新立为储君，这当然是他的政敌不愿看到的。比如全公主孙鲁班，还有孙权的两个近臣——中书令孙弘和侍中孙峻，就全都坚决反对。

已然有些老糊涂的孙权，架不住这些“身边人”的聒噪，便打消了这个念头。

此时的孙权知道自己时日无多，而太子孙亮尚幼（时年九岁），所以必须物色一个可靠的托孤大臣。

孙峻推荐时任大将军的诸葛恪。可孙权却认为，诸葛恪这个人有些刚愎自用。孙峻忙道："以臣看来，如今满朝文武，没有任何人的才干及得上诸葛恪。"

这么说倒也不是夸张。

自从"两宫之争"爆发以来，以陆逊、诸葛瑾为首的一大批元勋宿将病故的病故、横死的横死，的确已经凋零殆尽了。如今支撑时局的那些大臣，要么是年纪太老、精力不济，如继任上大将军的吕岱，时年已九十一岁；而后起之秀如陆抗，年纪又太轻，时年才二十六岁，资历和经验都不够。看来看去，确实也只有像诸葛恪（时年四十九岁）这样的中坚力量，既不乏资历和经验，又有干事业的精力，才足以担当托孤大臣的使命。

孙权遂下定决心，命当时驻扎在武昌的诸葛恪即刻回朝。

诸葛恪动身前，对他性格颇为了解的吕岱送给他一句临别赠言，说："如今世事多艰，希望你以后不论做什么事，都能反复思量，最好做到'十思'。"

闻听此言，诸葛恪颇有些不以为然，道："昔日，季文子凡事三思而后行，孔子说：'再思就可以了。'如今先生居然教我'十思'，岂不是认为我太庸劣了？"

吕岱本是好意提醒，被这么一顶，顿时无言以对。

当时的人，普遍认为这件事是吕岱"失言"，即把话说过头了。

从官场的角度来看，诸葛恪马上就要入朝去当辅政大臣了，吕岱之言确实不够委婉，只能得罪这位未来的权臣。可要是站在几年后来看，吕岱这么说，却恰恰是难能可贵的"忠直之言"。

因为权力历来是一把双刃剑。像诸葛恪这种刚愎自用的人，越是位高权重，被权力反噬的危险就越大。数年后，当独断专行的诸葛恪在权力斗争中死于非命时，想必他的耳边，定然会回响起吕岱的这句逆耳忠言。

回到建业后，诸葛恪第一时间入宫觐见孙权。孙权在病榻上下诏，命诸葛恪以大将军兼任太子太傅，命孙弘以中书令兼任太子少傅，并要求朝廷各部门一概听命于诸葛恪，唯独诛杀之事才须奏报孙权。

稍后，孙权又把时任会稽太守的滕胤（孙权小女婿）召回朝中，任命为太常，显然也有托孤之意。

东吴神凤元年（公元252年）正月，为确保年幼的孙亮能顺利继位，孙权吸取了“两宫之争”的教训，封孙和为南阳王，出镇长沙（今湖南长沙市）；封孙奋为齐王，出镇武昌；封孙休为琅邪王，出镇虎林（今安徽池州市贵池区）。

此时的孙权已然病入膏肓，随时可能龙驭宾天。

在这样一个特殊时刻，不久前刚被立为皇后的潘氏，不免为自己未来的命运感到担忧——虽然她的儿子马上就将继位为帝，但孩子毕竟年幼，根本无法给她必要的安全感。

于是，潘后暗中命人找到孙弘，问起了西汉初年吕后临朝称制的事。

在如此敏感的时刻问起如此敏感的事，任何人都会对潘后的用意打上一个大大的问号和惊叹号，而这对潘后显然是非常不利的。

《资治通鉴》记载，二月的一天晚上，熟睡中的潘后突然被她身边的几个宫女联手缢杀了。随后，这些宫女宣称她是暴病而亡。

堂堂皇后死得不明不白，有关部门自然要追查。很快，有司查清了真相，旋即将潘后身边的六七个宫女全部处死了。

虽然杀人凶手找到了，并且也治罪了，但有必要追问的是：她们究竟出于什么动机，背后是否有人指使，又是谁人指使呢？

按照《资治通鉴》的解释，是说潘后生性“刚戾”，“左右不胜其虐”，即潘后性格刚愎暴戾，经常虐待宫女，所以宫女不堪忍受，才把她杀了。这么看来，这些宫女单纯是报复杀人，似乎根本不存在幕后主使。

然而，为《资治通鉴》作注的元代史学家胡三省却提出了质疑。他认为，这很可能是宫中当权的大臣指使宫女杀了潘后，然后在相关国史上作伪，掩盖了真相。而《三国志》和《资治通鉴》却都沿用了已经做过手脚的史料。为此，胡三省还颇为感慨地引用了孟子的话，说：“尽信《书》，则不如无《书》。”

如果胡三省的质疑是对的，那么他所说的当权大臣，很可能正是中书令孙弘。而事后把六七个宫女全部处死，显然是为了杀人灭口。至于孙弘的动机，当然是怕潘后学吕雉那样“临朝称制”、独霸朝政，影响自己掌权，所以不如趁早把她杀了。

对于已然陷入弥留中的孙权而言，不论潘后之死的真相到底如何，他都不可能再过问半个字了。

这一年四月十五日，孙权把诸葛恪、孙弘、滕胤，及太子右部督吕据（吕范之子）、侍中孙峻召到病榻前，一一交代了后事。

次日（十六日），孙权驾崩，享年七十一岁。吴国朝廷定其谥号为“大皇帝”，庙号“太祖”，后世常称其为“吴大帝”。

吴大帝孙权这一生，跟历史上的齐桓公小白、汉武帝刘彻、唐玄宗李隆基一样，功与过都很突出，前半生与后半生的对比异常鲜明。他们都是在前人奠定的基业上成功地进行了二次创业，在青年和中年时期表现出了雄才大略的英主风范，却在晚年变得昏聩暴虐——尤其在接班人问题上，无一例外都是任用奸佞，听信谗言，废长立幼，猜忌滥杀，导致了政局的动荡与国势的衰落，遗憾地把自己的帝王生涯打成了两截：前半截光明而雄健，堪为天下称颂；后半截灰暗而混乱，足令世人诟病。

在《三国志·吴主传》的结尾，陈寿便对孙权做了一分为二的客观评价：

> 孙权屈身忍辱，任才尚计，有勾践之奇，英人之杰矣。故能自擅江表，成鼎峙之业。然性多嫌忌，果于杀戮，暨臻末年，弥以滋甚。至于谗说殄行，胤嗣废毙，岂所谓贻厥孙谋以燕翼子者哉？其后叶陵迟，遂致覆国，未必不由此也。

孙权能够委曲求全，忍辱负重，任用贤才，崇尚智谋，有勾践那样的奇才，真是人中的英杰啊！所以能割据江南的广大地区，建立与魏、蜀三足鼎立的大业。然而，他天性多猜忌，杀戮过于专断。尤其到了晚年，变得更加严重，以致听信谗言，滥施暴行，对皇子或废或杀，这岂是《诗经》所说的那种留下深远谋略以荫庇子孙的人呢？吴国后期逐渐衰落，致使国家覆灭，未必不是因为他这些错误啊！

东兴大捷：诸葛恪走上人生巅峰

孙权临终前，虽然为幼子孙亮指定了五位顾命大臣，但这个顾命班子却是个不稳定的“双头”格局。

所谓双头，就是首席顾命诸葛恪与次席顾命孙弘。

诸葛恪身为大将军，在外朝位高权重；孙弘身为中书令，在内朝独掌中枢。这两个人碰到一块儿，注定是谁也不服谁的。何况在此之前，两人关系本就不好，用《三国志·诸葛恪》的说法，就是“弘素与恪不平”。

所以，不论是出于自保还是夺权的动机，孙弘都不可能安分。就在孙权刚刚闭上眼睛的当天，孙弘便决定先下手为强了。

他利用中书令的职权，秘不发丧，然后打算伪造一道诏书，诛杀诸葛恪。可孙弘万万没料到，侍中孙峻表面上是他的属下，其实屁股早就坐到了诸葛恪那边。于是，他刚准备动手，孙峻立刻把情报传给了诸葛恪。

诸葛恪不动声色，随便找了个由头，请孙弘前来议事。孙弘不知消息已经走漏，就来见诸葛恪，刚一落座，诸葛恪拔刀出鞘，一下就把他砍倒了。

假如孙弘真是杀害潘皇后的幕后元凶，那么这个报应也来得太快了。

孙弘一死，吴国的内外大权自然全都落入了诸葛恪之手。

随后，诸葛恪正式发丧，并拥立太子孙亮（时年十岁）即位，同日大赦天下，改元建兴。

同年闰四月，诸葛恪晋位太傅，滕胤由太常擢升卫将军，孙峻由侍中擢升武卫将军、封都乡侯，吕岱由上大将军擢升大司马。

按东吴的官制，大司马属于上公，不仅比上大将军和大将军职位高，而且比三公之一的太傅还高。所以，从吕岱的这一升迁可以看出，虽然诸葛恪已经成为此刻东吴实际上的最高执政者，但他对德高望重的吕岱还是十分尊重的，并且也没有因为吕岱之前的“失言”而记恨他，所以才会授予吕岱比自己还高的职位。

紧接着，诸葛恪又实施了一系列让东吴臣民拊掌称颂的德政：

第一，“罢视听，息校官”。所谓“视听”，就是孙权晚年设置的专门监视百官的特务机构；所谓“校官”，全称是校事官，就是像吕壹那样的特务。

而诸葛恪现在做的，就是废除了所有特务机构，遣散了所有特务。

第二，“原逋责，除关税”。就是免去百姓拖欠官府的田赋和捐税，并撤销了境内关隘对过往客商抽取的相关税费。

这些善政的实施，令诸葛恪赢得了朝野上下的一致拥戴，以至“恪每出入，百姓延颈，思见其状”（《三国志·诸葛恪传》）。就是说诸葛恪每次出行，老百姓都会等候在街边引颈而望，都想一睹他的仪容。

收揽人心的工作告一段落后，诸葛恪立刻做了另一件事，就是树立权威。为了达到这个目的，他把目标锁定为齐王孙奋。

按《三国志·孙奋传》记载，孙奋这个人比较不守规矩，出镇武昌之后“数越法度”，于是就被诸葛恪抓来当了典型。

诸葛恪以宗室亲王不宜居住在长江沿岸的军事重镇为由，下令把齐王孙奋从武昌迁到豫章郡（治今江西南昌市），把琅邪王孙休从虎林迁到丹阳郡（治今安徽宣城市宣州区）。

在当时的东吴，武昌是朝廷经营多年的重镇，繁华程度显然远远高于豫章；而丹阳的郡治，则恰恰是在都城建业。所以，诸葛恪这一表面上一视同仁的举措，其实相当于把孙奋从长江沿岸的一线大城市弄到了靠近山区的三四线小城市，却把孙休从外地变相弄回了京师。如此厚此薄彼，针对孙奋的意味一目了然。

对此，孙奋当然很不爽，便把诸葛恪的命令当成了耳旁风，愣是赖在武昌不走。

诸葛恪当即写了一封长信给孙奋，在信中软硬兼施，先是苦口婆心地用大义劝说，继而训斥孙奋“多违诏敕，不拘制度”，最后更是以被赐死的鲁王孙霸为威胁，说：“大王应该深以鲁王为戒，改变自己的行为，战战兢兢，尽力敬奉朝廷，这样就没有什么要求不能得到。若把先帝的法令和教诲抛之脑后，怀着轻慢之心，那为臣宁可对不起大王，也不敢有负先帝遗诏；宁愿受大王的怨恨，岂敢忘记先帝的威严，而使诏令在藩臣中不能施行呢？这是古今大义，大王也明白其中道理。福运的降临有一定的根源，灾祸的降临也不是一日而成，若其酝酿时毫不担忧，将来必悔之不及。假如鲁王早早接纳忠直之言，常怀戒慎恐惧之心，那他就能享受无穷的福运，岂有灭亡之祸呢？”

很显然，话说到这儿，已经是赤裸裸的威胁了——胆敢违抗我的命令，孙霸就是你的下场，别以为我不敢！

孙奋见信，顿时吓得不轻，赶紧收拾金银细软，带上家眷仆佣，乖乖往豫章而去。

经此一事，东吴臣民们自然会发现，此时的吴国，已经没有任何人可以质疑或挑战诸葛恪的权威了。

孙权曾于黄龙二年，在巢湖修筑了一道东兴堤（今安徽巢湖市东南），目的是阻遏魏军。但到了赤乌四年，因全琮在芍陂战败，魏国水军势力侵入堤坝以内，东兴堤遂被东吴废弃。

诸葛恪认为这是一个战略要地，不能弃守，遂于建兴元年（公元252年）十月，调集部众，在东兴修筑了比之前更大的堤坝；同时，在濡须水两岸凭借山势修筑了东、西两座要塞，命将军全端和都尉留略，各领一千人分别进驻西城和东城。

吴国的这一举动，自然引起了一个魏国前线大将的高度警惕。

这个人就是魏镇东将军诸葛诞，当时驻守寿春。

说起来也是有趣，这个诸葛诞，正是诸葛亮和诸葛瑾的堂弟；他们拥有一位共同的先祖，就是西汉名臣诸葛丰。同一个家族的兄弟，却分别效忠于魏、蜀、吴三国，无怪乎有人认为——这是诸葛家族有意在三方押宝，不想把所有鸡蛋放在同一个篮子里。

这当然是无稽之谈，阴谋论的味道太浓，不值一驳。不过，诸葛三兄弟分别效力三方这件事，足以说明在乱世之中，血脉亲情可谓苍白如纸；往往是一句“各为其主”，就能让原本十分亲近的血缘关系变得形同陌路，甚至可以让彼此刀兵相见。

此时的诸葛诞，出于对魏国的忠心，立刻向司马师提出了进攻吴国的计划。他说：“吴国在东兴修筑两城，这就是对我国的侵略，我们正好以此为由发起进攻。可命王昶攻击江陵、毌丘俭攻击武昌，在长江中上游牵制吴国的兵力，然后再派出精锐袭取东兴二城，等到吴国援兵抵达，我军已大获全胜了。”

就在诸葛诞建议出兵的同时，魏征南大将军王昶、征东将军胡遵、镇南将军毌丘俭，也不约而同地向朝廷献上了征吴之计。

于是，四份出征计划书同时摆在了司马师的案头，每个计划当然都不一样。

有的主张以水军为主，强渡长江；有的主张四路发兵，攻城略地；有的主张在边境扩大武装屯垦，静观时局演变。

司马师旋即找来尚书傅嘏，征询他的意见。傅嘏认为，扩大武装屯垦的计划比较可行，为此还罗列了七条理由。

可是，司马师觉得他的意见过于保守，决定采纳诸葛诞的计划，遂于十一月下诏，命王昶等人兵分三路，大举攻吴。

十二月初，魏国一共出动了十五万大军，在三个方向上同时对吴国发起进攻：

西线，由王昶从新野（今河南新野县）出兵，进攻江陵；中线，由毌丘俭从安城（今河南正阳县东北）出兵，进攻武昌；东线为主攻方向，以司马昭为都督，率胡遵、诸葛诞等部共七万人，从寿春出兵，进攻东兴。

同月十九日，诸葛恪得到战报，遂亲率四万人马，由水路进发，昼夜兼程驰援东兴。

东兴之战就此打响。

魏军先行一步进入战场，胡遵、诸葛诞下令各军搭设浮桥，连接濡须水两岸，然后在堤坝上扎营列阵，并分兵攻击吴军修建在山上的东、西两座要塞。

尽管魏军人多势众，数十倍于吴军，可这两座要塞是吴军新建的，不仅所在地势异常险峻，且城高墙厚，很难在短时间内攻下。

此时，诸葛恪的援军还在路上。如果东兴二城在援兵抵达之前陷落，那这一仗基本上就败了。为了抢时间，诸葛恪急命冠军将军丁奉，率吕据、留赞、唐咨为前锋，乘上快船，以最快速度赶往战场。

如此一来，此战的胜败很大程度上就取决于丁奉的速度了。

为此，丁奉决定由自己来充当前锋中的前锋。他对诸将说："我们的行军速度还是太慢了，一旦让敌人占据有利地形，我军难以争锋，所以还是我先上。"

然后，他命吕据等部让开主航道，由他亲率直属部众三千人抢先进发。

两天后，丁奉终于赶到了东关（今安徽含山县西南），旋即率部上岸，进据东关东面的徐塘。

时值隆冬，大雪纷飞，胡遵和诸葛诞根本没料到吴军会来得这么快，为了御寒取暖，此刻正与众将在大营中聚宴饮酒。

丁奉派斥候探得情报，不仅掌握了魏军大营的方位，还得知其前营的守卫部队兵力不多，立刻决定发动一场奇袭，直捣魏军大营！

可问题是，魏军大营设在堤坝上，且天寒地冻，坡陡难行，想要奇袭又谈何容易？

丁奉并未被困难吓倒。他自信满满地对部众说："取封侯爵赏，正在今日！"（《三国志·丁奉传》）

随后，丁奉向三千部众下达了一道匪夷所思的命令：所有人全都脱掉铠甲和上衣，扔掉长矛长戟，只戴头盔，手持近战武器——刀和盾牌，以几乎零防御的"赤膊"之势，对魏军大营发起强攻！

江南的冬天与北方的冬天不同，北方是干冷，江南是湿冷。所以魏军将士到了这里，都有点受不住寒，必须喝酒取暖；而吴军将士习惯了南方的湿冷，偶尔打个赤膊也不在话下。

因此，丁奉这么做，乍一看很疯狂，其实恰恰是"知己知彼"。此举目的有二：以"零防御"为代价，换取奇袭所需的速度；以"打赤膊"的奇异招式，令魏军产生麻痹轻敌的心理。

果不其然，当丁奉率领这三千"赤膊军"冲上堤坝时，魏军士兵们猛地一愣，紧接着便爆发出一片大笑——东吴这帮家伙莫不是冻傻了，竟然数九寒天打着赤膊上战场？！

可转瞬间，他们就笑不出来了。

这三千"赤膊军"仿佛凶神恶煞附体，战斗力高到爆表，没两下就砍倒了一大片魏兵，并迅速攻破了魏军营垒。正当魏军阵脚大乱之际，吕据等部也悍然杀到，魏军顿时崩溃，人人夺路而逃，争渡浮桥。

结果，浮桥不堪重负，当场断裂。魏军人马互相践踏，纷纷掉入冰窟般的濡须水中……

这场东兴之战，就这样以三千吴军大破七万魏军而宣告结束。

随后，吴军统计战果，发现魏军死了数万人，包括魏前部督韩综、乐安太守桓嘉等人，皆死于乱兵之中；同时缴获数千车辆、牛马、骡驴，武器辎重更是堆积如山。

由于韩综本是吴国叛将，孙权生前恨他恨得咬牙切齿，所以诸葛恪特地斩下韩综首级，带回建业祭拜了大帝庙。

得知主力兵团在东兴大败，承担佯攻任务的王昶和毌丘俭不敢恋战，当即退兵。

东兴大捷，令诸葛恪的权力和威望达到了顶点，可以说一举将他推上了人生巅峰——次年二月，诸葛恪进封阳都侯，加荆州、扬州牧，并督中外诸军事。

然而，老子说："福兮，祸之所伏。"正是这一战的巨大成功，令诸葛恪大为膨胀，变得越来越骄狂和专断，从而令他在接下来的合肥之战中遭遇了惨痛的失败，进而导致了他的迅速败亡。

第五章

权臣当道

合肥惨败：致命的自负

东兴大捷一举成就了诸葛恪的功勋和威名，也迅速催生了他的自负和轻敌之心。

东吴建兴二年（公元253年，曹魏嘉平五年）二月，刚刚带着大军得胜还朝的诸葛恪，几乎连一口气都来不及喘，就在朝会上宣布——准备再度出兵，主动进攻曹魏。

满朝文武都被这个决定搞蒙了，纷纷劝阻——打一场仗要耗费多少人财物力，你诸葛太傅又不是不知道，哪有刚一凯旋就又要出征的？怎么着也得让将士和百姓们缓一缓，休养个一年半载吧？

可是，踌躇满志的诸葛恪一概不听。

中散大夫蒋延据理力争，被诸葛恪命人给架了出去。众大臣虽然心里不服，但也不敢再吭声了。

事后，为了说服朝野、表明心志，诸葛恪洋洋洒洒地写了一篇长文，大有效仿他叔叔诸葛亮写《出师表》的味道：

“但凡敌对的国家欲互相吞并，就跟仇人都想铲除对方一样。若任由敌人力量增长，大祸就算不落到我们头上，也一定会落到后代头上，不可不深谋远虑。从前，秦国不过占有关西一隅之地，尚且可以吞并六国；如今，曹魏的土地比秦国多了数倍，而我们吴国与蜀国加在一起，也不及当初六国的一半。我们之所以到如今还能与其对抗，只因曹操时代的士众到如今已死亡殆尽，而新生代还没有培养出来，这正是敌人青黄不接之时。

“此外，司马懿之前诛杀王淩，紧接着自己突然毙命，其子幼弱却独当大任，虽然有智谋之士辅佐，却未能让他们施展才干。如今我们征伐曹魏，正是他们最脆弱的时候。圣人最注重的就是把握时机，而今天，时机已经成熟。

“如果顺从众人的心意，怀着苟且偷安的心理，以为长江天险可以永远保护我们，不去想曹魏现在虽弱可将来有可能变得强大，这正是让我长叹息的地方啊！现在有人认为，我国的百姓还很贫困，打算让他们休养生息，这是不考虑大的危机而只顾及小的痛苦。从前，汉高祖刘邦据有三秦之地后，为何不闭关守险，自寻快乐，反而倾巢而出，进攻西楚呢？以致身披创伤，连甲胄都生出了虱子，将士们更是厌倦作战、困顿愁苦，难道是他喜欢打仗而不喜欢安宁吗？这不过是刘邦深知，他跟项羽不可能长久并存罢了。

“我每当想起东汉初年，谋士荆邯劝割据成都的公孙述积极进取，以及拜读我叔父（诸葛亮）讨伐敌人的奏表，未尝不喟然叹息啊！我夙夜不眠，辗转反侧，所思所虑正是如此，故而大略表达我的想法，但愿得到二三君子理解。若我一旦战败身死，志向不能完成，也希望后世之人知道我的忧虑，让后人有所思考。”

综观诸葛恪这篇自明心志的文章，其锐意进取、居安思危的精神固然令人感佩，可问题是——他对曹魏的判断并不准确，甚至可以说错得离谱。

他说曹魏的人才青黄不接，可东吴自己何尝不是如此呢？尤其是经过孙权晚年的几番折腾之后，东吴的人才断层其实比曹魏严重得多。如今的曹魏虽说没有了曹氏、夏侯氏、五子良将那帮牛人，但至少在西线还有郭淮、陈泰、邓艾等，在东线还有王昶、毌丘俭、诸葛诞等。这些将领人人可以独当一面，而且基本都处于中年时期，正是经验和精力搭配得恰到好处的阶段，怎么能说曹魏“后生者未及长大，正是贼衰少未盛之时”呢？

反观东吴，不要说周瑜、吕蒙、甘宁、黄盖、凌统等名将早已作古，就算陆逊、诸葛瑾、朱桓、步骘、朱然、潘璋、全琮、朱据等孙权称帝后的这批中坚力量，也已无一在世。如今的东吴，老一辈大将都不在了，像吕岱这样九十多岁的老将可谓硕果仅存，但已不能指望他再上沙场；而像诸葛恪、朱绩、吕据这样能够独当一面的中生代，已是屈指可数；至于说陆抗、丁奉等青年将领，确实都有名将潜质，但眼下刚刚崭露头角，最终能否成长为国之柱石，还有待历练，更有待时间验证。

所以，真正青黄不接、人才凋零的，其实是东吴自己。

此外，诸葛恪说司马懿死后，“其子幼弱”，更是一本正经的胡说八道。如今接掌曹魏大权的司马师，时年四十六岁，正是干事业的黄金年龄，且只比诸葛恪小五岁，完全是同辈人，何来“幼弱”之说？

既然基本判断都出了问题，那么建立其上的结论当然就不靠谱了。因此，诸葛恪一再强调眼下时机已经成熟，分明就是为出兵强行制造理由，属于先开枪后画靶，逻辑上完全站不住脚。

然而，如今的诸葛恪已是地地道道的权臣，在东吴可谓说一不二，还有谁敢劝他呢？

时任丹阳太守的聂友跟诸葛恪一向关系很铁，便站在朋友的角度写信劝他，说东兴之战在一天内便取得“非常之功”，这固然是你领导有方且将士用命，但也有赖于“宗庙神灵社稷之福”，即暗示他这个胜利带有一定的偶然性，所以最好是养精蓄锐，静观时变，不宜大举出兵。

诸葛恪见信后，颇为不悦，就在自己那篇宏文后面附了一句话，然后将文章送给了聂友。他附的那句话是：“足下虽有自然之理，然未见大数。熟省此论，可以开悟矣。”（《三国志·诸葛恪传》）

足下虽然懂得一般的道理，但不懂国之大事。好好研读一下我这篇文章，你就可以开悟了。

权臣就是权臣，一句话，就把老朋友的脸面撕了。其居高临下、骄矜自负之状，可谓溢于言表。

百官不敢劝，朋友劝不动，最后还有资格和勇气出面的，就只有同为顾命大臣的滕胤了。

他对诸葛恪说：“阁下所受的是伊尹、霍光那样的重托，入则安邦定国，出则摧毁强敌，名声振于海内，天下莫不震动，吴国万千百姓，都希望蒙受阁下恩泽，得以休养生息。如今，百姓和将士刚刚经历差役和征战，又要大举出征，可民众疲敝，财力衰竭，且敌人已有防备，若出兵后攻城不克，野外劫掠又不获，那就葬送了前面的功劳，招来无穷的后患啊！不如按兵不动，等待时机。况且，战争是大事，必须依靠团队共同完成，假如众人内心不悦，只靠阁下一个人如何办到？”

诸葛恪闻言，用一种十分失望的语气道：“所有人都说不能出征，那是因为他们不懂我的谋略，怀有苟且偷安之心。没想到，连你都这么认为，那我还能指望谁？现在魏国的形势明摆着：曹芳暗弱，而政在私门，他们的臣民，早已离心离德。如今，我依靠国家的力量，凭借胜仗的余威，则何往而不克呢?!”

这一年三月，即东兴之战得胜还朝后仅仅一个月，诸葛恪就发起了一场东吴历史，乃至三国历史上规模最大的北伐——整整集结了二十万大军，决定与曹魏一决雌雄！

二十万人，对吴国是什么概念？

据《三国志·孙皓传》注引《晋阳秋》记载，若干年后，当西晋大将王濬攻灭吴国，“收其图籍”时发现，吴国编制在册的总人口是二百三十万人（与《通典》所载赤乌五年统计数字同），总兵力是二十三万人。

也就是说，整个吴国中后期，其人口总量大致没什么变化，那么可以推知，眼下吴国的总兵力，大致也就是人口的十分之一（魏、蜀、吴三国人口与兵力比基本都是十比一左右），即二十三万左右。

从二十三万兵力中抽出二十万人，这几乎就是倾巢而出、孤注一掷了，足见此时的诸葛恪有多么自信满满、志在必得。

诸葛恪任命滕胤为都下督（首都卫戍司令），统御后方留守部队，然后于四月率二十万大军出征，进攻魏国的淮南郡（治今安徽寿县）。

由于出动的兵力太多，吴军的后勤人员明显不够用，便在淮南四处抓壮丁，驱赶掳掠魏国百姓。但抓了几天，效果却不理想。诸将便建议诸葛恪说：“我军深入敌境，附近的百姓必然逃跑一空，恐怕后勤都要由我们部队自己负担，这样战斗力就削弱了，不如就围攻合肥新城一处。敌人一旦被围，援兵必至，我军就能伺机与之决战。”

诸葛恪觉得有道理，旋即放弃淮南，挥师南下，将合肥新城团团包围……

就在东吴大举伐魏的同时，蜀汉的姜维也在西线对曹魏发起了进攻。

不同于此前每次出兵都“不过万人”，这回姜维足足带了“数万人”，从石营（今甘肃西河县）出击，包围了魏国的狄道（今甘肃临洮县）。

姜维此次兵力大增，并非上司费祎突然回心转意，而是费祎突然遇刺身亡了。

刺杀费祎的人，名叫郭循，是一个魏国降将。

他是姜维几年前攻打西平（治今青海西宁市）时收降的。此人在魏国只是一名中郎将，可降蜀后，蜀汉朝廷却待之甚厚，一来便任命他为左将军。刘备当年打江山时，也不过是这个职位而已。按理说，郭循应该感恩戴德才对。可恰恰相反，这家伙本来便不是真心归降，可谓“身在汉营心在曹”，所以一直想找机会刺杀刘禅。

每逢朝廷举行庆典，郭循都会利用敬酒的机会，一边跪拜，一边试图接近刘禅。只是刘禅身边的禁军侍卫警惕性很高，一看他稍微靠近立马阻止，郭循才没有下手的机会。

既然干不掉敌国的皇帝，郭循便退而求其次，转而锁定了蜀国头号执政大臣费祎。

而费祎偏偏生性随和、“不疑于人”，所以就被郭循钻了空子。其实在事发之前，蜀越嶲太守张嶷就曾写信警告费祎，以东汉初年刘秀手下大将岑彭被蜀地军阀公孙述派人刺杀为例，劝他说：“大将军位尊权重，却对新近归降的人过于信任，应该以岑彭为前车之鉴，多加警惕。”

然而，费祎却听不进去，致使张嶷一语成谶。

蜀汉延熙十六年（公元253年）正月初一，费祎在汉寿（今四川广元市西南）举行元旦聚会，大宴诸位高级将领。郭循也在受邀之列。当宴会进行到高潮，而费祎也已酩酊大醉之际，郭循突然起身，拔刀刺向费祎，当场就把他杀了。

堂堂的蜀汉大将军、一人之下万人之上的宰执大臣，就这样死在了一个包藏祸心的降将手上。

郭循事后当然也被砍掉了脑袋，不过费祎之死给蜀汉造成的损失，是难以估量的，就算杀掉十个郭循也无法弥补其万一。换言之，郭循不啻以一人之力，完成了曹魏十万大军也不一定能干成的事。

是故，郭循死后，魏国朝廷立刻视之为大功臣，追封他为长乐乡侯，并让其子承袭了爵位。

费祎之死诚然是蜀汉的巨大损失，但对姜维而言，却无异于摘掉了金箍，甚至可以说是成全了他。因为姜维此前已是蜀汉朝廷的二号人物，费祎一死，他理所当然就成为实质上的一号人物了。

次年，蜀汉朝廷加姜维“督内外军事”；又过了两年，姜维终于晋位大将军。从此，蜀汉的军队指挥权，就全由姜维一手掌控了。

没有了费祎压制的姜维，立刻集结数万人马再攻陇西。就这样，曹魏帝国同时在东、西两线遭到了来自吴、蜀的大举进攻，这对眼下魏国的实际执政者司马师，无疑构成了严峻的挑战。

司马师一边命自己的叔父、时任太尉的司马孚统率二十万大军南下驰援合肥，一边询问中书郎虞松，说：“如今东、西两线都有战事，两边的形势都很严峻，而军中诸将意气消沉，你认为该怎么办？”

虞松答：“从前，周亚夫固守昌邑（今山东金乡县西北），而吴楚联军不战自溃；军事上这种似弱实强的道理，不可不察。如今，诸葛恪出动全部精锐，足以纵横肆虐，可他却只围困合肥新城，目的就是寻求与我军决战。倘若他们攻不下城池，想决战又不可得，到时候就会师老兵疲，势必撤退。所以，如今将士们没有主动出战，这对我们是有利的。

“再来看西线，姜维虽出动重兵与诸葛恪遥相呼应，但他最多也就劫掠一些麦田而已，不是什么强大的敌人。在他看来，我军主力都在东线，西线必然空虚，所以才敢长驱直入。眼下，只要命关中各军迅速赶赴前线，便可出其不意，迫使其退兵。”

司马师心里豁然开朗，连声称善。

随后，司马师命西线的郭淮、陈泰出动关中所有兵力，驰援狄道，同时命东线的毌丘俭等将领全都按兵不动，把合肥新城丢给吴军，任诸葛恪去打。

蜀汉的北伐，不论是当初的诸葛亮还是如今的姜维，始终面临一个两难困境：出兵少了，意义不大，对曹魏顶多就是袭扰，丝毫构不成威胁；出兵一旦多了，又会出现粮草不继的问题。

诸葛亮第五次北伐时在关中开展的屯田工作，也因其逝世和北伐失败而中辍，故而终蜀汉之世，这个困境一直无解。

眼下，带着“数万人”的姜维，兵围狄道不过一个月，粮食就快耗尽了。此时又有战报传来，说魏国援军的前锋陈泰已兵至洛门（今甘肃武山县东），距狄道只有三百多里。姜维无奈，只能草草退兵。

接下来，就看诸葛恪的二十万大军能否有所作为了。

此时的合肥新城，守将叫张特，只是一个小小的牙门将，麾下部众也只有区区三千人。以三千人抵挡二十万人，几乎必败无疑，没有人相信他们能守得住这座城池。所以，当司马师命令毌丘俭等人按兵不动的时候，其实已经把合肥当成一颗弃子了——它唯一的作用，或许就是迟滞一下吴军的攻势，挫一挫其锐气罢了。

然而，接下来发生的事情，却让所有人都惊掉了下巴。

这个寂寂无名的张特，居然带着他的三千弟兄，在合肥新城苦苦坚守了三个多月！

想当初，诸葛亮以数万大军围攻一千余人的陈仓，最后也是劳师无功，铩羽而归；如今，他的侄子诸葛恪以二十万大军围攻三千人的合肥，同样打得无比艰难。我们只能说，在城池攻守方面，蜀、吴两军的战斗力跟魏军比起来，完全不在同一个重量级。

这场围城战打到七月，张特手下的三千人要么战死、要么病死，只剩下不到一半，可他们却还在顽强地坚守。诸葛恪怒火攻心，命部众堆起土山，对城池发起最后的强攻。

终于，一段城墙在吴军不计代价的猛攻之下坍塌了。

正当密密麻麻的吴军即将蜂拥而入时，张特出现在了城头，对吴军喊话道：“我已无心再打了，不过魏国律法规定，凡被围百日而救兵不至者，就算投降，家属也不会连坐。我自从被围攻，到现在已九十多日了，城中本有守军四千余人（故意夸大），今战死者已过半，但就算城池陷落，剩下的人也不愿投降。我准备劝说他们，把他们的意愿做个登记，明早就把投诚名册送出来。为表诚意，我把印绶交给你们。”

说完，张特就把他的印绶扔了出来。

诸葛恪闻讯，就停止了攻城，也没去捡他的印绶，显然是料定他明日一早非降不可了。

可诸葛恪万万没想到，这是张特的缓兵之计。

就在吴军暂停攻城的一夜之间，张特及其部众拆了一大片民房的木料，硬是在城墙缺口处筑起了两重坚实的木栅。次日晨，诸葛恪一看，顿时勃然大怒，命部众继续攻城，却还是死活打不下来。

吴军以二十万人围攻合肥新城，之所以历时三月仍徒劳无功，首先固然是吴军在攻城战方面确实战斗力有限，其次还有一个客观原因，就是时值夏季，天气炎热，导致吴军将士大量病倒甚至死亡，极大地削弱了战斗力。

据《三国志·诸葛恪传》记载，由于“攻守连月，城不拔”，“士卒疲劳，因暑饮水，泄下流肿，病者大半，死伤涂地”。亦即天气太热，造成干净的饮用水短缺，将士们为了解渴，只好喝不干净的水，导致腹泻、身体浮肿等各种疾病。到最后，患病人数居然超过了一半，使军营中遍地都是死尸和伤员，而这势必又加剧了疾病的传播。

当时，各营都有将官负责每日向诸葛恪呈报伤病人数。诸葛恪一听，这些数字每天都在直线飙升，觉得难以置信，遂怀疑这些人在糊弄他，要把他们抓起来砍头。众将官吓得都不敢再说话。

以数十倍于魏军的兵力攻城，最后非但打不下来，反倒损兵折将，诸葛恪感觉脸都丢尽了，却又不肯承认错误，于是情绪失控，天天暴跳如雷。麾下将军朱异给他提了意见，诸葛恪立刻剥夺了朱异的兵权，把他赶回了建业；都尉蔡林数次提出攻城之计，都不被诸葛恪采纳，索性策马而去，投奔了曹魏。

此时，在周遭窥伺已久的魏军各路大将知道吴军已然精疲力竭，遂从各个方向杀了过来。

七月底，诸葛恪意识到再打下去非但毫无胜算，且有可能被魏军围歼，只好撤兵。

东吴（三国）历史上规模最大的一次北伐行动，就这样在诸葛恪的极端自负和麻痹轻敌下，以出人意料的惨败告终。

诸葛恪之死：从头号权臣到被夷灭三族

诸葛恪的这场攻城仗打得一塌糊涂，而紧接着的撤兵行动，更是令人大跌眼镜。

他竟然没有组织人手去照顾和运送伤病员，而是异常冷血地把他们抛弃了，导致大批伤病员要么被扔在土坑沟壑中等死，要么就成了魏军的俘虏。

在吴军撤退的一路上，几乎随处可见横陈于地的尸体，耳边也充斥着伤病员的呻吟、哭泣和哀号。

如果说战争的胜负是由多种因素决定的，不能把战败之责全都推到诸葛恪一个人头上，那么在撤兵过程中发生的这些惨剧，身为统帅的诸葛恪就是罪魁祸首了。

因为这些完全是可以避免的，只要诸葛恪把士兵当人看，只要他还有起码的责任感和同情心。

遗憾的是，权力似乎吞噬了诸葛恪的人性。所以，一路上的“士卒伤病，流曳道路”，他看不见；一路上的“存亡哀痛，大小嗟呼”，他也听不见。相反，打了一场大败仗且人为造成了大量部众死亡的诸葛恪，却“晏然自若”，仿佛什么事都没发生，竟然优哉游哉地“出住江渚一月”，即跑到长江的小岛上住了一个月，就像是出来旅游度假一样。

直到来自朝廷的诏书接二连三地催他回朝，诸葛恪才不情不愿、慢慢悠悠地启程返京。

“由此众庶失望，而怨黩兴矣。”（《三国志·诸葛恪传》）

因此，朝野上下都对他大失所望，怨恨和憎恶之情也随之滋生。

同年八月，诸葛恪率军回到建业，进城时还大张旗鼓，“陈兵导从”，搞出了很大阵仗，仿佛他不是败归，而是凯旋。

回到府邸，诸葛恪立即把负责起草诏书的中书令孙嘿叫到跟前，厉声叱骂道：“你好大的胆子，竟敢接二连三给我下诏?!”

孙嘿大为惶恐，告辞而出后，赶紧称病回家躲了起来，连班都不敢去上了。

诸葛恪出征的这几个月来，朝廷有关部门奏准幼主孙亮，任命了一批官吏。诸葛恪认为这些任命都没有经过他的同意，遂全部作废，另行遴选。随后的日子，他的性情越来越暴躁，工作方式越来越严苛，各级官员动辄获罪，以致每天要向他奏事的大臣们都战战兢兢，在他面前连大气都不敢出。

此时的诸葛恪，当然知道越来越多的人正在背后戳他的脊梁骨，同时也嗅到了危险的气息。所以，他特意把内宫外朝的禁军侍卫全部换成了自己的人。然后，刚刚经历惨痛失败的诸葛恪非但没有丝毫反省，更没有吸取教训，反倒变本加厉，又开始筹划一场新的北伐了——“复敕兵严，欲向青、徐”。

就是说，刚刚回到建业的当月，诸葛恪就又接连下发了战争动员令。这回的主攻方向，是曹魏的青州和徐州地区。

毫无疑问，此时的诸葛恪，已经变成一部彻头彻尾的战争机器了。

别说国弱民穷的东吴经不起他这么连番折腾，就算是国力相对强大的曹魏，也绝不敢如此频繁地发动对外战争。

所以，在骄纵自负、穷兵黩武的道路上一路狂奔的诸葛恪，注定要落入一个身死族灭的万丈深渊。因为到了这个时候，除了死亡，已经没有任何力量可以阻止他了。

事实上，早在合肥惨败发生之前，蜀汉就已经有一个明眼人，预见到了诸葛恪面临的危险。这个人，就是曾向费祎发出过警告的张嶷。

他写信给时任侍中的诸葛瞻（诸葛亮之子、诸葛恪堂弟），说：“孙权刚驾崩不久，吴主幼弱，诸葛恪受托孤重任，何等不易！昔日，周公与成王是至亲，且富有才干，尚且有管叔、蔡叔散布流言，诽谤他要篡位；霍光受托孤之任，也有燕王刘旦、盖长公主、上官桀阴谋叛乱。最后，是有赖于周成王和汉昭帝的明智，才避免了灾难。之前我常听闻，孙权一向紧握生杀大权，从不下放权力，是直到临终前，才仓促把后事托付给诸葛恪，并非深思熟虑的结果。此外，吴楚之人，性情冲动，诸葛恪远离幼主，深入敌境，恐怕不是良策。虽说东吴纲纪仍在，上下也还算和睦，但智者千虑，必有一失。以古鉴今，今时与古代并无不同。除了你能向堂兄进献忠言，谁还肯尽心劝谏呢？希望他班师之后，能够加强农业生产，施行德政，如此则数年之后，我国与蜀国便可同时大举北伐。”

正所谓旁观者清。张嶷所言，其实就是在暗示诸葛恪的权力基础并不稳固，所以不必急着对外征伐，而要严加防范来自内部的变乱。

我们不知道诸葛瞻后来有没有给他堂兄诸葛恪写信，但就算是写了，肯定也没用，因为诸葛恪不可能听进去。

除了张嶷，曹魏也有一个明眼人，比他更进一步，准确预言了诸葛恪的结局。

此人就是时任汝南太守的邓艾。

就在诸葛恪惨败班师之后，邓艾对司马师说："孙权已死，其国大臣人心不齐，且东吴的世家大族皆有私人军队，足以违抗朝廷之命。诸葛恪刚刚接掌朝政，缺乏大臣的支持；而他又不懂体恤部众、建立根基，却急于对外征战，滥用民力，倾全国之兵，困于坚城之下，以致死者数万，载祸而归，这正是诸葛恪的获罪之日。从前，伍子胥、吴起、商鞅、乐毅这些人，都深受当时君主的信任，但君王一死，仍不免失败，何况诸葛恪的才干远远比不上这四位前贤，又丝毫不担忧大患将至，他的灭亡，指日可待了。"

当邓艾发出这个"神预言"时，吴国朝中有个人已经准备动手了。

这个人，就是四位顾命大臣中最末席的孙峻。

当初要不是孙峻力劝孙权，诸葛恪也坐不上权臣的位子。如今诸葛恪滥用手中的权力，搞得天怒人怨、物议沸腾，孙峻自然认为自己有必要也有资格出来收拾局面。

当然，孙峻是一个无利不起早的人。他这么做，根本不是出于公心，而是利用朝野对诸葛恪的怨恨将其除掉，然后取而代之。

为了确保诛杀诸葛恪的行动顺利实施，孙峻首先是在幼主孙亮面前极力构陷，称诸葛恪阴谋弑君篡位。

此时孙亮年仅十一岁，什么都不懂，自然任由孙峻摆布。

同年十月，孙峻以幼主孙亮的名义，在宫中设下酒宴，邀请诸葛恪入宫。据《三国志·诸葛恪传》记载，在入宫之前，诸葛恪发现了一连串不祥的预兆，看上去颇为诡异：

先是在前一天夜里，诸葛恪就觉得心神不宁，所以"通夕不寐"，整晚都没睡着。到了第二天早上，诸葛恪起床盥洗更衣，竟然"闻水腥臭"，就是洗脸的水闻上去有腥臭味；紧接着，仆人帮他更衣，竟然连衣服也发出了臭味。诸葛恪大为奇怪，命下人把水和衣服都换了，结果竟"其臭如初"。

诸葛恪“惆怅不悦”，但皇帝的邀请没理由不去，只好硬着头皮向外走。就在这时，他家的狗居然咬住了他的衣服，不让他走。诸葛恪自言自语道：“犬不欲我行乎？”便转身回到了屋里。可是，坐了片刻，诸葛恪还是决定入宫，刚一起身，“犬又衔其衣”。诸葛恪很不耐烦，就命下人把狗赶走了，旋即驱车入宫。

当诸葛恪的车驾来到宫门口时，孙峻早已在宫内埋下了伏兵。他担心诸葛恪万一不肯入宫，事情必然泄露，遂亲自来到宫门口迎接。

一见车驾到来，孙峻赶紧迎上前去，欲擒故纵道：“使君若是尊体不适，此宴自可延后，我可代使君启奏皇上。”

诸葛恪答：“不必了，我这就进去。”

当时宫内其实也有诸葛恪的人，毕竟他是首席顾命大臣，不可能没有自己的心腹。比如散骑常侍张约、朱恩便是。二人察觉今天宫内的气氛有些异样，便偷偷给诸葛恪递了张字条，上面写着：“今日张设非常，疑有他故。”

大意就是：今天这个宴会不太对劲，可能会有变故。

诸葛恪一看，立刻掉头，准备打道回府。如果他就此扬长而去，那后面的东吴历史就要改写了。可就在这生死攸关的节骨眼上，诸葛恪碰见了滕胤。

接下来发生的一幕，相关史料记载了两个不同版本。《三国志》记载，诸葛恪对滕胤说：“我突然腹痛，没法赴宴了。”滕胤压根不知道孙峻的阴谋，便劝他说：“你自从班师回朝，都还没入宫觐见。今日皇上设宴请你，你也到殿门口了，还是进去比较好。”

诸葛恪犹豫了一下，终于还是朝宴会大殿走了过去。

不过，如果按照裴松之注引的《吴历》记载，当时的情况恰好相反，是滕胤劝诸葛恪回府，而诸葛恪却不以为然道：“峻小子何能为邪？但恐因酒食中人耳。”

意思就是：孙峻这小子能干什么？顶多就是在酒食中下毒罢了。

《资治通鉴》就采纳了这个版本。如果以该版本为事实的话，那诸葛恪就活该一死了。理由很简单：他既然已经怀疑孙峻有可能在酒食中下毒，那又何必非赴这个“鸿门宴”不可呢？好汉不吃眼前亏，先躲过这一劫，过后再进行调查甚至直接把孙峻抓来砍头，不都是你这个头号权臣一句话的事吗？何苦硬要拿自己的命去冒这个不必要的险呢?

倘若《吴历》的记载属实，我们只能说，诸葛恪并非死于孙峻的谋杀，而是死于自己的骄狂、自负和愚蠢!

不论如何，诸葛恪最终还是来到宴会大殿了。

因为拥有“剑履上殿”的特权，所以诸葛恪鞋也没脱、剑也没摘就上殿了，接着拜见幼主孙亮，然后落座。

孙峻命人斟酒，可诸葛恪狐疑地盯着眼前的酒，却不肯喝。孙峻马上道：“使君的病还没好，应该备有平时服用的药酒，自可取来饮用。”

诸葛恪遂放松警惕，命随从取来自备的酒。酒过三巡后，幼主孙亮找了个借口，先行离席。孙峻觉得时机差不多了，便起身去如厕，然后在厕所中脱掉长袍，只穿便于行动的短衣，接着带上一把事先备好的刀，回到大殿，径直朝诸葛恪走了过去。

此时的诸葛恪，丝毫没有意识到死神已近在咫尺。直到孙峻走到他面前，大喝一声：“有诏收诸葛恪！”诸葛恪才吓得跳了起来，伸手去拔腰上的佩剑。

然而，一切都已经来不及了。还没等诸葛恪拔出剑来，孙峻的屠刀已经落下。诸葛恪当场毙命，时年五十一岁。

当时，诸葛恪的心腹、散骑常侍张约就坐在他身边。孙峻悍然动手时，张约反应很快，也拔刀砍向了孙峻，可惜准头不够，只砍伤了他的左手。而孙峻的身手就厉害多了，杀完诸葛恪后，反手一刀，竟然把张约的整条右臂给生生砍了下来。

这时，事先埋伏在殿外的武士才冲了进来。孙峻道：“我们的目标只是诸葛恪，现在已经死了。”然后命众武士把诸葛恪的尸体和受伤的张约拖了出去，又命人清理打扫了现场，最后居然像什么事都没发生一样，坐下来继续喝酒。

此人的心理素质，显然比一般人强大得多。

接下来，就是斩草除根、犁庭扫穴的时刻了。孙峻一边从容自若地继续喝酒，一边按预定计划，派出了好几支人马。

第一支人马，由骑兵将领刘承率领，杀向了诸葛恪的府邸。

诸葛恪共有三个儿子：长子诸葛绰，官任骑都尉，数年前卷入两宫之争，诸葛恪在孙权的威逼下，不得已将他鸩杀；次子诸葛竦，任长水校尉；三子诸葛建，任步兵校尉。当父亲被杀的消息传来，诸葛竦和诸葛建来不及悲伤，慌忙带上母亲，驱车逃离了建业，准备投奔曹魏。

可是，马车的速度自然比骑兵慢得多。刘承先是追上了断后的诸葛竦，将其斩杀，继而追过长江，在江北数十里外追上了诸葛建一行，不论老少全部就地诛杀。

孙峻派出的第二支人马，由禁军将领施宽率领，远赴荆州，命将军朱绩和孙壹配合，一同前往永安，诛杀了诸葛恪之弟诸葛融及其三个儿子。

随后，孙峻又命人捕杀了诸葛恪的外甥、都乡侯张震，以及朱恩、张约等诸葛恪的心腹，连同他们的三族全部夷灭。

把该杀的人悉数杀光之后，孙峻又命人把诸葛恪及两个儿子的头颅挂在了城门口，让百姓围观，同时把诸葛恪的尸身用草席随便一裹，扔到了建业城南的乱葬岗上。

昔日不可一世的头号权臣诸葛恪，就这样落得身死族灭，乃至死无葬身之地的凄凉下场。

一个叫臧均的诸葛恪旧部于心不忍，上书恳求收葬其遗体，孙峻同意后，诸葛恪才得以入土为安。

骄狂专断的头号权臣死了，东吴臣民们自然是拍手称快。

然而，踏着遍地尸骸和淋漓鲜血走上来的这个人，会比诸葛恪好吗？他会拨乱反正，引领东吴帝国走上一条康庄大道吗？

东吴臣民们很快就将发现——答案是否定的。

诸葛恪死后，群臣纷纷上奏，共同推举孙峻为太尉、滕胤为司徒。不过，一部分大臣想巴结孙峻，就放言说："朝政大权，理应掌握在孙姓皇族之手（孙峻是孙权叔父孙静的曾孙），倘若滕胤也并列三公，似乎不妥，因为他一向声望很高，深得人心，前程恐怕不可限量啊！"

言下之意，就是想让孙峻一人独大，不希望滕胤来分权。

这一幕的幕后推手自然是孙峻本人。

于是，朝臣们又进行了一轮磋商，最后决定推举孙峻为丞相、大将军，督中外诸军事。此外，这帮摇尾分子又非常贴心地对东吴官制做了一个小小的改动——不再设置御史大夫。

自汉末三国以来，“丞相”一直是凌驾于三公、真正握有实权的最高职位，而“御史大夫”通常相当于副丞相。如今摇尾分子们废掉了这个职位，其目的只有一个，就是让孙峻独揽大权。

这个方案很圆满，于是孙峻当仁不让地笑纳了。

诸葛恪死后，曾经被他打压的齐王孙奋立刻放飞自我，忙不迭地把家从靠近山区的豫章搬到了长江边上的芜湖（今安徽芜湖市），并且下一步就打算搬回建业，以观时变。他的国相谢慈一再劝阻，孙奋嫌烦，就把谢慈给杀了。

事情传到朝廷，孙峻立刻以幼主名义下诏，将孙奋废为庶人，流放章安（今浙江台州市西北）。

在孙权的七个儿子中，最没脑子的恐怕就是这个孙奋了。因为每一个权臣上位之后，势必都会抓一两个典型来立威。之前诸葛恪想立威时，孙奋自己就蹦了出来；眼下孙峻正愁没典型，这小子就又一次主动往刀口上撞——一个人弱智到这种地步，不抓他来开刀都对不起他。

搞完孙奋后，孙峻并未罢手，又盯上了前太子孙和。

孙和自从被废掉太子位、贬为南阳王后，一直老老实实待在封地长沙，既不像孙奋那样有什么不轨之举，也从未与朝中大臣有何勾连，孙峻为何盯上他呢?

原因有三：

第一，孙和的王妃张氏，是诸葛恪的外甥女，孙峻想斩草除根，必然不会放过她跟孙和。

第二，诸葛恪生前曾有把京师迁到武昌的打算，还一度命人扩建武昌宫，因此民间传言说诸葛恪准备废黜孙亮、另立孙和。有了这种传言，孙峻又怎么可能放过孙和?

第三，孙峻想要立威，而齐王孙奋不够分量，光搞他一个还不足以震慑朝野，只有像孙和这种前太子，才能让孙峻达到杀戮立威的目的。

于是，废黜孙奋后，孙峻连借口都懒得找，便剥夺了孙和南阳王的玺绶，将他流放新都。可还没等孙和走到贬所，孙峻就又派使者追上了他，在半道上把他和王妃张氏一块赐死了。

至此，又一个独揽朝政、肆意杀戮的跋扈权臣，出现在了世人面前。

看着孙峻的所作所为，东吴朝野无不失望至极——姓诸葛的跋扈权臣倒下了，姓孙的跋扈权臣又站了起来，如此换汤不换药，吴国的未来还有什么指望?!

是的，自从孙权废长立幼，执意把东吴帝国交给一个孩子的那一刻起，“权臣当道”就注定是东吴无法逃脱的宿命了。

所以，诸葛恪不是东吴唯一的权臣，而孙峻也绝非最后一个。

废立皇帝：司马师一手遮天

如果说“权臣当道”是东吴无法逃脱的宿命，那么很公平的是——这同样也是曹魏帝国挥之不去的噩梦。

自从魏明帝曹叡把皇位传给年幼的养子曹芳，这一噩梦就开始了：先是曹爽专权十年，然后是司马懿权倾朝野，现在则轮到司马师一手遮天。

尽管曹芳时年已经二十多岁了，可一天也没有执掌过朝政，所以还是跟十几年前刚继位时一样，纯粹是个傀儡。就这一点来看，曹芳的命运像极了当初的汉献帝刘协，而司马师则无异于当初的曹孟德。

在整个建安年间，只要是跟献帝走得稍微近一点的朝臣，都会被曹操毫不犹豫地干掉。如今的司马师，同样也在曹芳和群臣之间划下了一道无形的警戒线——谁敢越雷池半步，谁就得脑袋搬家，甚至被夷灭三族!

曹魏嘉平六年（公元254年）二月，有个大臣一不留神踩到了这条红线，司马师不但亲手杀了他，而且借机兴起了一场大狱。

被杀的大臣名叫李丰，时任中书令。据说李丰早有令名，十七八岁时就已经闻名海内了。他跟曹爽是姑表兄弟的关系，在曹爽执政期间，官任尚书仆射。当时，曹爽大权独揽，司马懿称病隐退，可李丰并未依附曹爽，而是在两个大佬之间选择了中立，谁都不得罪。所以曹爽被诛时，李丰安然无恙。

司马师秉政后，提拔李丰当了中书令，显然是把他当成了自己人。

可是，李丰在个人交情方面，却跟夏侯玄走得很近，这就给他自己埋下了祸根。因为夏侯玄毕竟是曹爽余党，他能活到今天，全凭司马懿对他印象比较好——夏侯玄曾因提出“审官择人”“除重官”“改服制”等改革方案受到司马懿赏识，故而曹爽被诛后，他只是丢了兵权，回朝坐了冷板凳（时任太常）而已，并未被杀。

按说夏侯玄能保住一命，已经是谢天谢地了，可人总是贪恋权力的，不被重用的感觉终究不好受，所以夏侯玄“居常怏怏”，即心有怨气，时常怏怏不乐。

除了夏侯玄，李丰跟当时的国丈张缉私交也很好。张缉这个人颇有才干，本来在地方上当太守，因女儿嫁给曹芳成了皇后，出于避嫌之故，就被调回朝中当了闲散的光禄大夫。虽说“国丈”的身份好像挺尊贵，但女婿曹芳终究只是傀儡，所以张缉也常有不得志之感。

很显然，夏侯玄和张缉虽然都是皇亲国戚，但在此时的曹魏，在司马师大权独揽的背景下，他们其实都属于身份极其敏感、身处嫌疑之地的特殊政治人物。

而李丰身为司马师一手提拔起来的中书令，竟敢私下跟这两人保持亲密的私交，这不能不让司马师心生警惕。

倘若李丰的问题只是如此，那也还不至于落到身死族灭的地步。真正给他招来灭顶之灾的，正是他在有意无意之间，跨越了司马师划下的那道红线——跟傀儡皇帝曹芳走得太近了。

一般来说，“中书令”这个职位，本来就是皇帝近臣，很难避免跟皇帝近距离接触。如果李丰懂得避嫌的话，就应该全力避免与皇帝单独接触，倘若实在无法避免，也应在事前事后跟司马师请示汇报。

然而，李丰非但没有这么做，反而在任职期间，多次单独接受曹芳召见，至于君臣二人都说了些什么，那就没有人知道了。

对此，司马师自然是满腹狐疑。

在他看来，李丰在外结交夏侯玄和张缉，在内多次与皇帝秘晤，这十有八九，就是在策划一场针对他司马师的政变！

于是，就在这一年二月的某一天，当李丰再次接受曹芳单独召见后，司马师立刻把他叫到了面前，质问他跟皇帝在说些什么。

其实到了这一步，李丰就已经在劫难逃了。因为不论他是否在策划阴谋，司马师都已认定他有不轨之心，所以不管他说什么，司马师都会认为他在撒谎。

那天，司马师没有得到自己想要的答案，遂当场暴怒，竟然用刀柄把李丰活活砸死了。

随后，司马师命人把李丰的尸体拖到廷尉寺，同时逮捕了李丰之子李韬，以及夏侯玄和张缉，命廷尉钟毓严加审查。

这种事关谋反的政治大案交到廷尉寺，其结果是可想而知的。经过审讯，钟毓很快就向司马师提交了一份案情报告。

据钟毓称，李丰暗中勾结了宫中的黄门监苏铄、永宁署令（太后宫总管）乐敦、冗从仆射（禁军将领）刘贤等人，策划了一场政变阴谋。他们计划，在皇帝册封“贵人”的那天动手，命禁军各营守住各道宫门，然后劫持皇帝，继而率领部众诛杀大将军司马师。事成之后，以夏侯玄取代司马师，出任大将军，以张缉为骠骑将军。

没有人知道，钟毓所说的这场政变阴谋，究竟是确有其事，还是刑讯逼供、屈打成招的产物。总之，他提交的这份报告，正是司马师想要的。

结局不难想见，同月二十二日，李韬、夏侯玄、张缉、苏铄、乐敦、刘贤，全部被夷灭三族。

三月，皇后张氏被废；四月，另立奉车都尉王夔之女为皇后。

李丰、夏侯玄等人虽然死了，但司马师的屠刀并未放下——他的目光还在满朝文武中来回搜寻，试图找出漏网之鱼。

很快，一个叫许允的大臣就被司马师锁定了，此人当时的职位是中领军。据司马师派人调查，这个许允跟李丰、夏侯玄的私交也不错，所以司马师宁可错杀，绝不放过。

也许是察觉到了司马师的杀机，时年已经二十三岁的曹芳决定保护许允，于是亲自下诏，以许允为镇北将军、假节、都督河北诸军事，打算让他暂时离开朝廷，到地方上避祸。

许允离京那天，曹芳特地召集百官给他饯行，还把许允叫到面前，低声叮嘱了一番。许允拜别时，忍不住涕泣唏嘘，不胜感伤。

然而，曹芳在政治上还是太幼稚了。他并未意识到，自己这么做，在权臣司马师看来，就是欲盖弥彰、不打自招。换言之，曹芳的目的是保护许允，可他的这些举动，客观上恰恰是害了许允。

于是，许允还没来得及动身，有关部门就在司马师的授意下，指控其之前曾“放散官物”，即浪费公家财产，旋即将其逮捕，扔进了监狱；紧接着，廷尉钟毓就判处许允流放乐浪，可许允刚走到半道，就莫名其妙地死了。

司马师的一手遮天和肆意杀戮，彻底激怒了血气方刚的年轻天子曹芳。

曹芳决定行使一回天子大权。当时，曹魏狄道的县长李简暗中投降了蜀汉，姜维趁势进犯陇西。曹芳遂以此为由，下诏命司马昭前往陇西，攻击姜维。

司马师在朝中的势力太强，曹芳不敢动他，只能以司马昭为突破口，先把他弄到前线再说。

司马昭当时镇守许昌，要出征陇西，自然要经过京师洛阳。同年九月，司马昭率部来到了洛阳城外，曹芳亲自前往城西的平乐观检阅部队。此时，曹芳左右的人都认为，这是一个除掉司马昭的良机，遂劝曹芳趁司马昭前来辞行时把他干掉，然后集结部队，掉头进攻司马师，彻底铲除这个权臣，一举夺回朝政大权。

左右之人甚至把讨伐司马氏兄弟的诏书都写好了，递到了曹芳面前。

然而，到了这个关键时刻，曹芳却夙了。

他固然不满于司马师的擅权，但真要动刀动枪，跟跋扈权臣拼命，他既没有这个底气，又没有这个勇气。

就在曹芳瑟缩不前之时，有人走漏消息，司马昭立刻把军队开进了京师。而司马师更是勃然大怒，决定废黜曹芳，另立皇帝。

九月十九日，司马师以郭太后（曹叡皇后）的名义下令，召集百官开会，然后以曹芳“荒淫无度，亵近倡优，不可以承天绪”为由，宣布废黜。

满朝文武目瞪口呆，却无一人敢提出异议。

司马师随即上表太后，宣布收缴曹芳的皇帝玺绶，命其即刻离开洛阳，回到自己的封地齐国（曹芳原为齐王，封国在今山东淄博市东），然后命百官在表奏上联署签名。

木已成舟之后，司马师才命散骑常侍郭芝（太后的叔父）去通知曹芳和郭太后，并执行收缴皇帝玺绶的任务。

当时，曹芳与郭太后正在内殿木然对坐，仿佛一个等待宣判的犯人。郭芝一进来便朗声道："大将军欲废陛下，立彭城王曹据（曹操之子）！"

对这个结果，曹芳并不感到意外，只是做了十五年皇帝，猝然被废，终究还是有些沮丧和屈辱。可司马氏兄弟的刀已然架到了脖子上，除了乖乖听命又能如何呢？好歹最后还能做一个逍遥王爷，总比掉脑袋好。

曹芳黯然起身，一句话都没说，默默走出了内殿。

对郭太后而言，虽然曹芳不是她的亲生儿子，但毕竟养育多年，还是有感情的。而且，曹芳被废，她后半生的富贵就没了保障，这让她如何是好？尤其让郭太后惶惶不安的是，曹据是明帝曹叡的叔父，论辈分她就是曹据的侄媳妇；一旦曹据当了皇帝，那她这个侄媳妇怎么可以当太后？这显然是有悖伦常、于礼不合的荒唐事儿！

所以，曹据登基之时，就是郭太后退位之日，这让她如何接受？

思虑及此，郭太后顿时满脸不悦，看都不看郭芝一眼。

郭芝只好劝道："太后没有好好管教自己的儿子，如今大将军心意已决，且军队就在外面，随时准备应对突发状况。你现在唯一能做的就是随顺大将军的意旨，否则又能如何呢？"

郭太后冷冷道："我要见大将军，有话对他说。"

郭芝不耐烦了，板起叔父的面孔，提高嗓门道："还有什么好见的？赶快把皇帝玺绶交出来！"

郭太后被他这么一吼，不敢再说什么，只好命侍者取来玺绶，但并未交给郭芝，而是放在自己的坐榻上。

郭芝见状，知道大局已定，也就不急着去拿玺绶，旋即出去复命。司马师闻报，非常满意，便命人拿出齐王的印绶，交给曹芳，并命他去跟太后辞别，即刻离京。

随后，曹芳与太后"垂涕而别"，旋即乘上亲王的车驾，从太极殿南面离开了皇宫。百官中有数十人前来送行，其中一人便是司马师的叔父司马孚。据说这一天，司马孚"悲不自胜"，而其他官员也都泪流不止。

事实上，司马孚等人在废黜曹芳的奏表上，都是签下名字的。如果说其他人慑于司马师的淫威，多少有些被动的话，那么司马孚的签名，则很难说是被迫的。所以，他此刻的悲伤和眼泪，虽然不宜断言为作秀，但似乎也没那么纯粹。

曹芳离京后，司马师又派人来跟郭太后讨要皇帝玺绶。

郭太后方才冷静地思考了一番，终于想到了保住位子的办法，便对使者道：“彭城王，论辈分是我的叔父，若是立为皇帝，将把我置于何地？况且如此一来，明皇帝（曹叡）岂不是永绝后嗣了吗？所以我建议，拥立高贵乡公（曹髦），他是文皇帝（曹丕）的长孙、明皇帝的侄子，在礼法上，小宗（庶子一系）有入继大宗（嫡子一系）的义务，还请就此仔细商议。”

很显然，郭太后是个聪明女人。这个方案可谓一举两得：一来曹髦是侄子辈，这样她就可以名正言顺地保住太后之位；二来拥立一个容易掌控的幼主，对权臣司马师只有好处没有坏处，这样司马师非但不会反对，而且还会窃喜。

果不其然，司马师随即装模作样地召集群臣“商议”，然后放弃了年长的曹据，确定了年幼的曹髦。

曹髦是东海王曹霖（曹叡弟弟）之子，时年十四岁。

九月底，司马师命太常王肃持节，前往元城（治今河北大名县东）迎接曹髦。紧接着，司马师再度派人催促郭太后交出皇帝玺绶。

直到此刻，这个聪明的女人还是不见兔子不撒鹰，对使者说：“我见过高贵乡公，他小时候就认识我了，我会亲自把玺绶交到他的手上。”

玺绶由司马师给，还是由郭太后给，虽然结果一样，但效果却大不相同。由司马师给，郭太后就等于靠边站了，完全失去了存在感；可由郭太后给，不仅能向朝野显示自己仅剩的一点权威，也能让未来的皇帝曹髦对她产生信任和好感。

当然，相对于一手遮天、大权独揽的司马师而言，郭太后的这点儿权威也只是象征意义上的。可哪怕如此，她还是尽自己的最大努力刷了一把存在感——对于一个没有丈夫、没有儿子可以依靠的深宫女子而言，这或许是她所能想到的最好的自存之道了。

同年十月初五，曹髦抵达洛阳，先是觐见了郭太后，然后于太极殿前殿登基即位；同日大赦，改元正元。

此时此刻，这个被命运之手选中的十四岁少年并不知道，“当皇帝”这件在天下人看来最幸运的事，于他而言，却是这一生最不幸的事……

淮南二叛：来自曹魏内部的反抗

对于司马师的专权和跋扈，魏国朝野上下不可能全都是甘心和顺从的，其中自然有人不服。如果说朝中的文臣碍于手里没兵，再怎么不服也只能忍的话，那么统兵在外的大将可就不一样了，他们是完全有能力跟司马师叫板的。

比如，当时驻守寿春的镇东将军毌丘俭和扬州刺史文钦，就有这个能力。

毌丘俭一向跟夏侯玄、李丰关系很好。当二人被族诛、皇帝被废黜的消息传到寿春，毌丘俭顿时惶惶不安。当时，他儿子毌丘甸在朝中担任治书侍御史，就属于手里没兵的文臣。面对司马师的所作所为，毌丘甸自然极度不满，便给毌丘俭写信说："父亲大人负有镇守一方的重任，如今国家倾覆，又岂能安然自守？我怕您会受到天下人的责备啊！"

毌丘俭见信，颇以为然，觉得于公于私，自己都不应该无所作为，遂决定起兵。

随后，他对同驻寿春的文钦进行了试探，没想到文钦也有此意，二人一拍即合。

文钦是沛国谯郡（治今安徽亳州市）人，曹操部将文稷之子，年少从军，有"骁果绝人"之名。由于跟曹魏皇族是同乡，所以曹爽上位之后，对他颇为看重。文钦仗着有曹爽撑腰，平时经常欺压凌辱同僚。曹爽垮台后，司马懿为了安抚他，便加封他为前将军。不久司马懿病故，司马师秉政，文钦惧不自安，遂急于立功，便弄虚作假，时常虚增作战中杀敌和俘获的人数，企图邀功请赏。可他这些小伎俩没有瞒过精明的司马师，因此一概不给他封赏。

文钦又惧又恨，所以当毌丘俭找到他时，他二话不说便同意入伙了。

曹魏正元二年（公元255年）正月，毌丘俭、文钦宣称奉郭太后密诏，在寿春起兵，并向四方发布檄文，打出了讨伐司马师的旗号。

为了壮大声势，建立一个反对司马师的联盟，毌丘俭又分别派人去见驻守安城的镇南将军诸葛诞，以及驻守廪丘（今山东郓城县西北）的兖州刺史邓艾，打算怂恿他们都来入伙。不料，诸葛诞和邓艾的反应出奇一致，竟然不约而同把毌丘俭派去的使者给砍了。

虽然拉拢他们的计划失败，但毌丘俭和文钦的麾下部众加起来也有五六万之多，所以毌丘俭仍然信心十足。很快，二人率部北上，渡过淮河，然后挥师西向，进驻项县。

此地距洛阳只有六百多里，可见其行军速度非常迅捷，也说明一路上没有遭遇任何阻击。毌丘俭和文钦随即做了分工：由毌丘俭驻守项县，由文钦出兵游击，抄掠粮草物资。

司马师得到战报，立刻问计于时任河南尹的王肃（王朗之子）。

王肃颇为镇定，认为叛军难有作为。他举了关羽为例，说："当初，关羽在汉水俘虏于禁，有北上争夺天下之志，后来孙权袭取其将士家属，关羽的部众一夜之间便瓦解了。如今，淮南将士的父母妻子都在内地，只要我们立刻行动，一边保护（实为控制）叛军家属，一边出兵截击，令叛军无法前进。到时候，他们必会像关羽一样土崩瓦解。"

司马师一听，心里便有底了。

可是，究竟该由他自己亲率大军出征，还是另行委派大将，司马师却犹豫不决。

不是他畏难怯战，而是他的眼睛长了一颗瘤，不久前刚刚摘除，创痛甚剧，眼下还在卧床养伤，实在不宜行军作战。

当司马师就此咨询群臣的意见时，多数人认为不可亲自出战，应该命时任太尉的司马孚出兵抵御。

百官之中，只有王肃和尚书傅嘏、中书侍郎钟会三人坚持认为，还是应由司马师亲征。傅嘏为此专程来到司马师的病榻前，说："淮南兵团的战斗力很强，毌丘俭和文钦正是仗着这一点，才敢长驱直入，其兵锋不易抵挡。倘若诸将有个闪失，我们的主动权便会丧失，那大将军可就满盘皆输了。"

司马师也意识到，此战只能胜不能败，遂忍着疼痛翻身坐起，道："那我就躺在车上，亲自东征！"

正月初五，司马师集结大军从洛阳出发，命司马昭兼任中领军，留镇洛阳；同时，征召东、西、北三个方向的州郡驻军，立刻出兵，在陈郡（治今河南淮阳县）、许昌一线集结，构筑第二道防线，同时作为预备队。

临行前，司马师又问计于光禄勋郑袤。郑袤说："毌丘俭有智谋，但是分析事情往往不够深入；而文钦这个人，则是有勇无谋。所以，江淮叛军虽然勇猛，但必定难以持久。只要我军采用深沟高垒的战术，挫其锐气，必能获胜，就像当初周亚夫平定吴楚之乱一样。”

司马师深以为然。

“深沟高垒，挫敌锐气”一向是司马懿最擅长的战术，而司马师则遗传了乃父沉稳持重的性格，所以必然也倾心于这一战术。

大军开拔后，鉴于身体原因，司马师不得不从诸将中物色了一位比较信得过的大将，委以重任。

此人是荆州刺史王基。司马师任命他为“行监军”（代理大本营监军官），持节，统领当时魏军中最精锐的部队之一许昌军。

王基对此次东征信心十足。他认为，此次淮南叛乱，大部分官兵其实是被毌丘俭和文钦胁迫的，本无反叛之心，只要朝廷军迅速出击，大兵压境，叛军很容易崩溃，不用多久就能把毌丘俭和文钦的首级挂在营门上。

司马师很欣赏王基这种自信，遂命他担任前锋，火速向东南挺进。

可是，大军刚急速行军了几天，司马师不知何故，又命王基停止了前进。

王基大为焦急，赶紧进言道：“以毌丘俭和文钦的兵力，足以继续前进，可他们之所以长久滞留项县，必定是矫诏之事已经泄露，所以军心不稳。我们若在此时停滞不前，不趁机展示军威，收揽民心，那不仅有怯战之嫌，还会失去先机。倘若毌丘俭和文钦大肆掳掠青壮百姓，扩充兵力，加之我军将士的家属落入敌手，那我军的军心就散了。

“此外，若东吴乘虚而入，那淮南恐怕就不为我们大魏所有了。到时候，谯郡、沛国、汝南、颍川等地都将陷入混乱，那就坏了大事了！我军应该立刻进驻南顿（治今河南项城市），那里有大型粮仓，足供大军四十日军粮。如此，我们据有坚城，又有充足的粮秣，便可先声夺人，为平定叛乱打下坚实基础。”

任何性格都是一把双刃剑。司马师生性持重，好处是稳扎稳打，不容易犯大错；坏处则是有时候会变得优柔寡断，失于保守。

此时的司马师就犯了这个毛病，一开始根本不听，直到王基再三劝谏，才采纳了他的意见。随后，王基率前锋继续南下，迅速进据灑水（流经河南临颍县西北）。

闰正月初一，司马师大军抵达溵水桥，在此有了一个意外收获——毌丘俭麾下部将史招、李续相继率部来降。

毌丘俭和文钦起兵北上，寿春空虚，只留下了一些老弱残兵，这自然给了东吴可乘之机。

权臣孙峻得到情报后，遂亲自出征，率骠骑将军吕据、左将军留赞等部，兵锋直指寿春，准备趁火打劫。

如此一来，魏军就要同时跟两支敌军作战了，形势不容乐观。司马师闻报，立刻命各军深沟高垒，不得冒进，等待东方各州（青州、徐州、兖州）的部队前来会师。可众将都急于建功，遂纷纷请战，要求进攻项县。

司马师只好召集众将开会，统一做他们的思想工作。

他说："诸位将军只知其一，不知其二。淮南将士本无反志，只是毌丘俭和文钦威逼利诱，骗他们说一旦起事，远近必定响应。可如今事实明摆着，淮北各部就不愿追随，所以史招、李续才会相继来降。现在的叛军就是困兽犹斗，速战对他们更有利，虽然我们已稳操胜券，但急于进攻必定伤亡惨重。况且，毌丘俭和文钦欺诳将士，这个真相迟早败露，所以我们要有耐心，方能不战而屈人之兵。"

虽然司马师在战略上不求速战，但并不等于在战术上毫无动作。

统一了全军的思想之后，司马师立刻展开了一连串战术行动，首先命南面的诸葛诞率部自安风（治今安徽霍邱县）方向进兵，火速赶往寿春，抵御吴军；然后命东面的胡遵率青州、徐州各军自谯郡火速南下，切断叛军退路；最后，司马师则亲率主力进驻汝阳（治今河南商水县），正面与叛军对峙。

汝阳距离毌丘俭和文钦据守的项县只有区区一百余里，虽然魏军不会主动求战，但仅仅是这个大兵压境的动作，就足以对叛军形成巨大的压力了。

很快，毌丘俭和文钦就发现自己成了瓮中之鳖。

若继续前进，就得迎战司马师的主力兵团；若是后撤，又担心寿春已被吴军袭取或被诸葛诞占据。这就叫进不得战，退无可守。一时间，毌丘俭和文钦竟"计穷不知所为"，于是军心离散，那些家在北方的将士纷纷逃亡，相继跑到汝阳投降了朝廷军。到最后，还愿意追随毌丘俭和文钦造反的，只有之前刚刚归附的一些屯垦新兵。

就在叛军一筹莫展之际，来自兖州的邓艾所部，已经兼程南下，火速赶到了乐嘉城（今河南周口市商水县）。

此城位于汝阳和项县之间，显然是朝廷军和叛军都必须争夺的战略要地。

邓艾抢先占据此地后，立刻命工兵在城外的颍河架设浮桥，以待司马师的主力前来会合。

与此同时，叛军也行动了。虽是困兽，犹有一战之力，所以毌丘俭便命文钦率部进据乐嘉。巧合的是，就在司马师主力自汝阳赶到此处时，文钦所部也恰好抵达。

两军正面遭遇，一场恶战在所难免……

毌丘俭败亡，司马师暴卒

三国后期的著名骁将文鸯，就是在乐嘉城的这场遭遇战中脱颖而出的。

文鸯是文钦之子，时年才十八岁，但其骁勇和果敢却已罕有人及。用《三国志·毌丘俭传》注引《魏氏春秋》的说法，是“勇力绝人”；用《晋书·景帝纪》的说法，是“勇冠三军”。

史书称文钦“骁果绝人”，但也许是因为老了，所以在这一战中的表现十分糟糕；反倒是其子文鸯的惊人表现，才配得上“勇力绝人”“勇冠三军”这样的形容词。

当时，一见司马师大军到来，文钦的反应是“惊愕未知所为”，一下就傻眼了。而初生牛犊不怕虎的文鸯则对父亲道：“敌人也是刚到，立足未稳，我们主动出击，定可破敌。”

于是，文鸯与其父约定，由他率前锋精锐夜袭司马师大营，文钦率主力于翌日清晨继进。随后，文鸯将麾下骑兵分成两队，趁着夜色，从东、西两面对司马师大营发起突袭。

文鸯自率一队突入敌营后，左冲右突，纵横驰骋；朝廷军猝不及防，顿时陷入了混乱。

司马师万万没料到叛军会来得这么快，仓促间也不知敌人的兵力到底有多少。只听得大帐外鼓声雷动，杀声震天，司马师大为惊骇。

这一惊非同小可。由于司马师的眼部肿瘤刚动完手术，本来便经不起鞍马劳顿的折腾，如今又惊又急、气血攻心之下，他动手术的那颗眼球竟然暴突而出！

为了稳定军心，不让部众知道他的病情，司马师强忍剧痛，把自己包在了被子里，然后用嘴死死咬着被子，不让自己发出任何声音。结果，便是“啮被皆破”，就是把被子都咬破了。

虽然朝廷军大营被文鸯搞得一夜不得安宁，但双方毕竟众寡悬殊，等到次日天蒙蒙亮，文鸯兵力薄弱的事实就暴露在朝廷军眼前了。而且让文鸯颇感无奈的是，其父文钦并未按约定率主力赶来增援。

没办法，文鸯只好主动撤出了战场。

得知叛军主动撤退，司马师才意识到昨夜是一场虚惊，立刻命众将全力追击。可将领们却有些狐疑，说：“文钦父子骁勇善战，昨夜并未被我军击败，怎么就自己退了呢？”

言下之意，是担心文钦父子会使诈。

司马师急道：“一鼓作气，再而衰，三而竭。文鸯折腾了一晚上，现在发现无人前来接应，他不跑还等什么?!”

朝廷军这才出兵追击。

文鸯率部与文钦会合后，发现其父急于向东撤退，居然没有安排任何人断后，遂再次主动请缨，说：“如果不摧折敌军的气势，咱们一定走不脱。”

随后，文鸯竟然只率身边的十余骑精锐，掉头杀了回去，然后径直冲进朝廷军的军阵之中，“摧锋陷阵，所向皆披靡，遂引去”，即冲锋陷阵、横扫追兵之后，才从容撤退，扬长而去。

司马师闻讯，不由大怒，立刻命麾下左长史司马班率八千骁骑，再度追击。

接下来，令后世读者万分惊叹、甚至难以置信的一幕出现了——这一回，文鸯竟然连刚才那十余骑也不带了，而是单枪匹马，迎战司马班的八千骁骑！

按照常理，文鸯再怎么勇猛，也是血肉之躯，不是铁打的，这八千骁骑一人一口唾沫，都足以把他淹死。可令人惊掉下巴的却是：文鸯单枪匹马杀入这八千骁骑后，竟一口气杀死杀伤了一百多人，然后全身而退，掉头就跑。

如果你以为文鸯这样已经算十分勇猛，足以让他吹一辈子，所以他大可以就这么跑掉，那你就错了。

文鸯跑了一阵子，慢慢恢复了体力后，居然反身又杀了回去。

就这样，他杀一回，跑一回，再杀一回，再跑一回，前后足足往返了六七次，其间如入无人之境，不啻神兵附体。而相形之下，司马班那八千骁骑仿佛都变成了稻草人和木头人，只能任由他往来驰骋、砍瓜切菜，最后都不敢上前，只能眼睁睁看着他绝尘而去……

《三国演义》在描绘长坂坡之战时，曾经形容赵云在曹军虎豹骑中“七进七出”，由此被后世传为美谈。可必须指出的是，赵云单挑虎豹骑虽是事实，但“七进七出”的说法却不见史书记载，只能认定为罗贯中老先生的渲染之语。而文鸯在这次战斗中的多次杀进杀出，却是《资治通鉴·魏纪八》中白纸黑字记载的：

“鸯以匹马入数千骑中，辄杀伤百余人，乃出，如此者六七，追骑莫敢逼。”

正因为惊叹于文鸯的神勇无敌，所以后世读者送给了他一个十分光荣的称号——“小赵云”。若《资治通鉴》记载属实的话，文鸯比起赵云其实是有过之而无不及的。

文钦父子撤退后，叛军颓势尽显，朝廷军基本上是胜券在握了。

然而，在司马师军中，却不见得所有人都希望他获胜。正如朝中文臣和地方大将中都有反对他的人一样，在禁军将领中，也有这样的人在。

比如殿中校尉尹大目，自幼便是曹氏皇族的家奴，深受曹爽信任。高平陵之变时，司马懿曾命尹大目去劝降曹爽，并承诺可保曹爽富贵。不料随后司马懿便背弃承诺，灭了曹爽三族。尹大目自然愤恨不已。后来，他表面上投靠了司马师，但暗中一直想替曹爽报仇。

这回淮南叛乱，尹大目觉得机会来了，内心暗暗希望司马师落败。可形势的发展却跟他的期望相反。为了帮助叛军扭转败局，尹大目决定亲自把一份绝密情报给文钦送过去，以便让他重燃斗志。

这份绝密情报，就是司马师“一目已出”、病情恶化之事。换言之，尹大目判断，司马师很可能活不了多久了，只要让叛军获悉此事，再坚持一段时间，那么等司马师一死，形势必将有利于叛军。

可是，该如何把情报送出去，而又不引起司马师的怀疑呢？

尹大目想到了“劝降”这一招，遂自告奋勇对司马师说：“文钦本是明公腹心，只是被毌丘俭蛊惑罢了，他又是天子同乡，且向来跟我关系很好，我请求为明公去劝降他，令他回心转意，与明公重修旧好。”

司马师觉得能劝降当然最好，就派尹大目去了。

尹大目当即披上甲胄，乘上快马，独自一人追上了文钦。可文钦对他十分提防，不让他靠近。尹大目只能通过喊话来传递消息。可文钦身边部众甚多，尹大目又不敢把情报公开喊出来，想来想去，最后只好喊了这么一句：“君侯为何不忍一忍，再多等几天呢？”

这话对于知道司马师病情的人，很好理解，可问题是文钦压根不知道这回事，所以这话对他来讲，纯属莫名其妙。

由于听不懂，文钦只能下意识地把这话理解成劝降之语，遂厉声怒骂道：“你是先帝（指曹氏皇族）的家人，不念报恩，反倒跟司马师一起谋逆，不顾天理良心，老天爷一定饶不了你！”说着便张弓搭箭，准备射杀尹大目。

尹大目万般无奈，急得眼泪都掉下来了，哀叹道：“大势已去了，你自己多保重吧！”随即掉转马头，灰溜溜地走了。

尹大目显然不适合从事情报工作，明明都到文钦跟前了，还是没把情报传递过去。于是，文钦父子只能继续向南逃窜。朝廷军前锋大将王基遂乘胜而进，兵逼项县。

毌丘俭得知前方战败，又发现朝廷军已经收紧了包围圈，只好连夜出逃，麾下部众就此溃散。

等文钦父子回到项县，此地已是一座空城。他们知道，仅凭自己一支孤军，绝对守不住此城；想回寿春，却又得知老巢已被诸葛诞占据。眼看上天无路，入地无门，文钦父子别无选择，只能投奔东吴。

闰正月十九日，孙峻率吴军进抵橐皋（今安徽巢湖市西北）；文钦父子仓皇逃到此地，向孙峻投降。

毌丘俭一路朝东南方向逃亡，可能也是打算降吴，可身边的部众却越来越少，等跑到慎县（治今安徽省颍上县西北）时，就连左右的亲兵侍从都已离他而去。毌丘俭人困马乏，只好藏身在淮河边的草丛中。

同月二十一日，一个叫张属的平民在安风渡口（今颍上县南淮河渡口）发现了毌丘俭，遂将他射杀，并砍下其首级送到了洛阳，随后被朝廷封侯。

在当时的曹魏帝国，毌丘俭算得上是文武兼备、战功卓著的少数名将之一。他精于诗文，是魏晋之际的著名诗人，以曹叡藩邸“文学掾”入仕，后投身军旅，长年镇守边陲，历任度辽将军、乌桓校尉、幽州刺史等职。景初二年，司马懿平定辽东，毌丘俭便因配合作战有功，进封安邑侯。而毌丘俭一生最大的战功，莫过于在正始年间两次东征高句丽，横扫朝鲜半岛，不但收复了“汉四郡”（乐浪、玄菟、真番、临屯）故地，且拓地千里，威震四夷，将中原王朝在东北地区的实际统治版图扩张到了空前的规模。

然而，就是这样一位纵横沙场、战功赫赫的老将，却在晚年一着不慎，满盘皆输，最终还惨死在了一个百姓手上，其下场实在令人唏嘘。

此次叛乱爆发之前，原本寿春还有十余万人口，可到了诸葛诞入据寿春时，全城老少或是逃进山泽，或是归附东吴，逃亡殆尽。

随后，朝廷擢升诸葛诞为镇东大将军（稍后又迁征东大将军）、仪同三司，都督扬州诸军事，等于把曹魏帝国东线的防务全权交到了他的手上。

可没有人会料到，短短两年之后，这个被委以重任的诸葛诞，就将步王淩、毌丘俭之后尘，悍然发动了淮南地区的第三次叛乱……

得知诸葛诞已据寿春，孙峻知道没什么便宜可捞了，旋即引兵而还。回朝后，他便任命文钦为都护、镇北大将军，并遥领幽州牧（空头职衔）。

“淮南二叛”平定后，朝廷夷灭了毌丘俭的三族，并在洛阳朝野株连了七百余人，将他们全部投进了监狱。通常情况下，这些人恐怕都难逃一死。所幸，此案的主审官、侍御史杜友心存悲悯，只诛杀了为首的十余人，然后奏请朝廷免去了绝大部分人的死罪。

司马师虽然成功平定了毌丘俭、文钦的叛乱，保住了权臣的地位，但他的生命也因此走到了尽头。

他率大军北还，行至许昌时便陷入了弥留之际。人在洛阳的司马昭闻讯，立刻赶到许昌。司马师遂命司马昭统率各军。

这一年闰正月二十八日，司马师在许昌病逝，时年四十八岁。

随着跋扈权臣的倒下，曹魏帝国来到了一个十分微妙的十字路口。

以司马师的遗愿，当然是希望由司马昭继续掌控曹魏大权；可刚刚入继大统的少帝曹髦，以及他背后的郭太后，还包括一些仍然心系曹魏的大臣，则显然不愿看到这个结果。

于是，一场事关最高权力的政治博弈就此展开。

司马昭刚刚接掌兵权，朝廷便迅速给尚书傅嘏发来了一道诏书，以“东南新定”，需要镇抚为由，命时任卫将军的司马昭暂时屯驻许昌，同时命傅嘏率东征各军返回洛阳。

很显然，这是一记调虎离山加釜底抽薪的狠招，目的是既把司马昭排除在朝廷之外，让他无从染指中枢大权，同时又剥夺了司马师刚刚交给他的兵权。

鉴于这道诏书的“技术含量”如此之高，估计不会是出自年仅十五岁的少帝曹髦之手，而很可能是郭太后和一帮心系曹魏的大臣所为。

此时的司马昭，无疑陷入了一个非常尴尬的境地：如果奉诏，他将丧失由父亲司马懿和大哥司马师奋斗多年得到的这个权臣之位，从此只能作为一员大将镇守一方，这辈子恐怕都没有回朝的机会，更不用说掌控朝政了；而如果不奉诏，就等于公然抗旨，朝廷便能以此为由加罪于他，那他的下场只能比乖乖奉诏更为不堪。

危急时刻，有人出手帮他摆脱了这个困境，进而帮他保住了权臣之位。

这个人，就是时任中书侍郎的钟会。

钟会一向受司马师赏识，这几年担任中书侍郎，实际上就是司马师的核心幕僚，一直在帮他“典知密事”。所以，钟会跟司马家族早已是一荣俱荣、一损俱损的关系，如果司马昭被边缘化，对他钟会肯定没有任何好处；反之，一旦他帮助司马昭接掌朝政大权，那司马昭必定会回报他、重用他，那钟会的未来仕途就不可限量了。

职是之故，钟会旋即与傅嘏密谋，二人迅速达成了共识，然后一边由傅嘏上表，敷衍朝廷，一边与司马昭一同率大军北上，快马加鞭赶回洛阳。

等到少帝曹髦及其背后之人回过神来时，司马昭已经率大军进驻洛水南岸，悍然摆出兵逼京畿的架势了。

同年二月五日，朝廷被迫让司马昭继任大将军、录尚书事。

新的权臣就此诞生，可并未花落别家，而是依然姓“司马”。

这场悄无声息却意义重大的政治博弈，就这样以钟会的强势介入，宣告了曹髦的失败和司马昭的胜利。

钟会一出手就左右了魏国政局的走向，不免有些得意忘形，“由是常有自矜之色”。傅嘏看在眼里，便私下警告他说：“你志向虽然远大，但格局不够宽广，世上的功勋大业没那么容易成就，岂能不谨慎呢？”

对于傅嘏的劝诫，此时正自恃才高且春风得意的钟会，显然是听不进去的。

正因为钟会此人的确有才，所以日后才会取得攻灭蜀汉的不世之功；可正是由于他太过自负，才会在企及人生巅峰的刹那之后，就一头坠入了失败的深渊……

姜维之困：百战艰辛的蜀汉北伐

自从费祎死后，姜维没有了掣肘，遂放开手脚，频频从陇西方向对魏国发动进攻。

蜀汉延熙十七年（公元254年，曹魏嘉平六年）三月，因魏国狄道长李简归降，姜维趁势进据狄道。同年十月，姜维从狄道发兵，进攻东南面的襄武（治今甘肃陇西县东南），魏讨蜀护军徐质迎战。姜维在这一战中斩杀了徐质，但蜀军将领张嶷（就是曾对费祎和诸葛恪发出过预警的那位）也在此役中阵亡。

徐质被杀后，魏军退守襄武。姜维乘胜而进，向北攻陷了河关（治今甘肃积石山县北），向南攻陷了临洮（治今甘肃岷县）。

按理说，此时姜维已据有狄道、河关、临洮三城，渐有在陇西站住脚跟之势，大可在此慢慢经营，作为东进关中的前哨基地。可令人不解的是，稍后姜维便主动放弃了这三座城池，班师回了成都。唯一的战果，就是把这三城的百姓全部迁入了蜀国，安置在绵竹（治今四川德阳市北）、繁县（治今四川成都市新都区西北）一带。

在形势完全有利的情况下，姜维为何会主动撤离陇西呢？

具体原因史书无载。我们估计，很可能又是蜀汉多年来历次北伐都绕不过去的那个老大难问题——粮草不继。

从诸葛亮时代的五次北伐，到姜维时代的多次北伐，蜀汉二十多年来似乎一直没能解决这一根本问题。究其原因，主要有以下两个方面：

其一，“蜀道难，难于上青天”，运输补给实在太困难了，这是谁也没办法的事。哪怕诸葛亮发明了“木牛流马”，也只是适当提升了运输效率，不可能从根本上解决补给线道阻且长的问题。

其二，国力太弱，具体来讲就是人口太少，生产力严重不足。据《晋书》和《通典》记载，刘备称帝的章武元年（公元221年），蜀汉的编户人口仅九十万；而据《三国志·后主传》注引《蜀记》，直到蜀汉灭国的景耀六年（公元263年），其编户人口也才九十四万。

也就是说，在蜀汉立国的四十余年中，其编户总人口才增长了区区四万，人口繁衍几乎处于停滞状态。造成这一结果的主要原因，显然是连年北伐、征战不止，使青壮年男性被大量消耗于战争中，并导致男女比例失衡，从而极大制约了人口的自然增长。

而人口的不足，尤其是青壮年劳动力的严重不足，也势必直接影响到农业生产，造成粮食和物资的短缺。

显而易见，上述二者，一直是笼罩在蜀汉头上的两大宿命般的梦魇，注定无法摆脱，也注定要与蜀汉帝国相始终。

从这个意义上说，不论是诸葛亮的北伐，还是姜维的北伐，基本上都不可能取得成功。

饶是如此，诸葛亮和姜维却仍前赴后继地进行了一次又一次北伐。说到底，这并不是因为他们好战，更非当时及后世不少人所诟病的“穷兵黩武”，而是“明知不可为而为之”的无奈之举。

弱国的生存真相，有时候跟现实生活中的弱势群体是很像的——为摆脱困境所作的种种努力，非但无法改变命运，反而使其更深地困于其中。

这样的恶性循环，是弱势者的困局，是蜀汉的困局，也是诸葛亮和姜维的困局。

蜀汉延熙十八年（公元255年，曹魏正元二年）七月，刚刚回朝休整了半年多的姜维，在朝会上又提议出兵。征西大将军张翼强烈反对，说："国家弱小，民众疲敝，不应穷兵黩武。"

可姜维根本不听，仍执意出兵，且命张翼和车骑将军夏侯霸跟他一道出征。

同年八月，姜维率数万人进至枹罕（治今甘肃临夏市），再度把兵锋指向狄道。

当时，魏国在西线的主帅郭淮已病故，由陈泰继任征西将军，驻守陈仓。得到战报后，陈泰立刻命雍州刺史王经进驻狄道，阻遏蜀军；同时要求王经，必须等到他率援军抵达，再从东、西两面同时出击，夹攻蜀军。

可是，王经立功心切，没有遵照陈泰的计划入驻狄道，而是前趋至洮水（今洮河），与蜀军前锋打了一场小规模遭遇战。结果，魏军失利。王经遇挫，非但不退，反而率部强行渡过洮水，一心想跟蜀军主力决战。

陈泰闻报，意识到情况不妙，赶紧加快了行军速度。

然而，未及等到援军到达，王经所部就与姜维主力在洮水西岸展开了会战。结果，魏军大败，被杀一万余人，大部逃散，王经仅率残部一万余人退守狄道。

这是姜维多次北伐以来取得的第一场大胜，不由信心倍增，准备乘胜北上，进围狄道。可本来就反对出战的张翼当头给他浇了一盆冷水，说："适可而止吧，不要再前进了。再打下去，说不定这桩大功就毁了，岂不是画蛇添足？"

姜维闻言大怒，仍按原计划北上，将狄道团团包围。

八月底，魏国朝廷得知前线失利，连忙把不久前调到东线的邓艾又调回西线，擢升他为安西将军，与陈泰合力拒敌；同时，又命太尉司马孚率大军继进，作为后援。

此时，陈泰已率部进至陇西，距狄道仅二百余里。

可就在这时，麾下诸将却生出了怯战心理，对陈泰道："王经刚刚战败，敌人士气正盛，而我军各部是刚刚从各地征调而来，说是乌合之众也不为过。

将军带着这样的部队，在战败之后，迎战新胜之敌，恐怕非败不可。古人说：‘蝮蛇螫手，壮士解腕。’《孙子兵法》也说：‘兵有所不击，地有所不守。’这是以小的损失为代价保全大局。而今之计，不如据险自守，一边监视敌情，一边静待时机，等敌军疲惫了，再救援狄道也不迟啊！”

这些将领说得一套一套的，其实说白了就是八个字：拥兵自保，见死不救。

假如魏国将帅都是这副德行，那么姜维的北伐或许就有几分胜算了。遗憾的是，陈泰跟他的前任郭淮一样，都是能征善战且毫无私心之人。所以，姜维的北伐，就注定是百战艰辛而难以建功的。

陈泰一眼就看穿了诸将在打什么小算盘，可也不戳破，而是耐心地跟他们摆事实讲道理。他说：“姜维孤军深入，就是希望跟我们在野外决战，以求一战获取决定性的胜利。王经本应深沟高垒，挫其锐气，如今却与敌军野战，恰好落入敌人的圈套。王经既被击败，姜维的上策，应该是挟新胜之威，向东挺进，进占略阳（今甘肃秦安县东北），夺取那里的存粮，然后招纳羌胡，东争关陇，那我们的麻烦就大了。

“然而，姜维没有这么做，而是屯兵于坚城之下，把原本士气高昂的将士投入艰难的攻城战中，这就令战场的主动权转到了我们手上。兵书上说，制造攻城的撞车、土山等，须三个月的时间。这对于孤军深入的敌人，绝对是不利的。如今，姜维正是孤军深入，粮草不继，我军若迅速前进，所谓迅雷不及掩耳，定可破敌。姜维的面前是坚城，背后是洮水，我军只要占领高地，据守险要，便可遏其咽喉，到时候敌人必定不战而走。”

说服众人后，陈泰随即率部进发，越过高城岭（今甘肃渭源县西），于深夜时分，悄悄抢占狄道东南面的高地。然后，陈泰命部众遍举烽火，鼓角齐鸣。困守城中的王经部众一看救兵来了，顿时士气大振。

姜维没有料到魏国的援军会来得这么快，为了避免被敌人前后夹击，只好命部众掉转方向，沿着山麓对敌军高地发起强攻。可面对居高临下的魏军，蜀军的攻势屡屡受挫，不得不退了下来。

接着，陈泰又故布疑兵，扬言要切断蜀军的退路。

姜维得到情报，大为恐惧。

九月二十五日，姜维被迫拔营而走，退守钟提（今甘肃临洮县南），狄道之围遂解。

王经见到陈泰后，颇感愧疚，长叹道："城中的粮食坚持不了十天了，要不是将军来得快，举城军民必遭屠戮，国土也将沦陷啊！"

陈泰没有怪罪他，而是安抚慰劳其部将士，继而调遣部众换防，并加固了城防工事，然后才带着主力进驻上邽。

得知陈泰击退了姜维，救了王经及其部众一万余人，司马昭十分嘉许，对左右道："陈将军沉着勇敢，遇事有判断力，承担着封疆重任，拯救了即将陷落的城池，却不求朝廷增兵，更不虚报军情，是因为他有克敌制胜的决心和能力。我朝的都督、大将，难道不该都像他这样吗？"

蜀汉延熙十九年（公元256年，曹魏正元三年）正月，姜维因洮西之战大破魏军之功，进位大将军。

虽然姜维早在费祎遇刺身亡后便成了蜀汉军方的一号人物，但正式执掌大权却是从此刻开始的。

不过，由于姜维常年在外征战，所以对中枢的掌控力，还是远远不如前任大将军蒋琬和费祎，更不能与丞相诸葛亮相提并论。

姜维退守钟提后，魏军将领们普遍认为蜀军已经力竭，不会再发动攻势了。只有安西将军邓艾持不同看法，并从五个方面对魏、蜀双方的现状进行了分析。他说：

"洮西之战，我军的损失不小，其结果是士卒疲惫，仓廪空虚，百姓流离失所，所以，他们有乘胜进攻的斗志，而我们却士气不振，此其一。

"蜀军的将领和士兵，互相了解信任，而我军的部众是刚刚从各地调集的，且武器装备也没能完全补充，此其二。

"他们可以利用舰船行进（钟提附近有黑龙河、永宁河，可逆水而上），我们只能在陆地上行军，劳逸程度大不相同，此其三。

"我军在狄道、陇西、南安、祁山四地都要部署防御，兵力分散，而敌人却可以集中兵力，专攻一点，此其四。

"从南安、陇西出发，沿途可以征收羌人的粮食；若是直趋祁山，那一带更有熟麦千顷可供蜀军收割，此其五。"

最后，邓艾得出结论："贼有黠计，其来必矣！"（《资治通鉴·魏纪九》）

姜维狡黠，一定会来进攻！

不出邓艾所料，这一年七月，姜维果然率部东进，兵锋直指祁山。可他很快便接到情报，得知邓艾早有防备，于是舍弃祁山，回军董亭（今甘肃武山县南），准备转攻南安。

然而姜维万万没想到，神出鬼没的邓艾不知何时已经抢占了董亭附近的武城山（今甘肃武山县西南），正横亘在他的必经之路上。

姜维发现去路遇阻后，不得不针对几处险要之地，命部众与魏军展开争夺战。但魏军占据了有利地形，蜀军屡攻不克。姜维没办法，只能再度改弦易辙，连夜渡过渭水，沿着武城山东进，准备转攻陈泰驻守的上邽。

为了确保这次行动的顺利，姜维决定采取"分进合击"的战术，由自己率领主力，另派大将胡济率领一部，兵分两路，并约定在同一时间进围上邽。

可计划还是赶不上变化。当姜维亲率主力行至上邽西南面的段谷时，邓艾竟然从背后追上了他，并立刻发起了攻击。而胡济所部不知何故，并未按时抵达战场。姜维只能掉头迎战，结果大败，"士卒星散，死者甚众"。

姜维率残部拼死突围，此次北伐再度以失败告终。

刚刚因洮西之战的胜利而建立起来的功勋和威望，转眼就烟消云散了。经此大败，朝野上下对姜维充满了怨言——"众庶由是怨讟"（《三国志·姜维传》）。

这个先胜后败的惨淡结局，其实早在去年就已经被那个厌战的张翼说中了："不宜复进，或毁此大功，为蛇画足。"（《资治通鉴·魏纪九》）

不知此刻的姜维，是该骂张翼"乌鸦嘴"，还是该佩服他的先见之明呢?

姜维回朝后，引咎辞去了大将军之职。刘禅为了平息众怒，只好将他贬为后将军，然后"行大将军事"，即降级处理，但实权仍在。

《三国演义》曾经把诸葛亮塑造为周瑜的克星，故有基于虚构而衍生的"既生瑜，何生亮"之说；而在真实的三国后期历史中，我们发现，邓艾才真正是姜维的克星，所以姜维完全有理由感叹——"既生维，何生艾！"

第六章

政变进行时

权臣轮流做，明年到我家

自从干掉诸葛恪、夺取了东吴的军政大权后，孙峻专权跋扈的程度，丝毫不亚于诸葛恪。《资治通鉴》便称其“骄矜淫暴”，以致“国人侧目”。

正如魏国朝野不满于司马家族的擅权，因而屡屡发动叛乱一样，东吴的许多文臣武将自然也不会任由孙峻为所欲为。

东吴五凤元年（公元254年）秋，孙峻上位还不到一年，时任司马的桓虑便召集了一帮文武将吏，准备发动政变，干掉孙峻，然后拥立孙登之子孙英为帝。不料密谋泄露，桓虑及其追随者被孙峻全部诛杀。

时隔仅一年，即五凤二年（公元255年）七月，吴国将领孙仪、张怡、林恂等人，便再度密谋刺杀孙峻，但同样功败垂成，共有数十人被杀。

全公主孙鲁班因与妹妹孙鲁育（世称朱公主）的政治立场一向相左，早就势同水火，便趁此机会诬陷孙鲁育参与了孙仪等人的未遂政变。孙峻本着“宁可错杀，不可放过”的态度，就把朱公主孙鲁育也杀了。

通过一轮又一轮清洗，孙峻手上沾染了越来越多的鲜血，而权臣的地位也愈加巩固。东吴朝野固然还有不少反对他的人，但基本上都不敢再轻举妄动了。

五凤三年（公元256年）九月，归附东吴的文钦为了立功，献上了不少关于曹魏的军事情报，极力建议攻魏。孙峻采纳后，遂命骠骑将军吕据、车骑将军刘纂、镇南将军朱异、前将军唐咨率领水军，从江都出发，准备经淮河、泗水北上，进攻魏国的青、徐二州。

大军扬帆启航之际，孙峻亲临建业西北的石头城，为诸位大将饯行。

然而，没有人料到，这个一手遮天、杀人如麻的权臣孙峻，竟然在回程中突发急病，旋即暴毙，年仅三十八岁。

也许，这就叫报应。当举国上下没人奈何得了他的时候，老天爷只能亲自出马，用最简单粗暴的方式把他收了。

孙峻临死前，把后事交代给了自己的堂弟、时任偏将军的孙綝。

这个孙綝，时年才二十六岁，当时担任的“偏将军”一职也不过是中下级武官，此前也从未建立任何战功，不论从哪个方面来看，都只能算是初出茅庐的毛头小子一个。

可就是这么一个嘴上无毛的家伙，仅凭权臣孙峻的临终指定，就突然掌控了东吴帝国的军政大权，以火箭速度蹿上了权力之巅——九月十四日，即孙峻暴毙当天，朝廷便任命孙綝为侍中、武卫将军，并都督中外诸军事。

如此荒诞的一幕，顿时令吴国臣民目瞪口呆。

一朝权在手，便把令来行。孙綝上位后，担心吕据等大将统兵在外，易生变故，便在第一时间发出诏令，命吕据等人即刻班师回朝。

吕据得知区区孙綝竟然成了辅政大臣，顿时勃然大怒——你小子算哪棵葱？老子上阵杀敌的时候，你还在穿开裆裤呢，居然也敢窃据大权？！

随后，吕据一边往回赶，一边与刘纂、朱异、唐咨等大将联名上表，举荐滕胤出任丞相。

孙綝闻讯，立刻任命滕胤为大司马，然后命他出镇武昌，打算以明升暗降的手段把他排挤出权力中枢。

山雨欲来风满楼。一场事关东吴最高权力的生死博弈已不可避免。

按理说，这是一场实力悬殊的较量。因为斗争的一方是堂堂托孤大臣吕据和滕胤，一个手握兵权，一个位居中枢，不论从身份、地位、威望，还是从功勋、资历、年龄来看，跟毛头小子孙綝比起来，都具有压倒性优势，博弈的结果应该没有任何悬念。

遗憾的是，接下来发生的事情，却超出了所有人的意料——吕据和滕胤远远没有人们认为的那么强悍，而毛头小子孙𬘭也绝非常人想象的那般孱弱。

吕据回军的同时，命人给滕胤送去口信，约定回朝之日，便与他一同废黜孙𬘭。

孙𬘭的反应极为迅速，马上展开了一连串行动：命堂兄孙宪率军镇守江都，抵御吕据；又派出中使，以皇帝名义，敕命文钦、刘纂、唐咨等大将共同讨伐吕据；同时派出左将军华融、中书丞丁晏前往滕胤府邸，对他发出最后通牒，命其即刻离京，前往武昌。

滕胤意识到一场恶斗已在所难免，只能与孙𬘭针锋相对：他一边劫持了华融和丁晏，勒兵自卫，一边派人联络禁军将领杨崇、孙咨，说孙𬘭作乱，然后强迫华融写信给孙𬘭，劝其收手。

孙𬘭当然不可能收手。他见信后，立刻上表少主孙亮，奏称滕胤谋反，同时命将军刘丞率骑兵围攻滕胤府邸，并许诺事成之后，封他爵位。

此刻，滕胤手中的兵力只有侍卫亲兵数十人，根本无法抵挡刘丞。眼看禁军将领杨崇等人毫无回音，而吕据又迟迟未至，滕胤只好强迫华融和丁晏伪造诏书，欲发兵讨伐孙𬘭。可华、丁二人抵死不从，滕胤只能把他们杀了。

形势危急，侍卫向滕胤建议，趁府邸还没被包围，索性直接杀到皇宫，据守苍龙门。他们说："到时候禁军将士们看到明公，定会抛弃孙𬘭，支持明公。"

可直到此刻，滕胤仍然不愿迈出这决定性的一步。

一方面，他是想等吕据大军回朝，再一举除掉孙𬘭；另一方面，则是他不敢做出"兵逼皇宫"这种大逆不道的事情——哪怕孙𬘭的屠刀已经架到了他的脖子上。

于是，宝贵的时间就在滕胤的等待中飞快流逝。

据说当天晚上，凛冽的北风在建业上空呼啸了一夜，仿佛预示着某种不祥，而滕胤则"颜色不变，谈笑如常"（《资治通鉴·魏纪九》）。他鼓励身边的侍卫，说吕据的大军就快到了，而侍卫们也皆愿为他效死，没有一个人离去。

直到次日破晓，吕据大军仍然毫无踪影，而孙𬘭派出的刘丞等部，则已将滕胤府邸团团包围。几乎没费什么工夫，军队便突破防御，冲入了滕胤府中，将他和数十名侍卫全部砍杀。

同日，孙綝夷灭了滕胤的三族。

当滕胤身死族灭的噩耗传出，吕据顿时万念俱灰。部众劝他索性投奔曹魏，可吕据却说："吾耻为叛臣。"然后就挥刀自尽了。

这一文一武两位托孤大臣，就这样出人意料地败给了一个刚出道的年轻人。

究其失败的原因，滕胤是死于迂腐，吕据是死于愚忠，二者可以说如出一辙。

滕胤若是果断一些，采纳侍卫的建议，直接兵逼皇宫，以他辅政大臣的身份及威望，说不定真的能争取到禁军的支持，那么最终身死族灭的就是孙綝了。但滕胤宁可在家里坐着等死，也不敢在这非常时刻采取非常行动，实在令人扼腕。

再来看吕据，哪怕滕胤死了，大事其实尚有可为。毕竟在眼下的东吴帝国，像他这种资历深厚的大将已经屈指可数，何况他手里还有一支现成的大军，本身又是孙权指定的顾命大臣，不论从哪方面来讲，他都可以名正言顺地打出一个"清君侧"的旗号，率大军踏平建业，诛杀孙綝，然后拨乱反正，重振朝纲。

要说忠，这才是对家国社稷真正的"大忠"，这才对得起孙权当年的托孤之任。

只可惜，吕据竟然以不愿做叛臣为由一死了之，这就是典型的愚忠，是拘守小节而忘却大义的愚蠢之举！

反观孙綝，这个看上去资历浅薄、毫无经验的毛头小子，却自始至终表现得十分沉着冷静，出手也异常迅捷狠辣。难怪孙峻临死前会把大权交给他，说明孙綝本来就是深藏不露的博弈高手——单纯从政治斗争的角度来看，孙峻选他做接班人还是颇有眼光的。

有人说："邪恶的弹冠相庆，只源于善良的无所作为。"相比于心狠手辣的孙綝，滕胤和吕据似乎都显得挺"善良"，但这样的善良，不但于己不利，而且于事无补，丝毫不值得同情，更不值得称道。

这一年十月六日，东吴朝廷大赦天下，改元太平。

至此，孙权临终前为幼子孙亮指定的五位顾命大臣——诸葛恪、孙弘、滕胤、吕据、孙峻——三人死于非命，一人自杀，一人暴毙，已无一存世。

同年十一月，孙綝晋位大将军，正式成为东吴的实际执政者。

权臣轮流做，明年到我家。东吴的历史，就这样在接二连三的阴谋、杀戮和死亡中，翻开了新的一页。

而这一页刚刚翻开，熟悉的血腥味就再度扑面而来了。

史称，年轻的孙綝上位后，便“负贵倨傲，多行无礼”（《资治通鉴·魏纪九》），即自认为地位尊贵，所以十分倨傲，不把任何人放在眼里，言谈举止骄慢无礼。

孙綝的暴发户嘴脸，让另一个姓孙的十分不满。

这个人就是他的堂兄孙宪。

当初孙峻刺杀诸葛恪时，孙宪也曾参与其事，因而事后颇受孙峻重用，官至右将军、无难督（禁军总督）等。而孙峻临死前，竟然没把权力交给他，而是给了资历浅、官职低、年纪轻的孙綝，这自然令孙宪很不平衡。此外，孙綝上位后，又眼高于顶，牛皮烘烘，给孙宪的待遇远不如孙峻在位之时，更是让他怀恨在心。

这两个因素一叠加，迅速催生了孙宪内心的杀机——你小子可以当权臣，我凭什么不能?!

于是，孙宪暗中联络了将军王惇，准备伺机刺杀孙綝。可正如孙峻在位时，多起未遂政变都提前泄密了一样，孙宪和王惇的密谋也没能瞒过孙綝的耳目。事情败露后，孙綝诛杀了王惇，孙宪只好服毒自尽。

东吴太平二年（公元257年）四月，令孙綝有些始料未及的是，时年十五岁的少主孙亮，忽然亲临朝会正殿，踌躇满志地准备亲政了。

虚岁十五，放到现在也就刚上初二，还是个半大孩子。可孙亮却表现出了远远超越其年龄的聪明、睿智和早熟，下面几个例子就足以证明。

当时，每逢孙綝上表奏事，孙亮都会反复询问，有时还会提出犀利的质疑，让孙綝颇有些吃不消。除了过问朝政，孙亮还做了一件事——培养自己的武装力量。

他亲自从军队将士的子弟中，选拔了三千名十五岁到十八岁的壮士，组成了一支近卫军，然后又从大将子弟中遴选了一批年轻勇猛的来担任将领，并让他们每天都在御苑中进行军事训练。孙亮对左右说：“我建立这支部队，是想让他们跟我一起成长。”

另外，孙亮还屡次前往中书监，调阅孙权时代的政务档案，然后对左右侍臣提出了这样的问题：“先帝理政，时常乾纲独断，可如今大将军处理政事，却只让我签字画可而已，这是为何？”

虽然这样的质问显得稚气未脱，但却十分犀利，直指“皇权旁落，权臣当道”这一要害。可想而知，当孙綝听到这句话，内心会生出怎样的担忧和恐惧。

还有一件事，也非常生动地体现了孙亮的细致和聪明。

有一次，孙亮在吃生梅，因为怕酸，就让身边的小黄门去宫内府库取些蜂蜜来。不料蜂蜜拿来后，里面竟然有一颗老鼠屎。孙亮立刻把管理府库的官吏叫来问话。府库官吓得磕头不止，却无从解释他的渎职行为。

孙亮分别观察了一下府库官和小黄门的表情，便已察觉到了什么，便问府库官：“此前，小黄门是否曾私下向你讨要蜂蜜？”

府库官答：“确有此事，只是臣实在不敢给。”

如此一问一答，孙亮就很清楚那颗老鼠屎是哪来的了。可是，旁边的小黄门却大为不服。毕竟这只是府库官的一面之词，既无法证明小黄门曾私下索要蜂蜜，又无从证实老鼠屎的来源和真相。

孙亮见状，便命人对那颗老鼠屎进行了“解剖”。结果剖开一看，里头还是干燥的，尚未被蜂蜜浸湿。孙亮朗声大笑，对一脸懵懂的左右说：“如果老鼠屎早就掉进了蜂蜜，里外必然都是湿的；可现在只有外面是湿的，里面还很干燥，说明它刚掉进去不久。换言之，此事正是小黄门所为！”

然后，孙亮一审，小黄门就一五一十全交代了。

不出孙亮所料，那颗老鼠屎正是小黄门扔进去的，目的是陷害府库官。而他的动机，就是之前索要蜂蜜被拒，所以伺机报复。

当“案情”水落石出后，左右人等无不惊异，都对少帝的聪明佩服得五体投地。

通过上述事件，足以证明两点：

第一，当初孙权之所以对幼子孙亮情有独钟，的确不是没道理的，这孩子果然与众不同。

第二，孙亮显然遗传了孙权的高智商，假以时日，极有可能跟青年时代的孙权一样，成为一位精明强干、雄才大略的英主。

对此，刚刚坐上权臣交椅的孙綝当然是寝食难安了——才十五岁、刚准备亲政就如此聪明，又是建立军队又是过问政事，大有乾纲独断的苗头，若是再过几年，那还了得?!

为了保住权臣之位，孙綝不得不从这一刻就开始未雨绸缪了。

就此而言，孙亮的聪明和早熟对他来讲非但不是幸事，反倒成了祸根。因为很多时候，一个普通人太过“聪明外露”，尚且会遭人嫉妒和打压，更何况一个想从权臣手中夺回朝政大权的小皇帝?

所以，孙亮的未来，注定充满了危险……

淮南三叛：诸葛诞引发了一场大战

在司马懿父子相继独揽大权，并最终篡魏立晋的道路上，淮南郡无疑是一个最大的障碍。

司马懿执政时，王凌据淮南发动第一次叛乱；司马师执政时，毌丘俭据淮南发动第二次叛乱；如今轮到司马昭执政，时任征东大将军的诸葛诞竟然又在此地发动了第三次叛乱!

寿春，简直成了曹魏后期的一座“造反者孵化基地”，而且效率奇高，凡进驻者，包你反叛!哪怕第一拨和第二拨造反者都已身死族灭，可诸葛诞还是义无反顾地成了第三拨造反者，大有前仆后继、不死不休之势。

那么，诸葛诞为何要造反呢?

据《资治通鉴》转引《三国志》的相关记载称，是因为诸葛诞“素与夏侯玄、邓飏等友善，玄等死，王凌、毌丘俭相继诛灭”，诸葛诞便“内不自安”了。如此看来，原因就是物伤其类、唇亡齿寒。

不过，当初毌丘俭、文钦造反时，就想拉诸葛诞入伙，可他二话不说就把人家的使者砍了，表现得十分忠于朝廷（司马师）。既如此，就说明至少在司马师执政时，诸葛诞是坚决与毌丘俭等人划清界限的，绝无造反之心。

可见，真正促使诸葛诞揭起反旗的，应该还是与司马昭有关。准确地说，是因为司马师在位时，对诸葛诞颇为器重，二人相互信任的程度很高；但是到司马昭上位后，情况就大不相同了，彼此开始有了猜疑之心，导致互信程度急剧降低。

有一件事，足以证明这一点。

那是在曹魏甘露元年（公元256年）冬，诸葛诞得到情报，说东吴准备入侵徐堨（东关以东，今安徽含山县西南）。诸葛诞当即上奏朝廷，请求向寿春增兵十万，并建议在淮河沿岸修筑要塞，以防备东吴。

而司马昭却认为，诸葛诞现有的兵力足以应付东吴，根本没必要大举增兵并修筑要塞，于是驳回了他的请求。

如此一来，一条猜疑链的第一环就悄然生成了：

在司马昭看来，诸葛诞请求增兵、修筑要塞，与其说是为了防御外敌，不如说是想壮大实力、拥兵自重；而在诸葛诞看来，司马昭断然驳回他的请求，分明就是不信任他，对他起了猜忌之心。

紧接着，猜疑链继续延伸，顺理成章地生出了第二环：

司马昭上位后，为了巩固权力，派遣心腹贾充（贾逵之子）等人前往寿春、新野、长安、蓟县四地，分别去“慰劳”曹魏帝国的征东、征南、征西、征北四位手握重兵的大将军，试探他们对司马昭是否足够忠心。而贾充就被司马昭派到了最不放心的淮南，任务便是刺探诸葛诞。回朝后，贾充立刻禀报司马昭，说：“诸葛诞在寿春根基深厚，民望所归。不如征召他入朝，我料他不会来，且必定造反，但现在反，后果不会很严重；倘若今日不征召，让他继续壮大，那将来的后果会比现在严重得多。”

言下之意，长痛不如短痛，既然疑心诸葛诞会反，不如提早将他逼反！

司马昭深以为然，遂于甘露二年（公元257年）五月，征召诸葛诞回朝，担任司空。

这就是典型的“外示尊崇，内夺其权”，诸葛诞当然不会乖乖回朝，引颈就戮。

至此，司马昭与诸葛诞之间，便从相互猜疑走到了你死我活的地步——不是诸葛诞起兵推翻司马昭，就是司马昭出兵扫平诸葛诞，二者必居其一！

诸葛诞怀疑是同驻寿春的扬州刺史乐綝告发他，遂斩杀乐綝，然后集结了淮南、淮北各郡县的屯垦兵团十余万人，另外征召精兵四五万人，并囤积了足够大军一年所用的粮草，在寿春揭起了反旗。

在起兵的同时，诸葛诞就找好了后路，命长史吴纲带上其幼子诸葛靓及部分将领的子弟，前往东吴充当人质，同时向东吴称臣，请求发兵援助。

得知曹魏内乱再起，孙綝大喜，立刻命将军全怿（全琮之子）、全端（全琮之侄）、唐咨、王祚，率三万部众，与文钦同时出发，驰援诸葛诞，同时给诸葛诞封了一堆官爵：左都护、假节、大司徒、骠骑将军、青州牧、寿春侯。

同年六月，司马昭集结了二十六万大军，亲自率领，出征寿春。

在这支东征大军的队列中，赫然有少帝曹髦和郭太后。这是司马昭专门安排的，因为他担心把二人留在京师，万一被人利用，给他来个“挟天子以令诸侯”，那他司马昭可就进退失据了。所以，他必须时时刻刻把少帝和太后攥在掌心，心里才踏实。

同月二十五日，东征大军迅速进抵丘头。司马昭命大将王基、陈骞为前锋，率部进围寿春。

王基等部进至寿春后，还没来得及围城，文钦、全怿等东吴援军已从城池北面的八公山突入了城中。

一座小小的寿春城，顿时挤满了军队——诸葛诞自有部众十五六万，加上全怿等人的三万，再加上文钦所部，总计应该超过了二十万。

司马昭得知对方大军云集，遂命王基固守营垒，可王基却屡屡要求出战。就在此时，东吴镇南将军朱异（朱桓之子）又率所部三万人自武昌出发，迅速进抵安丰郡（今安徽霍邱县），与寿春遥相呼应，并从南面对魏军侧翼构成了威胁。

司马昭担心王基腹背受敌，遂命他放弃营垒，转移到寿春北面的八公山。

王基接到军令后，却将其扔到了一边，对部将说：“如今，我军对寿春的包围圈已经完成，营垒坚固，兵马就位，只需加强工事，防止他们突围就行了，要是现在转移阵地，令敌人突围逃逸，只怕再有智谋的人来都没办法了。”

随后，王基上疏司马昭，解释了自己拒绝听命的理由：“与敌军对峙，应当不动如山，若转移到险要之地，军心反而会动摇，声势也会居于下风。如今，各军均已进入深沟高垒之中，军心稳固，切不可轻易改变行动。”

司马昭经过一番斟酌后，收回成命，采纳了王基的建议。

于是，一场大规模的攻城战就此打响。以王基所部为首的魏国大军将寿春四面合围，且以壕沟和营垒组成了数重包围圈。文钦等部多次企图突围，都被魏军打了回去。

为了防止吴国援军从背后进行攻击，司马昭命大将石苞、州泰、胡质等人，遴选精兵，在外围游弋，阻击来援之敌。很快，州泰所部便跟吴将朱异在阳渊（今安徽长丰县南）遭遇，双方交战，朱异败退，州泰追击，杀死杀伤吴军二千人。

同年七月，得知文钦等部被困、朱异进援遇阻，孙綝遂亲率大军，推进到镬里（今安徽巢湖市西北），大有与魏军决一死战之势。

至此，这场由诸葛诞叛乱引发的战役迅速升级，演变成了一场魏、吴两国的大战。

这一战，魏国投入的兵力是二十六万；而吴国援军加上诸葛诞的兵力，仅寿春一地就超过二十万，再加上朱异的三万及孙綝带来的援军，总兵力绝对在二十六万以上，甚至可能达到三十万。

也就是说，魏、吴双方在这一战中投入的兵力相加，已达到五十多万。如此规模，放在整个三国时代，都是极为罕见的。单论兵力，此战的规模已远远超过了官渡之战、赤壁之战和夷陵之战。假如曹操、孙权等人还在世并亲自指挥的话，这一战的精彩程度以及在后世的知名度，一定不亚于三大战役。

可眼下，双方的主帅是司马昭和孙綝，这就令此战的精彩程度大打折扣了。接下来我们便会看到，司马昭的表现还算可圈可点，而孙綝的表现，则只能用一塌糊涂来形容。

孙綝发出的第一道命令，是让刚刚撤下来的朱异再度上阵，率丁奉、黎斐等五部兵马前去解寿春之围。朱异只能听令，随即率部北上，迅速推进到寿春南面的都陆（今安徽六安市西）。朱异把辎重粮草留在此地，然后继续挺进到黎浆（今安徽寿县东南）。

负责外围打援的魏将石苞、州泰，早已在此等候多时。他们以逸待劳，趁吴军刚刚进入战场、立足未稳，立刻发起攻击，结果朱异再度败北，只能撤退。

而朱异的这次撤退，就比上回惨多了。因为就在石苞、州泰攻击他的同时，魏将胡烈已率一支五千人的奇兵，偷袭了都陆，把吴军的所有辎重粮草全部付之一炬了。等朱异退到都陆时，眼前只剩下一片废墟。

彻底断粮的朱异被迫带着残部往大本营镬里撤退。从都陆到镬里将近四百里，一路上，饥饿难耐的部众只能摘葛叶充饥。

眼见朱异带着一帮残兵败将归来，孙綝十分不悦，立刻下达了第二道指令，命朱异再度出发，与敌死战。

这显然是一道违背常识且毫无人性的命令。朱异和他的部众两度被击溃，且饿着肚子跑了四百里路，好不容易捡回一条命，你不让他们休整，还强迫他们第三次出战，这不等于叫他们去送死吗？！

朱异大为愤慨，遂以“士卒乏食”为由，抗命不从。

孙綝感觉自己的权威受到了冒犯，顿时勃然大怒。同年九月初一，孙綝在镬里将朱异斩杀。原本就将星凋零的东吴，很不幸又失去了一位大将。

事实上，在此时的孙綝大营中，并非没有可战之兵，亦不无可战之将，然而孙綝却只盯着朱异和他的部众，实乃咄咄怪事。

究其原因，我们只能认为，孙綝完全没有指挥大战的经验和能力，更缺乏面对强敌应有的冷静和理性，所以只好凭借个人情绪来指挥作战。

朱异在阳渊第一次战败后，孙綝可能就对他心生不满了，但此时命朱异二度出战，还不能说完全出于情绪，或许也有“使功不如使过”、让朱异戴罪立功的意味；可当朱异二度战败、士气尽丧后，孙綝不顾一切逼他三度出战，这就完全属于情绪驱动，没什么好解释了；而到最后朱异抗命，孙綝一怒之下把他斩了，这种行为就更是情绪失控的产物。

若换作一位合格的主帅，正确的做法，应该是等战事结束后，再用军法处置朱异，而绝不会在大战的紧要关头临阵斩将。

很显然，当初在“窝里斗”时表现得十分沉着冷静的孙綝，在对外作战中就不可避免地原形毕露了。这或许就是人们常说的“内战内行，外战外行”。

斩杀朱异后，孙𬘭既没有做出新的作战部署，又没有再向寿春派出一兵一卒，而是于九月初三拔营而走，突然班师回朝了。

此时的诸葛诞、文钦、全怿等人，以及他们的二十多万部众，分明已经被孙𬘭完全抛弃。

是死是活，各安天命。

我不玩了，你们好自为之。

面对如此行为乖张又毫无责任感的统帅，东吴的臣民和将士们无不齿冷心寒。

史称："𬘭既不能拔出诸葛诞，而丧败士众，自戮名将，由是吴人莫不怨之。"（《资治通鉴·魏纪九》）

攻心为上：司马昭的谋略

得知孙𬘭带着大军跑了，司马昭虽然松了口气，但并未放松对寿春的包围，反而加紧了攻势。

为了麻痹诸葛诞等人，司马昭命人散布假情报，声称吴国援军即将抵达，而魏军则已粮草不继，现已将部分老弱残兵送到淮北有粮的郡县，看来不久就要解围而去了。

诸葛诞等人信以为真，于是丝毫不对城中的存粮进行管控。很快，在二十多万大军无节制的消耗之下，原本可供十几万大军食用一年的粮食，开始出现短缺迹象了。

至于诸葛诞等人翘首以待的救兵，更是连影子都没有。

眼看形势不妙，诸葛诞的心腹将领蒋班、焦彝极力建议突围。他们说："朱异率大军来援，却无法前进，而孙𬘭杀了朱异后就回了江东，对外宣称还会派遣救兵，实际上就是坐看我们成败。为今之计，应该趁军心尚稳、士卒还肯用命，拼死突围，全力进攻一个方向，就算不能击败敌人，至少可以让部分将士杀出去；倘若坐在这里等死，将毫无意义。"

文钦则坚决反对这种孤注一掷的做法。

他对诸葛诞说：“明公举十余万部众归命于吴，而我跟全怿、全端诸将甘愿与明公同居死地，我们的父兄子弟都在江东，就算孙綝不肯派援兵来，皇上及全怿等将士们的亲戚，又岂能坐视不管?！且魏国没有一年不发生巨变，军队和百姓都疲惫不堪，只要我们在此坚守一年，魏国必起内乱，何苦舍弃寿春，而去侥幸行险呢？”

面对这两种针锋相对的意见，诸葛诞表面上不置可否，内心却倾向于文钦。

见领导不表态，蒋班和焦彝大为焦急，遂频频劝谏。文钦见二人如此聒噪，不禁怒形于色。诸葛诞担心双方矛盾激化，会引发内讧、坏了大局，于是准备暗中除掉蒋班和焦彝。蒋、焦二人嗅出了危险的气息，遂于同年十一月偷偷出城，投奔了魏军。

蒋班和焦彝的投诚，令司马昭欣喜地发现——寿春的人心开始离散了。

为了进一步离间叛军，司马昭开始留意一切可资利用的情报。恰在此时，建业发生了一起叛逃事件。叛逃者是全怿的侄儿全辉、全仪。此二人因与族人发生纠纷，索性带着母亲及数十名部众，举家投奔了魏国。

司马昭得知这一情报后，马上决定拿来做文章。时任黄门侍郎的钟会当即献计，命人模仿全辉、全仪的笔迹写了一封信，然后命二人的亲信把信带入寿春，信上说：“吴国朝廷迁怒于全怿等将军不能解救寿春，打算把诸位将领的家人悉数诛杀，所以我们只能逃亡，归命魏国。”

司马昭依计而行。全怿、全端等人见信后，又惊又怒，对吴国的忠心瞬间荡然无存。

同年十二月，全怿、全端等人带着数千嫡系部众，出城投降了魏军。司马昭大喜，立刻任命全怿为平东将军，封临湘侯，全端等人也都加官晋爵。

守城将士的相继逃亡，沉重打击了寿春守军的士气。一时间，“城中震惧，不知所为”《三国志·诸葛诞传》。

诸葛亮曾经说过：“用兵之道，攻心为上，攻城为下；心战为上，兵战为下。”

眼下的司马昭，显然也深谙此道。

曹魏甘露三年（公元258年）正月，被围困达半年多的寿春已然危在旦夕。

本来对吴国朝廷还抱有一线希望的文钦，终于死心了。他意识到，再不设法突围，最终只能被活活困死在这里，遂对诸葛诞道：“蒋班和焦彝投降后，一定会告诉司马昭，说我们不敢突围；而全怿、全端等人的投降，也会让司马昭起轻敌之心。所以我认为，眼下正是魏军防备松懈的时候，正可全力突围、拼死一战！”

此时诸葛诞的心情，与文钦如出一辙，还有吴将唐咨、王祚等人也差不多。大家都知道，坐困孤城的唯一结果就是死路一条，所以只能殊死一搏。

随后，诸葛诞、文钦命部众制作了大批攻击营垒的器具，然后率众对魏军的深沟高垒发起了不计代价的进攻。

这场突围之战打得异常惨烈。诸葛诞等人选择了南门作为突破口，在接下来的五六天中，命部众不分昼夜，轮番对南围的魏军营垒发起强攻。魏军则居高临下，用抛石车和火箭抵御，砸毁、焚烧了对方的大量攻垒器具，也给诸葛诞等部造成了巨大的伤亡。

《三国志·诸葛诞传》描述了当时的惨况：“弩矢及石雨下，死伤者蔽地，血流盈堑。”即箭矢和巨石如雨而下，死伤累累，尸横遍地，鲜血几乎流满了壕沟……

突围失败，诸葛诞、文钦等部只好撤回城中。

此时，城中存粮越来越少，转眼就要告罄。而守军的意志也濒临崩溃的边缘，很快便有数万军民出城投降。文钦旋即以节省粮食为由，极力建议诸葛诞把来自北方的军民全部驱赶出城，由东吴的部众继续坚守。

如此居心叵测的提议，直接就把诸葛诞惹毛了。

因为诸葛诞的部众，大部分都来自北方，如果把他们全部赶走，只留下东吴部众，那诸葛诞不就成光杆司令了吗？到时候岂不是任你文钦宰割？

事实上，诸葛诞和文钦的关系本来就不好，只因同在一条船上，不得不合作，但绝不意味着两人从此就捐弃前嫌了。所以在诸葛诞看来，文钦如此提议，极有可能是想削弱他的力量，然后砍下他的脑袋去献给司马昭，以此功劳重新叛回曹魏。

为了不让文钦得逞，诸葛诞决定先下手为强。

于是，还没等魏军攻破寿春，一场致命的内讧就爆发了。诸葛诞借口叫文钦来议事，然后一刀便将其砍杀。文钦的两个儿子文鸯、文虎得知噩耗，万分悲愤，召集部众要去攻打诸葛诞。不料，部众得知文钦已死，皆无斗志，不肯听命。文鸯和文虎万般无奈，只好出城投降了司马昭。

至此，原本大将云集的寿春降的降、死的死，只剩下诸葛诞、唐咨等寥寥数人，城池的陷落也只是时间问题了。

司马昭“攻心为上”的战略，显然取得了极大成功。不过，在最后的胜利到来之前，司马昭绝不会掉以轻心，而是决意把攻心战略进行到底。

当文鸯、文虎来降后，军中负责执行军法的官吏马上提议将二人处决。司马昭却不同意，说：“文钦叛国，固然罪不容诛，其子按说也应就戮，然而文鸯、文虎因穷途末路前来归命，且城池未拔，若杀了二人，是在帮叛军坚定守城的意志。”

随后，司马昭赦免了文鸯和文虎，并命二人率数百轻骑，沿着寿春的城墙来回巡弋，向城墙上的守军喊话，说：“连文钦的两个儿子都没有被杀，其他人还有什么好怕的呢？”

紧接着，司马昭又十分高调地擢升文鸯、文虎为将军，并赐爵关内侯。

如此种种，犹如最后的致命一击，彻底攻破了寿春守城将士的心防。换言之，由文鸯、文虎带来的巨大广告效应，令守城将士意识到，唯有投降，才是他们眼下唯一的、也是最好的出路。

与此同时，由粮食短缺引发的饥饿与恐慌，也成了压垮骆驼的最后一根稻草。

司马昭意识到时机已经成熟，遂亲自登上攻城阵地，观察敌军的状况，只见城上敌军全都手持弓箭，却没有一个人朝他射击。

司马昭微然一笑，对左右将领说了三个字：“可攻矣！”

总攻开始了，魏国的二十多万大军从四个方向同时对寿春发起最后的进攻。

这一年二月二十日，寿春城破，垂死挣扎的诸葛诞带着数百名侍卫亲兵，企图从城池西南面的“小城”（春申君故居）突围，结果被魏军胡奋所部斩杀，麾下亲兵悉数被俘。

司马昭即刻下令，夷灭了诸葛诞的三族。

不幸中的万幸是，因诸葛诞在战前把幼子诸葛靓送到了吴国当人质，因而未被灭门。后来，侥幸躲过这场惨祸的诸葛靓便在东吴为官，历任右将军等职。吴国被晋朝攻灭后，诸葛靓虽率众归降，但念及父仇，终身不仕晋朝，最后归隐林泉，不知所终。

魏军破城后，总计俘虏了十万人，缴获的军资器械更是堆积如山；唐咨、王祚等将领，带着麾下的一万吴军部众，全部投降。

值得一提的是，当灭顶之灾来临时，并不是所有人都贪生怕死，还是有少数人表现出了临死不屈的气节。

如吴将于诠，战至最后，对左右说："大丈夫奉命出征，率军救人，既然无法完成使命，就只有一死，至于束手就擒、投降敌人这种事，我是不干的。"说完故意脱掉了头盔和甲胄，然后视死如归地冲向敌阵，旋即被魏军砍杀。

另外，诸葛诞麾下那数百名亲兵被俘后，也坚决不投降。魏军为了迫使他们投降，就命他们排成一列，然后每杀一人，就问后面的人降不降。结果就这么问一句，杀一个，问一句，杀一个……直至杀到最后一人，得到的依旧是否定的回答。

就这样，数百人全都昂着头颅慷慨赴死，无一例外。这壮烈的一幕，相信在场的魏军将士，一定也会为之悚然动容。

叛乱平定后，魏国朝廷有不少人认为，淮南三度叛乱，为害甚巨，且吴国降卒的家属皆在江东，很难真心归降，遂提议将所有俘虏全部坑杀。

可司马昭很清醒，并未采纳。他说："自古用兵，都只是诛杀元凶首恶，并不以破国屠城为目的。就算东吴将士被我们赦免之后逃归江东，那也只会显示我们魏国的宽仁和大度。"

于是，司马昭没有坑杀一人，而是把十余万俘虏全部送到了河南、河东、河内三郡安置。降将唐咨被任命为安远将军，其他将领也都得到了相应的官职。至于遭诸葛诞胁迫的淮南广大军民，则全部被朝廷赦免。此外，司马昭还十分人性化地让文鸯兄弟收殓了亡父，并送给牛车，让他们扶棺回乡安葬。

司马昭的上述举措，为他广泛赢得了人心，也在一定程度上为司马家族日后篡魏自立奠定了基础。

由此可见，司马昭攻心战略所指向的目标，并不局限在一座小小的寿春城，更是指向了洛阳，指向了曹魏的帝座，指向了包括魏、蜀、吴在内的整个天下！

也许，正是受到了这股豪情的激励和驱动，司马昭攻克寿春后，立刻做出了一个重大决定——乘胜东进，攻灭吴国！

一向敢于直言切谏的王基得知此事后，立刻提出了反对意见。

他对司马昭说："当初，诸葛恪挟东兴大捷的余威，倾江东之兵围攻合肥新城，结果非但没能攻克，反倒折损了大半兵马。此后，姜维在洮水西岸取得大胜，遂轻兵深入，结果粮草不继，在上邽遭遇了惨重失败。所以，每逢大捷，上自将帅，下至士兵，往往都会产生轻敌之心，而一旦轻敌，就难以进行周密审慎的计划。如今，吴国在外遇到挫败，内乱又尚未止息，正是他们加强战备、应对变化之际；而我军出征已超过一年，将士归家心切。这些因素，都不能不考虑。更何况，我军俘虏了十万人，也诛杀了叛贼，历来征伐，罕有获得如此重大胜利的；当年武帝（曹操）在官渡击败袁绍，便认为所获已多，故不再追击，就是担心大胜之后遭遇挫败，反而会折损兵威啊！"

司马昭冷静思考了一下王基的意见，也觉得灭吴时机的确还不成熟，遂收回成命，不再伐吴。

随后，因王基在此战立下大功，司马昭擢升其为征东将军、都督扬州诸军事，进封东武侯。

寿春之战，钟会在谋略方面贡献良多，因此越发受到司马昭的器重。此后，司马昭时常"委以腹心之任"，以至于时人都把钟会比作西汉的张良。

同年五月，司马昭凯旋。

平定了这么大的一场叛乱，实属功勋卓著，朝廷当然要有所表示。同月，少帝曹髦（时年十八岁）下诏，拜司马昭为相国，封晋公，食邑八郡，加九锡。

这是人臣所能享有的近乎最高规格的封赏，可以说是普天之下人人梦寐以求的。

然而，让朝野上下颇感意外的是，司马昭竟以一种"为而不恃，功成弗居"的高姿态，把所有这些封赏全部推辞掉了。

曹髦不敢断定这是真谦让还是假客气，连忙下诏再封，而司马昭则再度辞让；曹髦又封，司马昭又辞……如是整整拉锯了九个回合，少帝才不得不收回成命。

事实上，司马昭的这场“谦让秀”，到此并未画上句号。在接下来的几年中，曹髦、郭太后、曹奂还将如同接力一般，一次又一次下诏封赏，而司马昭则一次又一次坚决辞让。直到蜀汉灭亡前夕，当前线捷报频传，灭蜀已成定局之时，司马昭才“勉为其难”地接受了上述封赏。

司马昭这么做，当然不是出于什么高风亮节，而是因为他深知——这些东西迟早都是他的，甚至可以说一直都是他的囊中之物。

既然如此，他急什么呢？早一天接受，也只是早一天把这些东西从左口袋换到右口袋而已，意义不大。反倒是一再辞让，才能在天下人面前树立起“为而不恃，功成弗居”的美好的道德形象。

天底下的好东西，往往是争出来的；但天底下的好名声，一定是“让”出来的。

司马昭深谙此理。

说白了，他这么做，就是在打造完美人设，就是在为司马家族有朝一日篡魏自立营造良好的舆论环境，同时储备必要的道义资源，仅此而已。

吴国乱：皇帝与权臣的殊死博弈

聪明又早熟的吴国少主孙亮亲政后，让权臣孙綝十分头疼。

因为孙亮总是就大小政事提出质疑，摆明了就是对孙綝不信任。此外，孙亮亲政不久还做了一件事，更加表明他正在逐步收回天子大权。

那是东吴太平三年（公元258年）七月，孙亮（时年十六岁）忽然下了一道诏书，把几年前被孙峻废为庶人的五哥孙奋重新封为章安侯。

这个举动，并不是说孙亮对这个智商不在线的五哥很有感情，而是“醉翁之意不在酒”。换言之，孙亮是要借此达到两个目的：

第一，借封侯之事，独立行使生杀予夺的天子大权；而拿自己的五哥来做文章，只是在比较容易入手的地方投石问路，后续一定还会有更多动作。

第二，因为孙奋当初是被孙綝的堂兄兼前任孙峻废黜的，孙亮如今把他重新扶起来，等于是在拨乱反正，也无疑是在敲打孙綝。

如此种种，无不让精明的孙綝惶惶不安。

为了防备孙亮突然下手，孙綝索性称病不朝，躲进了自己位于朱雀桥南的豪华宅邸中。

人虽然暂时躲开了，但禁军的兵权，他还是牢牢抓在了手里。

事前，孙綝便做了一番周密的布置，命自己的四个弟弟——威远将军孙据、武卫将军孙恩、偏将军孙干、长水校尉孙闿——分别进驻皇宫的苍龙门及各处重地，而孙綝本人则躲在家里遥控指挥。

很显然，孙綝这四个弟弟所掌握的四支禁军部队，其眼下的首要任务已经不再是保卫皇帝了，而是恰恰相反——防备并监视皇帝。

对此，孙亮当然不能忍。

这个专权跋扈的孙綝不除，他孙亮就不可能真正亲政，也永远不可能夺回属于自己的天子大权！

然而，要对付权倾朝野的孙綝，哪有那么容易？孙亮虽然聪明，但毕竟年仅十六岁，亲政的时间也还短，在内宫外朝都缺乏必要的根基，更没有自己的心腹。所以，他必须找几个可靠的盟友，才有可能一举扳倒孙綝。

孙亮第一个锁定的结盟对象，就是他的大姐、全公主孙鲁班。

这么多年来，这个长袖善舞的女人早已深度介入了东吴帝国的朝政，在内宫外朝拥有强大的影响力，只有拉她入伙，孙亮的夺权行动才有成功的希望。

不过，该怎么做，才能让这个满腹权谋、心机甚深的女人同意入伙呢？

聪明的孙亮并没有傻乎乎地直接劝说，而是采取了迂回的办法，开始追究其二姐、朱公主孙鲁育的死因。孙亮很清楚，二姐之死跟大姐肯定脱不开干系，所以他故意翻起这桩三年前的旧案，目的就是要将全公主一军。

全公主做贼心虚，颇为恐慌，就把罪责推到了朱公主的两个儿子朱熊、朱损身上，声称当初就是他们想投靠孙峻，才诬陷自己母亲参与了孙仪等人的未遂政变。

这种鬼话，孙亮当然不会信。

可是，孙亮要的本来就不是这个案子的真相，而是想利用这个案子跟全公主进行政治交易罢了。所以，无辜的朱熊、朱损就这样莫名其妙地成了这场交易的牺牲品，在朱公主蒙冤而死三年之后，又步其后尘，双双被孙亮砍掉了脑袋。

孙亮此举，说好听点叫作杀伐决断，说难听点就是心狠手辣。小小年纪便这么狠，日后若夺回大权，必是一个乾纲独断的雄霸之主。

眼看朱熊、朱损兄弟转眼便身首异处，全公主内心的惊惧可想而知。而当孙亮在这个时候提出要跟她联手对付孙綝时，全公主是没有胆量，也没有理由拒绝的。

第一个强有力的同盟就这样搞定了。紧接着，孙亮又搞定了禁军将领刘丞。最后，孙亮找到了自己的老丈人全尚和大舅子全纪。

全尚（全琮之侄），时任太常、卫将军，掌握着京畿卫戍部队；全纪，时任黄门侍郎，属皇帝近臣，可以作为内宫外朝的居间联络人。

有了这帮实权人物加盟，孙亮觉得是时候跟权臣孙綝亮剑了！

这一年九月的一天，孙亮单独召见了全纪，把除掉孙綝的整个计划和盘托出。

孙亮说："孙綝专权，不把孤放在眼里。之前寿春被围，孤命他火速登陆驰援，可他却留在巢湖的船上，不肯上岸一步；然后又把战败之责推给朱异，擅杀功臣，事先也不上表奏闻；如今又躲在朱雀桥南的家中，不再朝见。如此逍遥自在，无所顾忌，孤岂能长久忍他？现在，孤打算采取行动。你父亲是京师卫戍部队的都督，你告诉他，暗中集结部队，随时做好准备，孤当亲临朱雀桥，率精锐禁军包围孙宅，下诏命其部众放下武器，就地解散，不得违抗。若能如此，大事便成了。你出宫后，一定要严格保密，尤其要叮嘱你父亲，不要让你母亲知道。女人不懂军国大事，而且你母亲还是孙綝的堂姐，万一走漏风声，就误了孤的大事了！"

全纪奉诏，旋即回家，把少帝的计划和叮嘱原封不动地告诉了父亲全尚。

然而，孙亮万万没料到，事情坏就坏在他这个老丈人全尚身上。孙亮明明已经千叮咛万嘱咐，不可把计划告知丈母娘，可全尚却没当回事儿，一转头就把事情透露给了老婆。

不过，即便如此，只要孙亮这个丈母娘不犯糊涂，诛杀孙綝的计划还是有可能成功的。

可令人难以置信的是，全尚的老婆得知后，竟然丝毫不替自己的皇帝女婿和皇后女儿考虑，也不为自己的老公儿子考虑，偏偏只为堂弟着想，第一时间就暗中派人把这个惊天秘密告知了孙綝。

真实的历史往往就是这么不讲逻辑。按理说，任何一个头脑正常的人，在这关乎一家人性命的重大关头，都没有理由胳膊肘朝外拐——可全尚他老婆却颠覆了我们的常识，愣是朝外拐了。

在此，我们唯一能够想到的理由是：也许在全尚老婆看来，年仅十六岁的女婿一定斗不过权倾朝野的堂弟，所以与其陪着女婿一块玩儿完，还不如把他卖了，以此换取堂弟孙綝的谅解和宽宥，从而保住自己老公和儿子的性命与前程。

得知少帝果然要动手了，孙綝立刻抢先行动，于九月二十六日夜，出兵袭击了全尚府邸，生擒了全尚。

倘若全尚老婆向孙綝告密的动机是为了保住老公和儿子，那她显然失算了。孙綝绝非善男信女，更不会因为她告密有功就放过全尚父子。这个靠政变起家的权臣，绝不会在你死我活的权力斗争中对任何人心存怜悯。更何况，全尚毕竟是孙亮的老丈人，仅凭这一身份，孙綝就绝不可能放过他。

生擒全尚的同时，孙綝命弟弟孙恩在苍龙门斩杀了禁军将领刘丞。次日晨，孙綝命部众包围了皇宫。

孙亮闻报，又惊又怒，立刻带上弓箭，跳上马背，对左右怒吼："孤大皇帝嫡子，在位已五年，谁敢不从者！"（《资治通鉴·魏纪九》）

一旁的近臣和乳母见皇帝竟然要亲自上阵，慌忙冲上去抱住了他，硬是把他从马上拉了下来。

孙亮万般无奈，遂以绝食相抗，然后满腔怒火无从发泄，只能指着皇后的鼻子怒骂："你父亲就是个老糊涂，败了我的大事！"

接着，又命人去把全纪叫来。全纪又惊又愧，黯然对来使道："臣父奉诏，却不谨慎，辜负了皇上，我没有脸去觐见。"说完就自杀了。

孙綝轻而易举就掌控了局势，旋即命人去祭告太庙，表示要废黜孙亮，降封为会稽王。随后，他召集文武百官，当众宣布："少帝病了，精神错乱，不可再占据大位、侍奉宗庙，我已告知先帝，要废黜他。诸君若有异议，尽管提出来。”

百官早都吓傻了，哪还敢有异议？旋即异口同声道：“唯将军令！”

孙綝随即命人收缴了孙亮的皇帝玺绶，然后发布文书，历数孙亮的各种罪状，欲昭告吴国全境，并要求百官在上面联合署名。尚书桓彝不肯署名，孙綝当场就命人把他拖出去砍了。

国不可一日无君。废了孙亮，该由谁来继任皇帝呢？

禁军将领施正建议孙綝——拥立琅邪王孙休。

孙权的七个儿子中，老大孙登、老二孙虑、老三孙和、老四孙霸皆已不在人世，老五孙奋不成器，老七孙亮被废，所以唯一有资格入继大统的，也就只有老六孙休了。

孙綝接受了这个建议，遂命宗正孙楷、中书郎董朝，前往会稽郡（治今浙江绍兴市）迎接孙休，同时命将军孙耽把已废为会稽王的孙亮遣送到此，恰好令两兄弟互换了位置。

同日，孙綝下令将全尚流放零陵郡，将全公主流放豫章郡。

全尚刚走到半道，就被孙綝派出的人追杀了；同时被杀的，应该还有他的老婆。至此，一家人全都死于非命，并未因告密而得以保全——如果这个女人是出于糊涂去告密，她就是死于愚蠢；如果是出于自保而去告密，那她就是死于自作聪明。

全公主孙鲁班流放豫章后，史书便再无她的消息，最后不知所终。

至于废帝孙亮，失去权力并不是他人生悲剧的终点。在会稽抑郁寡欢地住了两年后，即东吴永安三年（公元260年）冬，当地突然传出一则谣言，说孙亮会回朝复位，重当天子。紧接着，孙亮身边的一个侍女又向朝廷告密，声称孙亮暗中命巫师设坛作法，且“有恶言”，大概就是诅咒孙休之类的。

有关部门当即上奏。孙休遂将孙亮废为候官侯，并命人将他遣送到封地候官（治今福建福州市）。据《三国志·孙休传》记载，孙亮走到半道上就自杀了，负责护送的人随后全都被治罪。不过，在裴松之注引的《吴录》中，却记载着这么一句话：“或云休鸩杀之。”

意思是：也有人传言，是孙休命人用鸩毒杀害了孙亮。

这则传言，想必不会是空穴来风。毕竟作为孙亮的六哥，孙休很清楚，这个老七从小就聪明，否则老爹孙权当年也不会把皇位传给他。而对于孙亮亲政之初的种种亮眼表现，孙休势必也都看在了眼里。所以，不把这个聪明过人的老七除掉，孙休的皇位是坐不稳的。

由此来看，所谓孙亮“当还为天子”的谣言，以及侍女随后的告密，都有可能是孙休一手炮制的。

孙亮死时，年仅十八岁。不论他是自杀还是被孙休鸩杀，这个结局都令人十分唏嘘。

假如全尚当初不那么大嘴巴，能够谨守秘密，又或者他老婆不那么糊涂或自作聪明，让孙亮顺利除掉孙綝的话，那么假以时日，孙亮极有可能成为跟青年孙权一样的有所作为的雄主。倘若如此，后来的东吴就有可能长期据有半壁江山，跟北方的晋朝划江而治，而不会那么快被晋朝攻灭。

然而很可惜，人生无法重来，历史也不能假设。

孙亮用尽全力也没能除掉权臣孙綝，反因失败过早退出了历史舞台，所以“对付权臣”这项艰巨的工作，也只能交给他的六哥孙休了。

那么，孙休能完成这个未竟的事业，夺回旁落已久的天子大权吗?

孙休的反击：将欲取之，必固与之

太平三年十月二十七日，孙休（时年二十四岁）抵达建业，同日登基，改元永安。

对于这个刚刚被自己拥立的皇帝，孙綝并不太了解。为了试探他，孙綝演了一出“让贤”的戏码，当天便呈上一道奏疏，自称“草莽之臣”，语气十分谦卑，同时把自己的印绶、符节、斧钺等物全部上交，声称要交出所有权力，为贤才让路。

这么明显的以退为进，孙休当然不会看不出来。

所以，他一看到奏疏，便忙不迭地召孙綝上殿，一番好言劝慰，极力加以挽留。

当然，光说好话是没用的，得拿出一些实实在在的东西才足以表达诚意。

于是，孙休当场宣布：任命孙綝为丞相、荆州牧，并增加五个县的封邑；同时擢升孙綝的弟弟孙恩为御史大夫、卫将军、中军督，封县侯；连同其他几个弟弟孙据、孙干、孙闿也全都拜为将军，并全部封侯。

这个大礼包着实丰厚，足以表明孙休很感激孙綝的拥立之功，同时也很真诚地表明了他的态度——我愿意把所有权力都交给你们兄弟五个，绝不会像那个傻弟弟一样跟你争夺朝政大权，请你放一百个心。

见孙休如此上道，孙綝挺满意，于是就笑纳了这个“权力大礼包”。

数日后，百官忽然联名上奏，建议孙休册立皇后和太子。

孙休很清楚，眼下东吴的文武百官，是不太可能拥有他们的独立意志的，而今突然做出这么大的动作，背后很可能是孙綝授意。换言之，这未尝不是孙綝对他的第二次试探，目的就是看他会不会一人得道就想鸡犬升天。

于是，孙休十分谨慎地答复了百官，说：“朕以寡德，奉承洪业，莅事日浅，恩泽未敷，加后妃之号，嗣子之位，非所急也。”（《三国志·孙休传》）

大意就是：朕德行不够，却继承大业，临朝时间太短，恩泽未及施与臣民，所以册封皇后和太子之事，并非当务之急。

见皇帝推辞，朝廷有关部门一再请求，可孙休始终不肯答应，事情才作罢。

通过此事，孙綝加深了一个判断——这个孙休，的确跟他那个锋芒毕露、自作聪明的弟弟不同，性情分明柔顺得多，看来是可以放在手掌心中揉捏的。

得出这个判断后，孙綝颇有些得意。

不过，为了证明孙休的确是个傀儡型人物，孙綝决定进行第三次试探。

随后的一天，孙綝忽然提上牛肉和好酒，大摇大摆地进了皇宫，貌似要跟皇帝痛饮一番。可孙綝没想到，这一回，孙休竟然拒绝了他。

因为孙綝这么做，分明有失体统。按照古代的礼制，君臣之间的礼节是无论如何都不可废的，哪怕是一手遮天的跋扈权臣，见到大权旁落的傀儡天子，该下跪还是要下跪，该磕头还是要磕头，形式上的尊卑丝毫都不能逾越。就算当初曹孟德“挟天子以令诸侯”，也没见他敢提着酒肉找献帝刘协喝大酒啊！

可孙綝却企图颠覆一个弱势皇帝最后的一点尊严，践踏最后一点底线，自然会遭到抗拒。

这其实并不让人意外，但已经把孙休认定为软柿子的孙綝却很意外。

他悻悻然从皇宫出来，提着酒肉有些茫然，旋即想起左将军张布就住在附近，便往张布家里去了。

丞相亲自提着酒肉上门，张布顿时受宠若惊，连忙热情接待。

宾主双方很快就喝得酒酣耳热，而心里郁闷的孙綝一不小心就喝高了。像他这种身份极其特殊的政客，喝高了是很危险的，因为原本隐藏在内心的很多秘密，此时往往会竹筒倒豆子般倾吐出来。

这一天，醉眼迷离的孙綝就对张布说了下面这番话：

“之前废黜少主，很多人劝我自己登基。我是觉得当今陛下贤明，才拥立他。要不是我，他岂能当上皇帝？今日我带着礼物觐见，他竟然拒绝了我，这不是把我当成一般的臣子吗？看来，有必要改弦更张，另做打算啊！”

如果孙綝找的是自己的弟弟或心腹喝酒，那再怎么酒后吐真言都没事。可问题在于，他今天无意中选择的这个酒友，却是皇帝孙休的人。

孙休之前当会稽王时，张布就是他身边的督将。入朝登基后，孙休又第一时间将张布由长水校尉擢为辅义将军、封永康侯，旋即又擢升左将军。可见，张布绝对是皇帝身边为数不多的心腹股肱之一。

那么，孙綝是脑子进了多少水，才会找这样的人喝酒，又说出这种大逆不道的话？

以孙綝在此前几次政变中表现出的智商来看，应该不会如此脑残。所以，不排除他是故意找张布喝酒，然后佯装醉酒说出那番话，目的就是通过张布对孙休发出威胁——胆敢对我不敬，我随时可以废了你！

不论孙綝是无心还是有意，总之张布随后就把那些话汇报给了皇帝。

孙休意识到，他跟这个跋扈权臣是绝对不可能长久共存的。或迟或早，双方必定会走到你死我活的那一步！但是，在那一天到来之前，他必须稳住孙綝，必须向他示好、示弱，否则只会步老七孙亮之后尘。

换言之，要除掉孙綝，就得先捧着他，把他捧得越高越好，让他放松警惕。用老子的话说，这就叫“将欲取之，必固与之”。

于是，孙休随后便极力向孙綝示好，再三予以各种赏赐。

十一月初七，孙休又特意下诏，称：“大将军孙綝，掌管中外诸军事，事务繁多。特命卫将军、御史大夫孙恩兼任侍中，以分担大将军的诸多事务。”

此举显然也是借由重用孙恩向孙綝传达尊崇之意。

不久，朝中有人向孙休密报，说孙綝心怀怨望，辱骂皇帝，欲图谋反。其实这事孙休比谁都清楚，不需要别人来告诉他。不过，此人敢于揭发权臣，说明对皇帝还是很忠心的，就算孙休现在不敢公然奖赏此人，也应该暗中予以保护才对。

然而，孙休却没有这么做。

因为他并不确定这是不是孙綝对他的再一次试探。

于是，孙休二话不说就把告密者绑了，直接送到了孙綝面前。然后，此人就被孙綝砍掉了脑袋。

倘若此人并非孙綝授意，而是真的忠于皇帝，那他死得实在是很冤。可这也没办法，只能怪他时运不济，因为他选了一个错误的时间表忠心，注定会成为牺牲品。

在皇帝的种种示好（甚至近乎讨好）之下，孙綝的自尊心和虚荣心得到了极大满足。不过，这些年成天在刀尖上行走，让孙綝养成了一种居安思危的习惯。之前孙亮试图从他手上夺回大权时，他就一度躲在家中闭门不出，以免遭到暗算。如今，孙休虽然对他越来越尊崇，但孙綝却不敢轻易放松警惕。

于是，始终心存戒惧的孙綝决定故伎重施，暂时先躲起来，观望一阵再说。而且这回他打算躲得更远一些——离开建业，躲到武昌。

打定主意后，孙綝便授意一个叫孟宗的内臣向孙休提了出来。孙休知道现在还不是摊牌的时候，就答应了他的要求。

孙綝旋即从禁军中抽调了一万多名精锐，命他们随同自己前往武昌；此外，又从宫中武库取走了大批精良武器。

对此，孙休一概答应。

紧接着，孙綝又提出，要从宫中调走两名中书郎，到武昌帮他打理军务。相关主管官员觉得孙綝有点得寸进尺了，便提出抗议，说宫中内臣不应担任地方官员。但是，孙休却下诏特批，再度满足了孙綝。其后，凡是孙綝的请求，不论何事，孙休一律批准。

将欲取之，必固与之。孙休决意把老子的这一权谋智慧贯彻到底。

事情发展到这里，权臣孙綝几乎是予取予求、肆无忌惮，而皇帝孙休则是一让再让、处处妥协。对此，朝中终于有人看不下去了。准确地说，是一些军方将领看不过眼，遂站出来替皇帝打抱不平。

第一个站出来的是将军魏邈。他直言不讳地对孙休说："孙綝一旦据守京师外的重地，定然反叛！"

接着，一个叫施朔的禁军军官也上奏孙休，说种种迹象都表明，孙綝已经准备谋反了。

军方的矛头直指孙綝，这是孙休最想看到的。因为枪杆子里面出政权，武力在任何时候都是巩固或夺取权力的最有效手段。有了他们的主动支持，孙休就有底气了。虽说直接站出来的只有两个，但他们显然代表了相当一部分将士的意愿。

动手的时机，似乎已经来临。

为了确保获得军方更多支持，孙休暗中召见了张布，问他可有靠得住的大将共商大计。张布说："左将军丁奉，虽不能识文断字，但计略过人，能断大事。"

孙休遂秘密召见丁奉，表明了诛除孙綝之意，然后问他有何计策。丁奉答道："孙綝党羽众多，恐怕不易对付。最好的办法，是等到腊八大祭那天，召孙綝入宫聚宴，然后让左右卫士动手，一举诛杀。"

孙休立刻采纳了这个计划。

新一轮皇帝与权臣的殊死博弈，终于走到了终极对决的边缘。接下来的一幕，可谓与当初孙峻谋杀诸葛恪如出一辙。

十二月初七，即腊八的前一天，京城忽然谣言四起，说明日恐有巨变发生。孙綝风闻，心中颇为不悦。当天晚上，建业城中狂风突起，屋宇震动，尘沙飞扬。孙綝辗转反侧，一夜未眠，心中不断泛出一种强烈的恐惧。

十二月八日晨，大臣按例要入宫聚宴，心神不宁的孙綝推说身体不适，不愿入宫。

万事俱备，就差这临门一脚了，孙休岂能放过这个机会？遂强行要求孙綝一定要出席，且前后派了十几拨内使前来催促。孙綝迫不得已，只好答应。左右亲信都觉得事情不太对劲，纷纷劝阻。

孙綝虽说心中也有不安，但还是被皇帝一直以来的示弱举动麻痹了，所以并不认为皇帝真的敢动手。此外，为了维护自己头号权臣的威严，孙綝也不想被皇帝和朝臣看扁，认为他连入宫赴宴的胆量都没有。

所以，孙綝决定入宫，但出于安全考虑，也不宜待太久，而是意思一下就赶紧走人。

为此，他想了一个两全其美的办法，对左右道："皇帝屡屡下令，不可固辞。你们可集结部众，随时应变，然后掐准时间在府内放一把火，到时我便以家中失火为由，立刻返回。"

孙綝自以为得计，可他还是太低估孙休了。

"家中失火"固然是提前离席的充分理由，但前提是孙休没打算动手。如果孙綝相信皇帝会有动手的胆量，这个理由就纯属自欺欺人了。因为到了这个你死我活的关头，别说孙綝的家中是否真的失火，就算孙休自己的皇宫失火，他都会先砍掉孙綝的脑袋，然后再救火也不迟。

说到底，孙綝就是权臣做久了，自以为一切都在掌控之中，才敢冒这个险，其心态与当初的诸葛恪几乎一模一样。所以，他们的结局也就不会有何不同。

孙綝入宫后，刚过片刻，便有人来报其府邸失火。孙綝立刻起身，向孙休奏称要回家救火。孙休看着他，淡淡道："外面的兵那么多，此事不足劳烦丞相。"

孙綝感觉大事不妙，当即离席，欲强行出宫。在场的丁奉和张布迅速给左右使了个眼色，一群禁军侍卫蜂拥而上，一下就把孙綝按倒在地，并捆了个严严实实。

然后，侍卫把孙綝押到了孙休面前。

孙綝面如死灰，磕头哀求道："臣愿流放交州。"

孙休冷冷道："当初你何不将滕胤、吕据流放交州呢？"

孙綝只好道："臣愿贬为官奴。"

孙休依旧冷冷道："当初你何不将滕胤、吕据贬为官奴呢？"

皇帝的意思再明显不过——当初你是怎么对待滕胤和吕据的，今天我就怎么对待你。这就叫以其人之道还治其人之身，很公平。

当天，孙綝就被斩杀了，时年二十八岁。

随后，孙休命人砍下孙綝的头颅，展示在其部众面前，宣布所有与孙綝同谋者，一律赦免。当场便有五千人放下了武器。不过，其他人都可以赦免，但孙綝那四个弟弟，是断然不能放过的。

孙綝被斩后，孙据、孙恩、孙干也相继被诛，只有最小的弟弟孙闿乘船逃亡，欲投奔曹魏，结果被追兵赶上，还是被砍杀了。

同日，孙休下诏，夷灭了孙綝的三族，并剖开孙峻的棺椁，收取陪葬的印绶，然后砍薄其棺木（古代棺木的厚薄，与死者生前的政治地位相关，故以砍薄棺木象征贬黜），再重新掩埋。

十二月初九，孙休论功行赏，擢升丁奉为大将军、兼左右都护，总揽帝国军政；以心腹张布兼任中军督，掌控了禁军兵权。

随后，孙休以礼改葬了诸葛恪、滕胤、吕据等人，并将这些年被孙峻、孙綝流放的人全部召回。

孙休的拨乱反正之举，令东吴臣民颇感欣慰。很快就有朝臣提议，应该为诸葛恪立一块碑，以志纪念。可孙休却没有同意，下诏说："盛夏出军，士卒伤损，无尺寸之功，不可谓能；受托孤之任，死于竖子之手，不可谓智。"（《三国志·诸葛恪传》注引《江表传》）

以诸葛恪的晚节而言，的确正如孙休所言，既无能又不智，实属乏善可陈，当然没资格立碑。不过，孙休反对给他立碑的原因还不止于此。更重要的，或许在于诸葛恪也是一个跋扈权臣。站在皇帝的角度，对此当然极为反感。所以，孙休能把诸葛恪以礼改葬，已经算不错了，根本不可能替他立什么碑。

从孙权去世至此，短短六年间，东吴帝国便有三个权臣相继上位，然后要么死于非命，要么被夷灭三族，没一个有好下场。其政局之乱，于此可见一斑。

如今，东吴终于迎来了一个还算有能力的皇帝，这对饱经祸乱的吴国及其臣民而言，自然是一件幸事；而走马灯般你方唱罢我登场的"权臣擅政"的乱象，也总算是告一段落了。

然而，孙休在位时期的东吴，也只是获得暂时的休整和喘息罢了。换言之，这只是吴国在走向衰亡的过程中出现的回光返照而已。东吴的政治乱象，并未随着孙綝之死而终结。在短暂地驱散阴霾之后，乌云仍将重新聚合，并继续笼罩在建业的上空。

第七章

蜀汉灭亡

蜀汉内政废弛，姜维避祸出走

当曹魏和东吴在寿春展开规模空前的大会战时，多年来屡屡北伐却频频受挫的姜维终于等到了机会。

当时司马昭发兵二十六万，其中相当一部分是从关陇地区抽调的，这就让魏国的西线防御变得比之前任何时候都薄弱。姜维当然不会错失这个良机。

蜀汉延熙二十年（公元257年）十二月，即司马昭大军加紧围攻寿春之际，姜维率数万人马穿越艰险难行的骆谷道，进抵沈岭（今陕西周至县西南），兵锋直指长安。

这是姜维历次北伐以来最为激进的一次——此前都只是对陇西用兵，这回则直趋关中，表明其对此次北伐抱有极大的信心。

此时，魏军在西线的主帅是征西将军（兼都督雍凉诸军事）司马望（司马昭堂兄），副帅则是姜维的老对手、安西将军邓艾。

对姜维而言，此二人皆非等闲之辈。邓艾多次与姜维交手，熟悉他的性格和用兵方略，可以说是他的克星。而司马望身为司马懿的侄子，曾随同征讨过王淩，且因功封侯；可以料想，他对司马懿早年抵御蜀汉的那套战略战术，肯定也不会陌生。

所以，有这两位坐镇关中，足以弥补眼下魏军兵力不足的弱点，也足以对付来势汹汹的姜维。

得到战报后，司马望和邓艾迅速集结部队，进驻骆谷道北口附近的要塞，严阵以待。姜维则在芒水（今陕西周至县南）扎营，与魏军对峙。

此后的日子，姜维屡屡出兵挑战，可司马望却祭出当初司马懿克制诸葛亮的法宝——死守营垒，拒不出战。

蜀汉要攻魏，必须兴师动众、劳民伤财，且要想尽各种办法；而曹魏对付蜀军，好像仅此一招就够用了。

当魏军把头缩进坚硬的龟壳时，蜀军就没辙了——不论是当初的诸葛亮，还是如今的姜维。

次年四月，当寿春城破、诸葛诞被杀的消息传来，与魏军对峙了数月的姜维不得不下令撤军，灰溜溜地回了成都。

原本信心十足的此次北伐，再度无果而终。

念在姜维没有功劳也有苦劳，刘禅连忙恢复了他的大将军之职，以示慰勉。

虽然刘禅这个“逍遥皇帝”无心追究姜维北伐无功的责任，但蜀汉朝野却对连年用兵的姜维颇有怨言。时任中散大夫的谯周甚至专门写了一篇《仇国论》来讽劝姜维。

文章列举了从商、周之际到秦末楚汉相争的斑斑史迹，说凡是想要建功立业的，都要趁“天下土崩”“豪强并争”之际乘机而起，才有可能以弱胜强，像汉高祖刘邦那样“杖剑鞭马而取天下”。但眼下蜀、魏两国皆已“传国易世”，即皇位都传了两代或以上了，天下相对安定，并不是秦末那样的“鼎沸之时”，而更像是“六国并据”的时代。这种时候，只能做周文王那样的奠基者，别想做汉高祖那样的开创者。

因此，谯周劝诫姜维，当务之急，就是要安养百姓、体恤部众，然后审时度势，谋定后动。若是继续穷兵黩武，蜀汉迟早“土崩”，恐将遭遇“不幸”。

事实上，谯周讲的这些大道理，姜维又何尝不懂呢？只是道理好讲，事情难做。正如我们在前文一再强调的那样，蜀汉的根本问题，其实不在于选择何种国策，而是压根儿就没的选。选择主动北伐的人，你可以骂他穷兵黩武；但选择守土安民的人，对方不是一样可以骂你苟且偷安吗？

归根结底，蜀汉的真正困境，就是国力太弱，尤其相对于魏国而言——以军队人数为例，蜀汉从刘备立国到被魏国攻灭，其总兵力基本只维持在十万左右；而魏国的总兵力应该不下于四十万，所以人家司马昭一次平叛就可以拉出二十六万大军。

在强弱对比如此悬殊的情况下，不论积极进攻还是消极防守，结果其实是一样的，都难逃灭国的命运。唯一的区别，只在于以什么样的姿态去死——是以“明知不可为而为之”的悲壮姿态昂然赴死，还是以畏畏缩缩偏安一隅的可悲模样漠然等死。

如果说诸葛亮北伐主要受限于国力和自身的军事能力，那么姜维在此之外，则又多出了一重限制因素——权力有限，因此所能调动的资源也比诸葛亮少得多。

前期费祎执政，有意压制姜维，所给兵力往往不超过万人。可是，即使在费祎死后，姜维成了大将军，他每次出征通常也只有“数万”兵力，无法像当年的诸葛亮一样最多时可以拉出十万之众。

究其原因，一是姜维常年统兵在外，远离中枢，对朝政的影响力自然就弱了；二是姜维虽然位居大将军，但时任尚书令的陈祗却是刘禅宠臣，所以实际上掌控了朝廷大权——官位虽在姜维之下，实权却在姜维之上。

这样的权力格局，自然会对姜维形成不小的掣肘。

蜀汉景耀二年（公元259年）八月，陈祗病卒，刘禅任命董厥为尚书令、诸葛瞻为仆射；没过多久，董厥升任辅国大将军，诸葛瞻升任卫将军，二人“共平尚书事”，即共执朝政。

按说到了这个阶段，姜维就应该没有掣肘了，然而实情并非如此。因为宠臣陈祗虽死，刘禅身边却还有一个更大的佞臣，那就是宦官黄皓。

史称：“时中常侍黄皓用事，厥、瞻皆不能矫正，士大夫多附之。”（《资治通鉴·魏纪九》）

就是说，陈祗死后，黄皓就成了新的当权者，而董厥和诸葛瞻只是名义上共执朝政，实则对专权的黄皓无可奈何，导致大多数朝臣都投靠了黄皓。

在此情况下，不仅姜维逐渐被边缘化，北伐事业难以为继，就连蜀汉的内政也渐露废弛之势。对于这样日益糜烂的局面，蜀汉朝野上下似乎都习以为常，毫无忧患意识，但在旁观者眼中，却足以触目惊心。

比如在吴国人看来，便是如此。

景耀四年（公元261年）十月，吴主孙休派遣使臣薛珝对蜀国进行了国事访问。薛珝回朝后，孙休问他蜀汉朝政的情况。薛珝用不无感伤的口吻给孙休描绘了这样一幅景象：

“主暗而不知其过，臣下容身以求免罪；入其朝不闻正言，经其野民皆菜色。臣闻燕雀处堂，子母相乐，自以为安也，突决栋焚，而燕雀怡然不知祸之将及，其是之谓乎！”（《三国志·薛珝传》注引《汉晋春秋》）

这段话的大意是：蜀国主上昏庸，不知自己的过错，臣下苟且偷安，不求有功但求免祸；进入朝廷，听不见正直之言，途经乡野，老百姓都面有菜色。臣听说，燕雀筑巢于高堂之上，母子相聚欢乐，自以为安全，然而大火一起，栋梁焚毁，燕雀仍怡然自乐，不知大祸临头，蜀国大致就是这样吧！

薛珝的观察可谓一针见血、入木三分。主庸臣惰的蜀汉，显然已经走到了灭亡的边缘，却仍如燕雀一般浑然不知。

在当时的蜀汉，黄皓的专权几乎已经渗透到了方方面面。

比如，刘禅的弟弟、甘陵王刘永由于厌恶黄皓，便遭到了他的排挤——黄皓略施小计，在刘禅耳边说了几句挑唆之言，刘永便整整十年都无法入宫朝见。

就连常年统兵在外、很少介入朝政的姜维，也在黄皓的打压之列。

有一个叫阎宇的蜀国右大将军，因善于巴结黄皓，颇得其欢心，黄皓便打算扳倒姜维，让阎宇取而代之，出任大将军。姜维得知后，为了自保，不得不对刘禅进言道：“黄皓奸佞专权，将败坏国家，请陛下诛杀他！”

用如此简单粗暴的方法就想除掉一个势倾朝野的权宦，只能说姜维在政治斗争方面太缺乏经验了。刘禅宠幸黄皓这么多年，君臣二人“情感深厚”，又岂是你姜维轻轻松松一句话就能破坏的？

可想而知，刘禅很不以为然，道：“黄皓不过是一个仅供差遣的小臣罢了，以前董允一提起他就咬牙切齿，我对此深感遗憾，你何必也对黄皓如此介意呢？”

姜维一听，就意识到自己失言了。

在此时的蜀汉，权宦黄皓上有皇帝宠幸，下有百官依附，根深势大，岂能轻易撼动?

思虑及此，姜维当即话锋一转，十分谦恭地向皇帝道歉，然后告辞离去。

紧接着，刘禅便命黄皓亲自到姜维的府上去拜访，说是感谢姜维宽恕他。

刘禅不这么做还好，一这么做，姜维就更加不安了。因为黄皓是迫于皇帝之命来跟他谢罪，心里必定怀恨。有道是宁可得罪君子，不能得罪小人，日后黄皓一定会设法报复，姜维在朝中将很难立足。

既然惹不起，那就只能躲了。而唯一能让姜维名正言顺离开朝廷的理由，依旧是那两个字——北伐。

景耀五年（公元262年）八月，姜维再度集结部队，从成都出发。当时的蜀国上下早已弥漫厌战情绪，包括军中将领也概莫能外。时任右车骑将军的廖化就跟左右吐槽说："征战不休，必定玩火自焚，这就是姜维的写照。论智谋，比敌人差，论兵力，比敌人少，却仍不停用兵，将何以自存?!"

可吐槽归吐槽，军令如山，廖化也不敢违抗。

同年十月，姜维率部进抵洮阳（今甘肃临潭县），与邓艾在侯和（今甘肃临潭县东南）展开会战。蜀军战败，姜维退守沓中（今甘肃舟曲县西北）。

此次出征，本来已有避祸之意，所以姜维便上奏刘禅，借口要在沓中进行屯垦，然后就不再回成都了。

此时的姜维并不知道，短短一年后，蜀汉就灭亡了。等他再次回到成都时，城头上飘扬的已经是魏国的军旗；而他的身份，也已经从堂堂的蜀汉大将军，变成了魏军主帅钟会麾下的一介降将……

司马昭之心，路人皆知

曹魏甘露四年（公元259年）正月，魏国境内接连出现了一番祥瑞：先是在宁陵县（治今河南宁陵县东南）的一口水井中，有人看见了两条黄龙；接着在顿丘（治今河南清丰县西）、冠军（治今河南邓州市西北）、阳夏（治今河南太康县）三地，又陆续有人看见了井中之龙。

群臣纷纷向少帝曹髦道贺，认为这是吉祥之兆。

然而，时年十九岁的曹髦登基已经五年，不再是当初那个莫名其妙被拥上皇位的懵懂少年了。这五年来，每天坐在天子御榻上的他，非但丝毫感受不到身为皇帝的尊贵与威严，反倒每时每刻都在咀嚼大权旁落的无奈与屈辱。

所以，眼下一连串"见龙于井"的所谓祥瑞，于他而言，实在充满了嘲讽的意味——与其说这是他曹髦的祥瑞，还不如说是人家司马昭的。

面对群臣的道贺，曹髦只是淡淡地说了一句："龙者，乃君王之象征，可它上不在天，下不在田，而屡屡屈身于井中，恐怕不是什么吉祥之兆啊！"

随后，曹髦又意味深长地写了一首《潜龙诗》，聊以自嘲。历史上真实的《潜龙诗》，据说已经失传。后世流传的版本，只见于《三国演义》的记载，很可能出自罗贯中之手，不过写得倒是十分贴合曹髦的心境：

> 伤哉龙受困，不能跃深渊。上不飞天汉，下不见于田。
> 蟠居于井底，鳅鳝舞其前。藏牙伏爪甲，嗟我亦同然！

大意是：可怜的龙受困了，不能跃过深渊，上不能飞向九天，下不能栖息于田。龙困在了井底，连泥鳅鳝鱼都敢在它面前肆意乱舞，而龙只能藏牙缩爪，可叹我也跟它一样！

曹髦如此公然吐槽，痛快倒是痛快了，可非但无助于摆脱困境，反倒把真实的内心暴露给了司马昭。据说司马昭见到这首诗后，就十分不悦。这对曹髦显然是很危险的。

为《资治通鉴》作注的胡三省对此评论道："帝有诛昭之志，不务养晦，而愤郁之气见于辞而不能自掩，盖亦浅矣。"意思是曹髦虽有诛杀司马昭、夺回大权的志向，但却不懂得韬光养晦，只顾把愤怒郁闷发泄在言辞上而不知掩藏，终究还是太浅薄了。

的确，像曹髦这种皇族贵胄，从小养尊处优，书固然读得不少，但现实的政治斗争经验却严重匮乏，因此很容易养成志大才疏、眼高手低的毛病。

这样的人面对困境，是不大可能韬光养晦的，而只会在情绪驱动下做出一些任性使气的冲动行为，最终导致悲剧的发生。

在写出《潜龙诗》一年后，年满二十岁的曹髦见自己"威权日去"，终于

“不胜其忿”，遂于甘露五年（公元260年）五月初七，对司马昭发起了一场无异于自杀的行动。

这一天，曹髦忽然把侍中王沈、尚书王经、散骑常侍王业三位近臣召到面前，说：“司马昭之心，路人皆知。我不能坐等被废黜的耻辱，今日当与诸卿一起行动，我要亲自讨伐司马昭。”

三位姓王的近臣一听，顿时都吓了一大跳。

王沈和王业对视了一眼后，沉默不语，只有王经开口道：“从前，鲁昭公不能忍受季氏专权，发兵讨伐，却败走失国，为天下笑。如今，大权握于司马昭之手，为时已久，朝野上下皆愿为之效死，没有人在乎顺逆之理，这种状况已非一日。何况，宫中的宿卫禁军兵力薄弱，陛下拿什么去讨伐？一旦发动，非但无法铲除痼疾，反倒只会加深！其后果不堪设想，望陛下重新考虑。”

然而，此刻曹髦心中的愤怒已如岩浆喷发，断然不是听几句道理就能止息的。他从怀里掏出早已预备好的一道讨伐诏书，狠狠掷在地上，怒道：“我意已决！就算是死，又有何惧？何况还不一定会死！”

说完，曹髦立刻前去禀报太后，准备说完就动手。趁此间隙，王沈和王业一溜烟跑出了宫，跟司马昭告密去了。临走前，他们叫王经一块跑，可王经明知曹髦必败无疑，却不愿像王沈和王业一样卖主求荣，遂坚持不走。

这个王经，就是几年前在洮西被姜维所败，后又被围于狄道、险些丧命的那位。此人打仗虽然不怎么样，但忠义的气节还是值得称道的。

紧接着，行动开始。曹髦拔出佩剑，登上天子车辇，亲自带着数百部众，准备杀出皇宫，进围司马昭府邸。

说是部众，其实不过是一群乌合之众罢了。里头有一部分是殿中侍卫，一部分是仆童，还有一些则是上了年纪的苍头杂役。

司马昭的弟弟、时任屯骑校尉的司马伷最先得到事变的消息，率部赶来阻截，恰好在东止车门与曹髦遭遇。曹髦的左右先声夺人，厉声斥责司马伷。皇帝的威严多少还是管用的，司马伷的部众不敢动手，旋即一哄而散。

随后，曹髦率众来到了宫城的南阙。出了此门，便可直扑司马昭宅邸了。可就在这时，中护军贾充率部从宫外冲了进来，双方遂在宫门展开混战。曹髦颇为英勇，手执长剑，指挥车辇往前直冲。贾充的部下不敢冒犯皇帝，纷纷退却。

眼看皇帝就要杀出宫了，跟随贾充的太子舍人成济忙问："事态紧急，该怎么办？"贾充冷冷道："司马公平时养着你们，正是为了今日。今日之事，还有什么可问的?!"

成济闻言，遂不再迟疑，挥刀直刺曹髦。只见寒光闪过，刀刃准确刺入了曹髦胸膛，并穿胸而过，自后背透出。曹髦栽落车下，当场殒命。

司马昭得到皇帝被弑的消息，大惊失色，竟一下仆倒在地，悚然道："天下其谓我何！"（《三国志·曹髦传》注引《汉晋春秋》）

天下人会怎么说我！

司马昭此刻的惊惶应该不是装出来的。因为他的本意，肯定不是想杀曹髦，而是将其生擒，然后再予以废黜。不料手下人竟然自作主张把皇帝杀了，这就令事态脱离了司马昭的掌控，并且后果也变得极其严重——在古代，"弑君"绝对是天底下最严重的罪行，没有之一！

尽管没有人敢来追究司马昭的罪责，但"弑君"这一千古骂名，司马昭算是背定了。这无论如何，都会让他这些年来极力打造的完美人设出现一个巨大的瑕疵。虽然这一瑕疵并不足以影响司马家族代魏自立的大计，但还是会对司马氏的声誉造成很坏的影响，这当然是司马昭最不愿看见的。

很快，司马昭的叔父司马孚也听闻噩耗，立刻赶到南阙，抱起曹髦的尸体，失声痛哭道："杀陛下者，臣之罪也！"

如果说司马昭的惊惶大抵出于实情，那么司马孚在南阙前这放声一哭，究竟是真心还是作秀，恐怕就要打上一个问号了。

当天，司马昭立刻召集群臣入宫开会，对此突发事件进行善后，以安定朝野人心。

百官之中，唯一不肯入宫开会的，便是早前在西部边陲纵横沙场、此时入朝担任尚书左仆射的陈泰。司马昭当然不允许有人无故缺席，因为这无异于在对他表达无声的抗议，便命陈泰的舅舅荀𫖮（荀彧之子）去叫他。

虽然舅舅出马，但陈泰还是不给他面子，只冷冷道："世人都说我比不上舅父，如今看来，是舅父不如我啊！"

言下之意，就是讽刺荀𫖮没有气节。

然而，这种时候讲气节，那可是要面对权臣司马昭的屠刀的，轻则人头落地，重则三族被夷灭，值得吗？

正是出于这样的恐惧，陈泰的一家老小瞬间全都围了上来，异口同声地逼他入宫。陈泰无奈，只好妥协。

入宫后，见到司马昭，陈泰一言不发，只有满脸的悲痛之色。司马昭强行挤出了几滴鳄鱼眼泪，叹道："玄伯（陈泰字）啊，你说我该怎么办？"

陈泰道："只有斩了贾充，才稍微可以谢天下。"

贾充是司马昭的心腹，若是杀他，不仅是断司马昭一条臂膀，更无异于打司马昭的脸。司马昭当然不会接受。他默然良久，才道："再想一个退而求其次的办法。"

陈泰道："让我说，我就只有进一步的办法，没有什么退一步的办法。"言下之意，要是不杀贾充，那就只有你司马昭自裁以谢天下了。

司马昭闻言，脸色"唰"的一下就黑了，只好悻悻闭嘴。

当然，没有陈泰的支持，司马昭照样可以从容善后。

要堵住朝野上下的悠悠众口，最简单、最有效的办法，就是迫使郭太后下一道诏令，把曹髦描黑，把司马昭描红，这事儿就算完了，也没那么复杂。

随后，在司马昭的逼迫下，郭太后不得不下诏，历数曹髦的种种罪状，说他"情性暴戾，日月滋甚"（《三国志·曹髦传》），处心积虑想杀她，曾拿箭射她的寝宫，险些射中了她；还说曹髦买通她左右的人，准备在她喝的药中下毒。她忍无可忍，主动要求司马昭废黜曹髦，前前后后说了"数十"次，可司马昭却宅心仁厚，说曹髦年纪还小，要给他时间，让他改恶从善云云。

没想到，曹髦竟怙恶不悛，非但不改其恶，反倒因丑行败露而起兵，准备先杀太后，再杀司马昭。总之，都是曹髦自己"悖逆不道"，才会"自陷大祸"，怪不了任何人，更怪不到大将军司马昭头上。

最后，郭太后宣布将曹髦废为庶人，以庶民之礼埋葬，同时声称王经"凶逆无状"，应将其本人和家属全部逮捕，押到廷尉寺问罪。

毫无疑问，上述种种，全是司马昭的诬陷之词，没有一句是真的。而诏令最后宣布的处理结果，当然就更是司马昭的"旨意"了。

王经及家属被捕时，他因连累家人而万分愧疚地向母亲谢罪。其母却毫无惧色，笑着对他说："人生在世，谁能不死呢？就怕死得没有意义；若因忠义而死，何恨之有！"

虽然此时的曹魏社稷已经摇摇欲坠，改朝换代只是时间问题，所以像王沈、贾充、成济这些"识时务者"，才会争先恐后去抱司马昭的大腿，但还是有王经及其母亲这样的忠义之士，愿意用生命去捍卫自己心目中的大义。

正如前文一再强调的，当我们看到古人的这些忠义故事时，着眼点如果放在他们所效忠的对象上，很可能会视他们为"愚忠"，认为他们死得毫无意义。可我要说，这样的理解太过僵化了。在古代，由于没有现代意义上的严格的"国家"概念，所以君主就代表了国家。因此，古人所讲的忠君，就等同于我们今天所讲的爱国；而古人誓死捍卫君王社稷的精神，就等同于我们今天为了民族和国家大义而奉献牺牲的精神。

捍卫的具体对象可以因时空的变化而不同，但为了某种崇高的东西而坚贞不屈、视死如归的精神，却不应被忘记，更不应被鄙夷。

王经和他的老母亲（连同其他家人）被押赴闹市斩首时，一个叫向雄的王经旧部在刑场旁失声痛哭，其哀恸之情感染了在场的很多人。《资治通鉴》就用非常传神的四个字，描绘了当时的情景——"哀动一市"。

悲伤和哀恸感染了整个街市的人。

人心是一杆秤，它是称得出忠义的价值和意义的。王经及其家人无辜蒙难，固然是大不幸，但他们的忠义精神却可以流传千古，永远被后人铭记。

就此而言，王经及其家人也算是死得其所了。

与王经一家的悲惨遭遇形成鲜明对比的是，那个卖主求荣的王沈，因告密之功，被司马昭封为了安平侯。

现实就是如此讽刺——恪守忠义的人被满门抄斩，卖主求荣的人却飞黄腾达。所以在这个世界上，愿意成为前者的人总是凤毛麟角，愿意成为后者的人则如过江之鲫。

不过，奉行现实规则的人也不见得都有好下场。比如亲手刺杀曹髦的成济，就成了这场弑君事件的"背锅侠"，被司马昭拿来用作平息公愤的一枚棋子，短短二十天后，便以"大逆不道"的罪名被夷灭三族了。

曹髦被弑次日，司马孚上疏，请求用亲王的礼仪予以安葬，郭太后（其实是司马昭）允准了。同日，司马昭命其子、时任中护军的司马炎前往邺城迎接常道乡公曹璜（稍后改名曹奂），准备立其为帝。

曹奂是燕王曹宇之子，相当于明帝曹叡的堂弟，时年十五岁——又是一个不谙世事、可以任由司马昭揉捏的少主。

同年六月初二，曹奂来到洛阳，当天即位，改元景元。

当这个十五岁的少年坐上御榻的时刻，他并不知道，自己将成为曹魏帝国的最后一任皇帝，最终只能以亡国之君的屈辱身份，被永远记录在史册上；而短短五年后，当初去邺城迎接他的这个年轻的将军司马炎，则将摇身一变，成为新王朝的开国皇帝……

曹魏伐蜀：丧钟已经敲响

姜维连年北伐，虽然败多胜少，对曹魏并未造成多大威胁，但总归是魏国在西线的一大祸患。司马昭对此深感不快。一个叫路遗的将领便献上一计，建议派遣刺客入蜀，刺杀姜维。司马昭也觉得这个办法似乎可行，但从事中郎荀勖却坚决反对。

他说："明公身为当今天下的主宰，应以正义之师讨伐叛逆，倘若派刺客除贼，绝非威服四海的良策。"

这句话顿时提醒了司马昭，让他终于下定了征伐蜀汉的决心。

曹魏景元三年（公元262年，蜀汉景耀五年）八月，司马昭在朝会上正式提出了大举伐蜀的动议。然而，这一动议却遭到了满朝文武的一致反对，唯独他的心腹、时任司隶校尉的钟会一人赞成。

司马昭当场就对百官做起了思想工作，他说：

"自从平定寿春叛乱以来，我们已经息兵五年，其间一直在训练部队、打造武器装备，为的就是讨平蜀汉和东吴。如今，吴国地域广大、气候潮湿，进攻他们难度很大且收效甚微，不如先定巴蜀，三年之后，再顺江东下，水陆并进，灭掉吴国。根据情报，蜀国兵力只有九万人（实为十万二千），其中驻守成都及各地的不下四万，剩下的兵力不过五万。现在，姜维屯驻沓中，若以偏师牵制住他，令他无暇东顾，我们便可出动大军直指骆谷，出其不意攻入其空虚地带，然后袭取汉中。以刘禅之昏庸，一旦边城陷落、人心震恐，蜀国非灭亡不可。”

随后，司马昭也不管群臣有没有想通，立刻发布了战争动员令，同时命钟会为镇西将军、都督关中，也就是以他为伐蜀的主帅。

魏国要伐蜀，常年与姜维交手的大将邓艾自然责无旁贷。可邓艾却认为，眼下蜀国并没有可乘之机，所以一再表示反对。司马昭旋即将麾下主簿师纂调到前线去当邓艾的司马，一方面做邓艾的思想工作，另一方面也是在监视他。

邓艾见司马昭决心已定，只好奉命。

曹魏一动，姜维这边马上得到了情报。他立刻上奏刘禅，说：“钟会在关中集结部队，有发动大规模进攻的迹象。请派遣左、右车骑将军张翼、廖化，率各军分别进驻阳安关口（今陕西宁强县西北）和阴平郡（治今甘肃文县）的桥头（文县东南），以防患未然。”

然而，面对这十万火急的军情，权宦黄皓竟然丝毫不顾大局，还玩起了小动作。

他素信鬼神，于是请巫师作法，得出结论说曹魏的军队一定不会来，便奏报刘禅，说不必理会姜维。而昏庸透顶的刘禅居然听了他的话，把姜维的奏报扔到了一边，没有采取任何行动，而满朝文武对此也全都一无所知。

黄皓玩这么一手，显然是为了几年前被迫谢罪之事报复姜维。像这种毫无底线的小人，干出什么坏事其实都不奇怪，只要刘禅还有一丁点儿起码的智商，黄皓就不会得逞。可偏偏刘禅的智商，就是低到了如此不可理喻的程度。假如刘备九泉之下有知，他老人家的棺材板肯定是盖不住的。

蜀汉的丧钟已经敲响，可蜀主刘禅和佞臣黄皓却还活在自己的迷梦中不知醒转。这样的国家不灭亡，老天爷恐怕都不答应。

曹魏景元四年（公元263年，蜀汉景耀六年）五月，司马昭以曹奂名义下诏，命各军大举出征，兵分三路进攻蜀汉：

西路，命征西将军邓艾率三万余人，自狄道出兵，攻击甘松（治今甘肃迭部县）、沓中，以牵制姜维；

中路，命雍州刺史诸葛绪率三万余人，自祁山出兵，攻击武街（今甘肃成县西北），切断姜维退路；

东路，命钟会领李辅、胡烈等将，率主力大军十余万人，从斜谷、骆谷、子午谷三道出击，进攻汉中。

三路大军，总计十八万人，比之前征讨寿春还少八万，可见司马昭根本没把蜀汉当成像样的对手。不过，饶是如此，魏军的兵力也已经比蜀汉的全国总兵力多出了80%——对蜀国而言，这仍将是一场众寡悬殊的战争。

同年八月，刘禅终于接到魏国大举出兵的确切战报，这才慌了神，连忙派遣廖化率部前往沓中，驰援姜维，同时命张翼、董厥等人率部驰援阳安关；此外，又命汉中外围诸要塞的守军皆不得出战，且全部退守汉城（今陕西勉县）和乐城（今陕西城固县）。

此时，驻守汉城、乐城的分别是蜀将蒋斌（蒋琬之子）、王含，麾下各有部众五千人；驻守阳安关的是傅佥和蒋舒，麾下部众不详。

兴许是为了让上天保佑蜀汉，刘禅稍后便宣布大赦，并改元炎兴。

然而，这注定是一个短命的年号——仅仅三个多月后，这个年号就随着蜀汉的国祚一起从这个世界上消失了。

按照蜀汉朝廷的计划，西路的廖化援军若能帮姜维守住西线，东路的张翼、董厥援军帮傅佥守住阳安关，那么魏军是很难快速取胜的，双方极有可能在东、西两线展开一场旷日持久的拉锯战。

可令人遗憾的是，从成都北上的这两支援军，并未完成他们既定的战略任务，不，是压根儿没去执行！

两路援军北上后，同时进抵阴平郡，按原计划应该立刻分兵——廖化往西北方向驰援姜维，张翼和董厥向东驰援阳安关。可奇怪的是，他们到了此地便逗留不进了，且足足逗留了一个多月！

阴平东距傅佥驻守的阳安关五百余里，西距姜维的沓中四百多里，大致位于两地中间，属于两头不靠。所以，廖化、张翼和董厥为何在此逗留一个多月，实在令人费解。按《三国志·姜维传》给出的解释，是说他们得知诸葛绪将进攻建威，故而停留在此："比至阴平，闻魏将诸葛绪向建威，故住待之。"

这个理由给得完全莫名其妙，跟没有解释一样，让人看完还是一头雾水。

因为建威在阴平北面五百多里处，与沓中相距四百余里，与阳安关相距六百里，仅凭诸葛绪兵向建威的情报，实在难以判断他的下一步行动。或许我们只能认为，廖化、张翼和董厥很聪明，他们准确判断出，诸葛绪拿下建威后，将径直南下，切断姜维的退路，所以他们守在阴平，目的就是帮姜维守住退路。

这是唯一可以勉强站得住脚的解释。如此，陈寿上面给出的理由才能成立。

但是，此时此刻，去帮傅佥固守阳安关，不是比帮姜维守住退路紧迫得多，其战略意义也重大得多吗？更何况，支援姜维的任务不是由廖化执行的吗？先由廖化赶往沓中援救，若实在抵挡不住再退守阴平也来得及，何必三个人都牢牢钉在此地一个多月，以致坐视姜维的败退和阳安关的陷落呢？

可见，廖化、张翼和董厥在阴平逗留一个多月的真正原因，其实跟诸葛绪的进军动向无关，而是缘于他们自己消极避战的心理。换言之，他们三个人的这种行为，已经完全违背了蜀汉朝廷的战略决策，基本上可以用“畏葸不前，贻误战机”来判定，按理是必须送上军事法庭的。

事实上，从之前张翼、廖化对姜维的种种不满言论便足以看出，以他们为代表的一批蜀汉将领，早已产生了浓厚的厌战情绪，其中很可能也包括董厥。所以，蜀汉的这场卫国之战，真正的困难还不在于敌众我寡，而在于这帮主要将领未及开战便丧失了斗志。

就在廖化、张翼和董厥滞留阴平的同时，钟会已率主力大军顺利开进了汉中。

同年九月，钟会命大将李辅率一万人围攻王含于乐城，命将军荀恺围攻蒋斌于汉城；而钟会自己则亲率主力绕过这两座坚城，向西直趋阳安关，并命胡烈为前锋，对关城发起进攻。

阳安关位于汉中通往巴蜀的咽喉要道上，依托险峻山势而建，是蜀汉抵御魏军最重要的第一道防线，其战略地位怎么形容都不为过。

守卫此地的蜀军主将傅佥，有勇有谋，深受姜维器重。其父傅肜，是刘备麾下将领，在夷陵之战中保护刘备撤退，率部断后，麾下部众皆战死，吴军劝其投降，傅肜怒骂：“吴狗！何有汉将军降者！”然后力战而死。

驻守此地的副将蒋舒，曾任武兴（今陕西略阳县）督，因能力平庸，毫无建树，丢掉了职位，然后被调到阳安关协助傅佥。蒋舒为此常愤愤不平。

而这场阳安关保卫战，最后就坏在了这个蒋舒手上。

当胡烈率部进逼关城时，这个蒋舒就打定主意要投降了。他担心被傅佥发现，便使了一招“瞒天过海”，对傅佥道：“敌军兵临城下，不出城迎战，却闭城自守，恐非良策。”

傅佥答：“我们接到的命令是不准出城迎战，只要固守此关，便是功劳。如今违抗军令出战，万一丧师辱国，那就算战死也毫无意义。”

蒋舒却做出一副视死如归之状，道：“你以固守城池、不令失陷为功劳，我以出城迎战、克敌制胜为功劳，那咱们就各行其志吧！”

随后，蒋舒便带着自己的部众，堂而皇之地出城去了。

若严格依照军令，傅佥是可以阻止蒋舒的，但不知傅佥是不想打击蒋舒的斗志，还是一直以来就无法管束他，总之并未做出干预。于是，蒋舒及其部众就这样顺利投降了魏军。

此举令阳安关本就有限的兵力又遭到了削弱。胡烈抓住战机，开始猛攻关城。傅佥力战不敌，最终城破，“格斗而死”，与其父傅彤一样慷慨捐躯。

后来，蜀国灭亡，傅佥的两个儿子都被抓到魏国，在宫中养马。司马炎篡魏自立后，为表彰傅彤、傅佥的忠义，专门下诏，说：“蜀将军傅佥，前在关城，身拒官军，致死不顾。佥父彤，复为刘备战亡。天下之善一也，岂由彼此以为异？”（《蜀记》）然后免除了傅佥两个儿子的官奴身份，让他们恢复了自由身。

能得到对手的尊敬，是一名军人最大的荣耀，甚至比获得自己人的褒奖更为可贵。而父子两代皆战死沙场、为国捐躯的傅彤和傅佥，的确配得上这份荣耀。

得知阳安关到手，钟会大喜，立刻率大军进驻关城，然后顺带得到了蜀军囤积在此的大量粮秣。

接下来，我们来看看姜维在西线的战况。

邓艾自狄道南下后，立刻兵分三路，准备围歼姜维：命天水太守王颀直接攻击姜维所在的沓中；命金城太守杨欣进攻甘松，从西面包抄；命陇西太守牵弘向姜维的东面运动。

姜维探得敌军动向后，又得知钟会主力已进入汉中，意识到固守此地已毫无意义，旋即率部南撤。王颀等部在后面拼命追击，于强川口（今甘肃舟曲县南）追上蜀军。姜维掉头迎战，结果失利，只好继续朝东南方向撤退。

当姜维败退之际，魏军中路的诸葛绪已率部长驱南下，进占了“桥头”。

据南宋郑樵所著的《通志》记载，“桥头”位于阴平“东南一里”，那里有条河叫“白水”，“急流中有石二道，就石立柱成桥，长二十余丈”。可见这座石桥，就是从阴平往南的唯一通道，亦即姜维南撤的必经之路。正因为此，姜维才会在战前便上奏刘禅，特别提出要派兵扼守此地。

而诸葛绪如今占领了这一战略要地，就等于成功执行了“切断姜维退路”的任务，亦即与邓艾所部完美配合，对姜维形成了包围之势。

那么，此时此刻，以帮姜维守住退路为由，一直龟缩在阴平的廖化、张翼和董厥在干什么呢？他们没有按计划去支援阳安关，那至少诸葛绪从北面一路打下来后，他们理应出兵截击吧？

事实是——并没有。

按《三国志·姜维传》记载，此时廖化仍留守阴平，而张翼和董厥则已经离开阴平，往汉寿方向移动。

令人大跌眼镜的事实就是这个！

此时诸葛绪已进占阴平东南的“桥头”，相当于已经插到了廖化的后方，不但扼住了姜维的唯一退路，还顺带把廖化也给包了饺子。试问，廖化在阴平足足待了一个多月，他到底在干什么？

更让人啼笑皆非的是，张翼和董厥的运动方向，也根本不是北上迎敌的方向，而恰恰是掉头逃跑的方向。因为汉寿的具体位置，是在今四川广元市西南四十五里处的昭化镇，即阴平东南方约四百里外的地方——也就是说，张翼和董厥于阴平滞留月余，啥事也没干，直到阳安关失陷和姜维败退后，才慌忙掉头南逃，而且一口气逃到了四百里外！

正是由于张翼和董厥的不战而逃，诸葛绪才能长驱南下，直插廖化和姜维的后背，扼住了阴平东南的“桥头”这一咽喉要地。

而张翼和董厥南逃所经的汉寿，距离蜀汉第二道重要防线剑阁（今四川剑阁县东北剑门关），只有大约六十里。由此也可以再次证明，他们此行没有别的军事目的，就是单纯的逃跑。

当姜维得到情报，获悉诸葛绪所部已占领“桥头”时，其内心的惊惧是可想而知。若廖化此时能率部出城，夺回此战略要地，庶几可以算将功补过。然而他并没有这样做，从现有史料丝毫看不到这个阶段廖化的任何记载。我们只能认为，他一直躲在阴平城里按兵不动。

所以，此时正朝阴平方向撤退的姜维，就只能设法自救了。

前有诸葛绪的三万大军堵住去路，后有邓艾的三万大军拼命追击，姜维该如何逃出生天?

这种时候，考验的就是一个大将的谋略了。

姜维所部本来是朝东南方向前进，当进至阴平西北面的孔函谷时，姜维忽然命部众掉头北上，而且往北走了三十多里，大有反将一军、切断诸葛绪的后路之势。诸葛绪闻讯大惊，立刻放弃“桥头”，也往北急撤了三十里。

这一决定，终将令诸葛绪后悔莫及。

姜维紧紧抓住这一空当，立刻率部南下，抢在诸葛绪反应过来之前，安然通过了白水上的石桥，成功突破了魏军的包围圈。等到诸葛绪回过神来，再度进兵“桥头”时，已经是一天之后了，姜维早已绝尘而去。

按《三国志·姜维传》记载，廖化大概就是在此时，与姜维一同撤出了阴平：“维、化亦舍阴平而退。”如此看来，廖化千里迢迢从成都来到前线，非但没有援救姜维，最后反倒是让姜维给救了。

此时，汉中方面，被魏军围困的汉城、乐城究竟战况如何，史书没有任何记载。我们只知道，驻守汉城的蒋斌是直到刘禅投降后，知大势已去，才到涪县归降钟会的，估计此前一直在坚守城池；而驻守乐城的王含在各种史料中皆无踪迹，若大致推测，很可能是在阳安关陷落前后，便城破阵亡了。

同年九月底，姜维、廖化与张翼、董厥合兵一处，共同退守剑阁。

剑门关，由诸葛亮所建，三国时称剑阁关，是诸葛亮和姜维历次北伐的必经之路，也是从陇西、汉中进入巴蜀的咽喉要道。此关位于剑门山的中断处，两旁是断崖峭壁，犹如刀砍斧劈，所谓“两崖对峙倚霄汉，昂首只见一线天”；此处平地拔高150多米，顶部宽100余米，底部宽仅50多米，被誉为自然天成的天下第一隘口，历来是兵家必争之地。

在姜维等人看来，各部兵马集结于这座“一夫当关，万夫莫开”的雄关，足以抵挡来势汹汹的十八万魏军。只要坚守此关，把时间拖长，魏军迟早会因粮草不继被拖垮。

而后来发生的事实也正是如此——钟会因久攻不克、粮草不继，一度决定退兵。

然而，没有人会料到，邓艾这个可怕的悍将，竟然会神不知鬼不觉地绕过剑阁，在从来没有人能够翻越的摩天岭中生生开出一条道路，然后仿佛天兵天将一般“空降”到了巴蜀平原，兵锋直指成都……

灭蜀之战：邓艾的千里奇袭

蜀汉炎兴元年（公元263年）十月，即姜维等人退守剑阁次月，刘禅紧急派遣使臣向东吴求援。

眼看多年的“难兄难弟”这回恐要遭遇灭顶之灾了，孙休出于唇亡齿寒的忧惧，立刻命大将军丁奉统领各军，进兵寿春，欲图在东线牵制魏军；另外，命将军留平前往南郡（治今湖北江陵县），与驻扎在此的朱绩会合，商讨应往何处进军更有利于援救蜀汉；又命将军丁封、孙异向沔中（今陕西南部，汉水上游）进军，试图从汉中东面威胁钟会率领的魏军。

第一阶段的汉中、陇西之战，魏军大获全胜，一举就把蜀军赶到了剑阁以南，于是各路捷报纷纷传回朝廷。司马昭就是在这个背景下，预感到攻灭蜀汉只是时间问题，才接受了之前三番五次推辞掉的封赏，正式晋位相国，晋爵晋公，加九锡。

从司马昭这一耐人寻味的举动，我们便足以看出，与其说“灭蜀”是他作为权臣对曹魏所作的贡献，不如说是他为了改朝换代所准备的敲门砖。换言之，蜀汉的灭亡对曹魏帝国而言，非但不是福音，反而是一记丧钟。因为蜀国一旦灭亡，自认为有大功于天下的司马昭就可以着手篡夺曹魏的政权了……

西线战场上，邓艾率部进至阴平后，立刻遴选精锐，准备与诸葛绪合兵一处，共同南下。不过诸葛绪却拒绝了他，理由是其任务只是阻截姜维，并未接到进一步南下的指令，遂引兵往白水关（今四川青川县东）而去，与钟会主力会合。

此时的钟会，已经将蜀国视为囊中之物，也已生出独专军权、独居大功之心，不想让任何人分走功劳，遂向司马昭呈上密奏，称诸葛绪畏敌不前、阻截姜维失败，理当治罪。朝廷旋即下诏逮捕了诸葛绪，用槛车押回洛阳。钟会遂收编了诸葛绪的部众。

随后，钟会率十多万大军，开始猛攻剑阁。

然而，作为“天下第一隘口”的剑阁关绝非浪得虚名，而姜维等率数万人守在这里更是绰绰有余。所以，任凭魏军费尽九牛二虎之力轮番进攻，这座关城就是岿然不动。

不久，魏军开始出现粮草不继的问题了。

诸葛亮和姜维在多年北伐中先后尝尽的辛酸况味，这回终于也让钟会尝到了。

人是铁，饭是钢，没粮如何打仗?

钟会没辙，遂动了退兵之念。

而此时驻守阴平的邓艾，已经在酝酿他那名垂千古、匪夷所思的“奇袭之策”了。得知钟会打算退兵，灭蜀之战眼看就要功亏一篑，邓艾赶紧向钟会进行汇报，提出了他的奇袭计划：

“如今，敌军已遭到沉重打击，我军应乘胜进兵。我的计划是，从阴平抄山路南下，经德阳亭（今四川江油市东北），直扑涪县。德阳亭东距剑阁一百里，南距成都三百余里，我们以奇兵突然攻击蜀国的心脏地带，剑阁守军必定回防涪县。到时候，你便可率主力大举南下；若剑阁守军不回防，那么可以援救涪县的兵力就寥寥无几了。兵法有言：‘攻其无备，出其不意。’我军若以此计乘虚而入，直捣腹心，必定能大破蜀军。”

钟会采纳了这个大胆的计划，于是蜀国的灭亡终于进入了倒计时。

邓艾发动的这场奇袭，堪称中国战争史上最经典的奇袭战例之一，也是最著名的灭国战例之一。其间经历的艰难险阻，非常人所能想象。

要从阴平直下巴蜀平原，必须翻越我们今天所称的摩天岭。摩天岭位于川、陕、甘三省交界处，东边与米仓山相接。其岭北面坡度较缓，南面则是悬崖峭壁，南麓海拔2227米，无路可行。整座山岭高耸险峻，荆棘丛生，云遮雾罩。正是由于邓艾的此次奇袭，在摩天岭中生生开出了一条奇崛的行军路线，这条路后来才被称为“阴平古道”。

据《三国志·邓艾传》记载，邓艾率部进入摩天岭后，“行无人之地七百余里（此处为汉里，约等于530华里）”，他们“凿山通道，造作桥阁”，即逢山开路，遇水架桥，其间“山高谷深，至为艰险”。

除了道路艰险难行，粮食匮乏也是一大问题。因为要自行开辟一条从未有人走过的路线，所以邓艾和部众们只能携带有限的军粮，以减轻负荷，便于行军。这就导致未及穿过摩天岭，部队已因缺粮而“濒于危殆”，就是几乎陷入了绝境。

虽然史书没有记载邓艾所部如何摆脱缺粮的困境，但可想而知，不外乎就是通过摘野果、挖野菜、扒树皮的方式充饥，当然也可以打一些山里的野味。

而当部队千辛万苦翻过山脊，来到南麓时，面对的更是刀削斧劈般的悬崖，根本没有道路可以下山。于是，邓艾做出了一个近乎疯狂的举动——先找到一处相对不那么陡峭的山坡，然后用厚厚的毛毡裹住身体，径直从山上往下翻滚，最后居然成功滚到了山下，而且全身各处“零件”还都没有丢失或损坏。

这不得不说是一个奇迹！

当然，如此冒险的行为只是为了激励士气，顶多就是一些部将和亲兵跟着他这么做，不可能让所有部众全都效仿。所以，大部分将士还是通过“攀木缘崖，鱼贯而进”的方式下了山，也就是抓着峭壁上的树木，身体贴着崖壁，一个接一个慢慢爬下来。

最终，邓艾及其部众完成了这项前无古人的壮举，成功翻越摩天岭，如同神兵天降般突然出现在了江油关（今四川平武县东南）。

江油关，三国时称江油戍，是刘备入蜀后依托天险修建的军事要塞。其地群山环抱，涪水中流。关口险峰壁立，直插云天；关下江流湍急，浊浪翻卷，显然也是一处易守难攻的险关要隘。

此时驻守该地的蜀将是马邈。如果马邈能够坚守此关，那么邓艾拼死翻越摩天岭的战略意图可能就落空了。然而，跟阳安关那个不战而降的蒋舒一样，这个马邈也是个贪生怕死的家伙，一看魏军突然兵临城下，立刻就开门投降了。

随着江油关的陷落，整个巴蜀平原就向邓艾豁然洞开了。

邓艾旋即率部南下，马不停蹄地扑向了成都。蜀汉朝廷闻报，大为震恐，慌忙派出卫将军诸葛瞻北上抵御。诸葛瞻率部进抵涪县后，便止步不前了。随军出征的尚书郎黄崇（黄权之子）力劝诸葛瞻继续北上，拒敌于地势险峻的山口，否则一旦魏军进入平原地带，蜀军的胜算就非常渺茫了。

可令人遗憾的是，身为诸葛亮之子，诸葛瞻既没有乃父的胆识，又缺乏乃父的谋略，一直犹豫不决，没有听从黄崇的建议。黄崇再三劝谏，甚至声泪俱下，可诸葛瞻始终不听。于是，邓艾顺势长驱直入，一战便击破了诸葛瞻的前锋。

诸葛瞻连忙率部退守绵竹。此处距成都已不到两百里，是蜀汉国都的最后一道防线。换言之，诸葛瞻已经退无可退了，除非他能突然雄起，战胜骁将邓艾，否则要么投降，要么战死，绝无第三条路可走。

邓艾及时写了封信，对诸葛瞻进行劝降，并许以“琅邪王”的爵位。所幸，身为诸葛亮之子，诸葛瞻虽然既无胆识又无谋略，但起码的气节还是有的，遂愤然斩杀来使，然后命部众列阵，准备与邓艾决一死战。

邓艾命其子邓忠攻击蜀军右翼，命副手师纂攻蜀军左翼。也许蜀军将士们都意识到这是保家卫国的最后一道防线，身后都是自己的妻儿老小，所以焕发出顽强的斗志，生生把邓忠和师纂率领的魏军精锐击退了。

见二人败退，邓艾大怒。邓忠和师纂赶紧解释，说这支蜀军防守严密，无懈可击。邓艾闻言更怒，厉声道：“生死存亡，在此一举，什么叫无懈可击?!”然后痛骂二人，要把他们拖出去砍了。

邓忠和师纂大惊，马上重整旗鼓，掉头再战。

这一回，魏军将士也都有了殊死一战之心，双方的战斗更加激烈。最终，魏军还是占了上风，大破蜀军，并击斩了诸葛瞻和黄崇。

眼见大势已去，诸葛瞻之子诸葛尚不禁仰天长叹：“我们父子荷国厚恩，却没有设法早早诛杀黄皓，以致其败坏国家，贻害百姓，我活着还有什么意义?!”然后策马直冲敌阵，力战而死。

至此，成都就彻底暴露在邓艾眼前了。

攻灭蜀汉的赫赫功绩，已然唾手可得。

蜀汉的缙绅百姓们万万没想到，魏军竟然这么快就杀到了眼皮底下，立刻陷入混乱，只能扶老携幼，纷纷逃进山野，官府根本无法禁止。

而此刻的蜀汉朝廷，也早已乱成了一锅粥。

刘禅召集群臣紧急开会，商讨对策。众人七嘴八舌，有的说蜀汉与东吴是盟友，这种时候只能逃往东吴；有的说南中还有七个郡的地盘，且地势险阻，易于固守，不如逃奔南中。而之前写文章批判姜维、一向反对北伐的那个光禄大夫谯周，则顺理成章地从反战人士变成了投降派，坚决反对这两项提议。他的看法是：

“自古以来，从没有寄身他国而仍然保住天子身份的。如今若投奔吴国，也只能臣服于吴国皇帝。况且，吴国的实力与我国相差不大，可见魏国迟早会吞并吴国。同样是称臣，与其向小国称臣还不如向大国称臣；与其受两次羞辱（若魏灭吴，还得再降），不如只受一次！另外，若想撤到南中，应该早做计划，方可实行。如今大敌当前，祸败已经临头，难保不会有小人从中作祟，恐怕启程之日，便有不测的变故发生，如何到得了南中？”

谯周说了这么一大堆，其实最想说的就一个字——降。

不过人家毕竟是“硕儒”（陈寿语），语言文字的表达功夫十分了得，虽然话里话外都是“降”的意思，但愣是没让这个敏感字出口。

终于有人耐不住性子，急着道：“如今邓艾都快兵临城下了，恐怕不肯接受投降，该怎么办？”

好了，现在有人把这个敏感字捅出来了，谯周当然可以光明正大往下说了。

他用一种成竹在胸的口吻道：“如今东吴仍然存在，这种形势，邓艾不能不接受我们的投降，也不能不以盛大的礼遇来接受。如果陛下降魏，魏国不封给陛下爵位和采邑，我会亲自前往洛阳，用古人的大义去抗争。”

谯周把话说得如此大义凛然、掷地有声，不仔细听还以为他说的不是投降，而是坚持抗战。

见谯老爷子对投降一事这么有信心，群臣遂纷纷附和，“众人皆从周议”。毕竟投降了魏国，大部分人的官还可以照做，薪水还能照领，甚至曹魏作为“大公司”，福利待遇说不定比蜀汉更好呢，有什么理由不投降？

然而，高管们乐得被大公司并购，作为老板的刘禅可就没那么乐意了。虽然投降后富贵可保，但在人家屋檐下做寓公，终究不如在自个儿家做皇帝，何况把老爹刘备千辛万苦打下的江山拱手让人，这心里总归不是滋味。

所以，尽管以谯周为首的满朝文武都赞成投降，刘禅却还是倾向于迁都南中，于是一直犹豫不决。

谯周见状，赶紧洋洋洒洒地写了一道奏疏，罗列了四大理由，苦口婆心地劝刘禅放弃南迁，早日投降：

“听说陛下有南迁的计划，臣深以为不安。为什么呢？南中乃蛮夷之地，以前既不缴纳田赋捐税，又不供应民夫差役，犹然不断反叛。自从诸葛丞相南征，用强大的兵力镇压，他们走投无路才勉强服从。此后开始缴纳赋税，朝廷取之用于军费，已经令他们深怀愁怨，这是随时有可能给国家造成祸患的啊！如今，朝廷迫于形势，想去依靠他们，他们一定会再度反叛。此其一。

“魏军前来，不只是攻取成都而已，朝廷若是南迁，他们一定会趁我们势力衰弱，及时追击。此其二。

“朝廷若是迁至南中，对外要抗击敌人，对内要承担各种开支用度，费用势必大增，但又无法从别的地方收取，对当地诸夷的利益损害肯定很大，这就必然加速他们的反叛。此其三。

“西汉末年，王郎在邯郸僭位称帝，当时刘秀在信都，遭到王郎逼迫，打算放弃地盘，退回长安。部将邳彤劝谏说：‘明公西还，则邯郸百姓必不肯抛弃父母，背弃王郎，跨越千里追随明公，他们在中途逃跑反叛是必然的。’刘秀听从了劝谏，最终攻破邯郸。如今魏军已至，陛下南行，恐怕邳彤之言会重现于今。此其四。”

最后，谯周抛出结论，说：“愿陛下早为之图，可获爵土；若遂适南，势穷乃服，其祸必深。”（《三国志·谯周传》）

愿陛下早作打算，还可得到爵位和采邑；若是南迁，等到穷途末路才屈服，那祸患必定深重。

谯周如此循循善诱，一副恨不得刘禅早日投降、蜀汉早日灭亡的样子，不由让人生出一种感觉——与其说他是蜀汉的臣子，不如说更像是司马昭派来劝降的。

面对谯周摆出的一条条理由，心有不甘的刘禅最终还是妥协了。

随后，刘禅命侍中张绍带上他的天子玺绶，主动前往雒城（今四川广汉市），向邓艾奉上了降表。

至此，立国四十三年、仅历二主的蜀汉宣告灭亡。

谯周明哲保身，邓艾功高震主

蜀汉在这个时刻，以如此仓促的方式灭亡，当然主要是因为邓艾发动千里奇袭，出人意料地兵逼成都；可与此同时，谯周以三寸不烂之舌反复谏降，最终说服刘禅，显然也是不可忽略的原因之一。

也许，正是在这个意义上，《三国志》的作者陈寿在《谯周传》中说了这么一句话："刘氏无虞，一邦蒙赖，周之谋也。"

刘氏一族能免除灾祸，蜀国臣民能得以保全，都是出于谯周的谋划。

言下之意，仿佛谯周立下了什么名垂青史的不世之功。

当然，如果站在魏国和晋朝的角度，谯周的确"居功至伟"，但如果站在蜀汉的立场上，结论恐怕就不该是这个样子了。而陈寿之所以如此推崇谯周，原因很简单：

其一，他是谯周的同乡（都是巴西郡人）兼得意门生；

其二，谯周和陈寿师生二人，后来双双成了魏国和西晋的臣子——谯周因谏降之功被司马昭封为阳城亭侯，迁骑都尉，后来在晋朝官至散骑常侍；陈寿也在魏、晋历任著作郎、长广太守、治书侍御史、太子中庶子等职。

居于魏、晋的政治立场，陈寿当然要在自己的著作中，对谯周劝降刘禅之举给予高度肯定了。然而到了后世，历代史家对谯周的批判却不绝于耳。

比如稍后的东晋史家孙盛，便对此评论道："春秋之义，国君死社稷，卿大夫死位，况称天子而可辱于人乎！周谓万乘之君偷生苟免，亡礼希利，要冀微荣，惑矣！"

按照春秋的大义，国君与社稷共存亡，卿大夫与职守共存亡，何况刘禅已是天子（比春秋的国君规格更高），岂可受辱于人？谯周劝国君苟且偷安，忘却礼义，贪图利益，希望获得微不足道的荣宠，糊涂啊！

在孙盛看来，当时邓艾虽已兵逼成都，但蜀汉未必不可一战。因为那时，还有蜀将罗宪“以重兵据白帝”，另一大将霍弋“以强卒镇夜郎”，何况“蜀土险狭，山水峻隔”，不利于邓艾的步兵展开行动。若蜀汉君臣乘船南下江州，一边向南中征兵，一边向东吴求援，加上还有姜维、廖化等人率领的蜀军精锐，怎么会走投无路？又何必担心一定会灭亡呢？

所以，孙盛的结论就是：“禅既暗主，周实驽臣。”

刘禅固然是一位庸懦之主，但谯周也确实是个无能之臣。

孙盛的分析是有一定道理的。当时，姜维利用剑阁天险成功抵挡了钟会大军，只有邓艾一支孤军深入巴蜀腹地，若刘禅坚持抵抗，召集四方勤王之师，完全有机会将邓艾“瓮中捉鳖”。可见，彼时的形势绝非谯周所描述的那么不堪。

明末清初思想家王夫之，也曾在《读通鉴论》中怒斥谯周，说：

“国尚可存，君尚立乎其位，为异说以解散人心，而后终之以降，处心积虑，唯恐刘宗之不灭，憯矣哉！读周《仇国论》而不恨焉者，非人臣也。……周塞目箝口，未闻一谠言之献，徒过责姜维，以饵愚民、媚阉宦，为司马昭先驱以下蜀，国亡主辱，己乃全其利禄；非取悦于民也，取悦于魏也，周之罪通于天矣！”

王夫之身为一辈子不肯剃发的“有明遗臣”，痛心于明朝覆亡、山河易主，对历史上著名的“投降派”谯周自然是深恶痛绝。所以，他的评价不可避免地带有个人立场和情绪，对谯周的批判稍显过火（如骂他“罪通于天”），这一点是毋庸讳言的。不过，他从《仇国论》这一角度分析谯周，却不失为切中肯綮的评价。

在历史上，谯周是以痛批姜维的《仇国论》出名的。如果说，谯周骂姜维是出于公心，是替国家和社稷着想，那么居于同样的立场，他难道不更应该把批判的矛头指向祸乱朝政的黄皓吗？

然而，实际情况却是——他敢于长篇大论声讨姜维，却从无只言片语斥责黄皓。

究其原因，恐怕就在于，反对北伐能够讨好大部分苟且偷安的益州士民

（饵愚民），而批判姜维又能在无形中巴结权宦黄皓（媚阉宦）。如此一举两得之事，谯周何乐而不为呢？

退一步说，即便谯周并无谄媚阉宦之心，但不敢对权宦发难，分明就是在明哲保身。而这样的明哲保身之人，先是振振有词地反对北伐，后又大义凛然地谏降刘禅，其背后的动机能有几分公心呢？究其实，恐怕出于自身利益（以及益州士族利益）的成分还更多一些。用今天的话说，这其实就是一种“精致的利己主义”。

由此可见，虽然谯周最后谏降刘禅之举，客观上的确保全了刘氏一族和蜀汉百姓，令战火得以平息、生民免遭涂炭，但正如王夫之所言，他这么做，与其说是“取悦于民”，不如说是“取悦于魏”。毕竟事后，谯周得到了司马昭封赏的“亭侯”之爵，这可是他在蜀汉干了大半辈子都未曾有过的荣宠。因此，王夫之骂他以“国亡主辱”换取自身的“利禄”，并没有骂错。

除了学者，历代也有不少文人对谯周颇为不屑。如唐代诗人罗隐就有诗云：“千里山河轻孺子，两朝冠剑恨谯周。”

大意是：刘备和诸葛亮奋斗终生打下的千里河山，最后却被刘禅轻易抛却了；就此而言，蜀汉的两朝文武（也代指能文能武的两朝元老诸葛亮），都应该痛恨谯周。

另外，清代诗人袁枚也曾写诗讥讽谯周，说：“将军被刺方豪日，丞相身寒未暮年。惟有谯周老难死，白头抽笔写降笺。”

费祎不幸遇刺时，正值壮年；诸葛亮北伐身死时，也尚未暮年。只有谯周活到六十几岁了还不死，白发满头还要忙着写降表……

得知刘禅已向邓艾投降，其五子北地王刘谌悲愤莫名，对刘禅说：“若真到了势穷力屈、大祸临头的地步，就应当父子君臣背城一战，同为社稷而死，再到地下去见先帝，为何要投降？！”

可刘禅根本不听。刘谌万念俱灰，当天，入太庙祭拜了刘备之后，先杀了自己的妻儿，然后就自杀了。虽然在今天看来，刘谌这么做对妻儿很不公平——凭什么以一己信念去剥夺妻儿的生存权？但若以古代的价值观来评价古人，这却是一种难能可贵的气节。

是故，历代史家皆对此交口称颂。如毛宗岗就说：“刘禅虽懦，幸有北地王之能死，为汉朝生色。”清代的《通鉴辑览》亦称：“北地王慷慨捐躯，凛凛有生气。”即批判刘禅的昏庸懦弱，赞叹刘谌的临死不屈。

蜀亡之际，为国捐躯的名臣之后还有两位：张飞之孙张遵，与诸葛瞻、诸葛尚父子同日战死；赵云次子赵广，阵亡于姜维从沓中败退的强川口一战。

对于刘禅的主动投降，邓艾大喜过望，立刻回了一封信，让张绍带回，表示嘉许和欢迎。

随后，刘禅派太仆蒋显前往剑阁，命姜维等人放下武器，就地向钟会投降；同时，又派尚书郎李虎，将全国军民的户籍档案一并送交邓艾。据记载，此时的蜀国共有“户二十八万，男女口九十四万，带甲将士十万二千，吏四万人”。

数日后，邓艾率部进抵成都城北，前来受降。刘禅带着太子刘璿、诸王及群臣六十余人，自缚双手，把棺材装在车上（史称“面缚舆榇”，是古代君主战败投降的仪式），出城来到了邓艾的大营前。

邓艾持节出迎，解开他们的捆绑，焚毁棺木，然后将刘禅君臣迎入了大帐之中。

同日，邓艾约束麾下将士，入城之后，不得掳掠，且要安抚百姓，恢复原有的正常秩序。然后，邓艾参照东汉初年大将邓禹“承制”（代表皇帝）拜隗嚣为西州大将军的先例，拜刘禅为“行骠骑将军”，以刘璿为奉车都尉，诸王为驸马都尉。

同时，邓艾又对蜀汉百官进行了重新任命，根据其原有职位高低，分别授予魏国的官职，有的直接纳入了自己的麾下。此外，邓艾又命师纂领益州刺史，以部将牵弘等人分领蜀中各郡太守。

值得注意的是，上述种种举措，是超出邓艾职权范围的。

邓禹当年给隗嚣封官，是真的奉了光武帝刘秀的旨意，而如今邓艾大肆任命原蜀汉君臣和自己麾下的将领，却是他自作主张，事先根本没有向魏国朝廷和司马昭请命。

此举，无疑给邓艾接下来的人生悲剧埋下了伏笔。

要树立权威，光封赏官职是不够的，找一两个“坏蛋”来收拾也十分必要。

于是，邓艾锁定了权宦黄皓，很快就将其逮捕，扔进了死牢，准备择日诛杀。

然而，在蜀汉朝廷弄权多年的黄皓，手上多的是黄白之物。他以重金贿赂了邓艾的左右亲信，最终居然逃走了。史书后来再没有关于此人的记载，只说“卒以得免”，就是侥幸逃过了一死。

对蜀汉灭亡负有重大责任的这么一个大奸大恶之人，非但没有受到应有的惩罚，反倒溜之大吉，实在是极大的讽刺。

蜀国就这样一朝覆灭了，可身在前线的姜维却一无所知。

当时，姜维只得到了邓艾入蜀、诸葛瞻战败的消息，却根本不知皇帝刘禅的行止。因担心刘禅和朝廷的安危，姜维立刻率部撤出剑阁，马不停蹄地赶到了巴中（治今四川阆中市），准备救援成都。

钟会命部将胡烈一路追击。

数日后，姜维进抵郪县（治今四川中江县东南），终于在这里接到了刘禅命他投降的诏令。姜维万般无奈，只能奉诏，随即命部众全部放下武器，并把自己的大将军符节就近交给了魏将胡烈，然后掉头与廖化、张翼、董厥等人会合，一同前往钟会大营投降。

家国社稷竟然眨眼间就没了，蜀军将士大为激愤，纷纷“拔刀斫石”，在石头上劈砍，以发泄心中悲愤。

随后，蜀汉各郡县、要塞陆续接到了刘禅的投降诏令，遂相继放下武器投降。

东吴得知蜀汉已经灭亡，赶紧命丁奉等人全部班师。

同年十二月底，魏国朝廷（司马昭）因灭蜀之功，擢升邓艾为太尉，增加食邑两万户；擢升钟会为司徒，增加食邑一万户。

以一人之力在旬月之间灭掉一国，这在历史上是比较罕见的，堪称不世之功。

所以，邓艾忍不住就飘了。

进入成都后，他动不动就在蜀地的士大夫们面前自我夸耀，说：“诸君幸好是碰到我邓艾，才能有今天。假如是遇到吴汉之辈，你们早就尸骨无存了。”

吴汉是东汉开国名将，曾率部攻入巴蜀，扫灭公孙述，然后纵兵烧杀掳掠，血洗成都。如今邓艾入城后，的确秋毫无犯，但这并不是因为他心存仁慈，而是刘禅没有像当年的公孙述那样顽强抵抗。前提不一样，结果自然不同。邓艾如此夸耀，显然是有意无意地忽略了刘禅主动投降这一前提。

另外，邓艾还时常对人说："姜维固然是一时雄杰，但碰到我，他就计穷了。"

这话其实不算吹牛，从这些年双方在陇西的交手来看，邓艾确实是姜维的克星。但是，古人常说"谦受益，满招损"，却是很有道理的。因为本事大的人最容易遭到别人的羡慕嫉妒恨，所以越有本事越要谦虚、低调、内敛，才能尽量化解他人的嫉恨，避免给自己带来麻烦；倘若因为本事大就拼命炫耀，那只会加剧他人的嫉恨，从而给自己招来祸患。

在一般的人际交往中尚且如此，在尔虞我诈的职场和官场上，就更是如此了。

此时的邓艾虽然建立了举世无双的大功，但历史的经验告诉我们，"功高"的后面往往紧跟着两个字——"震主"。所以熟读历史的人，或者深谙老子智慧的人，越是在这种时候，越是会战战兢兢，如临如履，脑子里要么盘旋着"为而不恃，功成弗居"这八个字，要么就是"兔死狗烹，鸟尽弓藏"这八个字。

在这方面，历史上的正面典型就是功成身退的范蠡，反面典型就是功高震主的韩信。

邓艾若是明智的话，当务之急就是赶紧把益州交给别人（比如钟会），然后立刻回洛阳，把灭蜀的功劳让给钟会，把手中的兵权交还朝廷，最后乖乖待在家里，等候领导的下一步指示。

倘若如此，邓艾后面就不会死得那么难看了。

遗憾的是，他非但没有这么做，反而变本加厉地试图建立更大的功劳——把东吴也一块灭掉！

为此，他专门写了一道奏疏，向司马昭呈上了自己的灭吴大计：

"发动战争，有一种情况是先制造声势，令敌人屈服，其次才是真正用兵。如今，我军可乘灭蜀之势，筹划灭吴之战。眼下吴国朝野震恐，正是席卷之时。不过，我军刚打过大战，将士疲劳，无法立即投入战斗，不妨稍为延后。我的建议是，大军班师回朝时，留下陇右兵团两万人、巴蜀兵团两万人，然后以盐铁的收入，作为军费和屯垦的费用，继而大造舟船，准备顺流东下。到时候，再派使节到吴国，对其晓以利害，吴国必定归化，如此便可不战而定。

“现在，我们应该厚待刘禅，给孙休做个榜样。我建议封刘禅为扶风王，赏赐给他财产，提供给他仆从。扶风郡有当年董卓修筑的坞堡，可做他的宫舍，再封其儿子们以公侯之爵，把扶风郡及所属各县，作为他们的食邑，以彰显刘禅归命之后的荣宠。至于吴国这边，可将广陵、城阳二郡改成封国，以待孙休。如此，东吴必然畏威怀德，望风而从！”

平心而论，邓艾的上述计划是颇为可行的。他固然立功心切，但仅就该计划而言，主要还是出于为朝廷分忧的公心。换言之，其对魏国和司马昭的拳拳忠心是毋庸置疑，也不能抹杀的。

然而，计划没错，错的是提计划的人。

假如该计划是由魏国任意一位朝臣提出来的，估计都会得到司马昭的赞许，可提计划的人偏偏是邓艾，这就很容易令司马昭满腹狐疑、浮想联翩了。

你邓艾刚刚立下灭蜀的不世之功，又大包大揽地想把东吴也一并灭掉，胃口是不是太大了？假如连吴国也被你灭了，那你岂不是成了一统天下的盖世英雄，将把司马昭置于何地？退一步说，就算司马昭有这个肚量，容得下你这个大功臣，可你之前没跟朝廷打半点招呼就大肆任命官员是几个意思？你还有没有把领导和组织纪律放在眼里？现在又提议留下四万兵马，并打算掌握盐铁收入，那是不是意味着益州的军政和财政大权都被你一手掌控了？万一你不去打东吴，而是打算封疆裂土，自个儿在益州当土皇帝怎么办？

还有，该封给刘禅（包括日后的孙休）什么爵位，给予何种待遇，是司马昭独有的权限，什么时候轮到你邓艾指手画脚、越俎代庖了？更不用说你还有一个顶头上司钟会呢，把人家彻底晾在一边合适吗？你如此越级上报，相当于架空了钟会，这不是在制造矛盾，给大领导司马昭出难题吗？

总之，邓艾的这个计划一提，只能招致司马昭的反感，并加深他的猜忌和警惕。

所以，司马昭都懒得给邓艾回复，只命监军卫瓘转达了八个字的口信，说：“事当须报，不宜辄行。”（《三国志·邓艾传》）

意思就是：做任何事，都应该事先奏报，不应擅自做主，想做就做。

这口气，分明就是在批评和敲打了。稍有点政治敏锐性的人，此时就该乖乖闭嘴，然后赶紧想办法补救了。

可早已被胜利冲昏头脑的邓艾，却丧失了混迹官场最起码的敏感性和警惕性，反而觉得自己有大功于天下，那就无须事事奏报，理应拥有“便宜行事”之权。

于是，邓艾不顾司马昭的反应，再度上疏，自我辩解道：

“我奉命出征，都是遵照指示行事。如今元凶首恶已经俯首称臣，至于‘承制’任命官职，是为了安定刚刚归附的人心，我认为是合乎权宜的措施。如今蜀国举众归命，使我朝的疆域扩至南海，东接吴会，那就应早日将东吴平定。倘若等待诏命，道路往返，势将拖延时日。《春秋》大义认为：‘大夫出疆，有可以安社稷、利国家，专之可也。’如今吴国尚未臣服，疆域却与巴蜀相连，不应拘泥常规，从而丧失时机。《孙子兵法》也说：‘进不求名，退不避罪。’我虽然没有古人那样的节操，但绝不会为了避嫌而损害国家大计！”

邓艾的这道奏疏，若单纯从军事角度来看，没有任何毛病，甚至还应该为他的勇于任事、不计个人得失点个大大的赞。可问题在于，世上哪有什么单纯的事？军事和政治又如何能截然分开？身为魏国实际执政者的司马昭，对几年前的诸葛诞叛乱仍记忆犹新，又怎么可能单纯从军事角度看待邓艾的这番言论？

若换个角度，从政治上看，这道奏疏可以说从头到尾都充斥着八个字——居功自傲，目无领导。

至少在司马昭看来是这样。

你邓艾大掉书袋，左一句《春秋》大义，右一句《孙子兵法》，说白了不就是师心自用、独断专行、不愿听从朝廷号令吗？才打下一个蜀国就把尾巴翘上天了，再让你打下吴国，那得嘚瑟成什么样子？你会不会索性就割据自立，跟朝廷分庭抗礼了？

所以，司马昭完全有理由怀疑，这个邓艾大有成为诸葛诞第二的潜质。既如此，那他当然就要设法把这场潜在的叛乱扼杀在萌芽状态了。

而此时此刻，打算收拾邓艾的绝不止司马昭一个。

那个先是被邓艾抢走大功，继而又被他架空的顶头上司钟会，无疑比任何人都更想弄死邓艾。

至此，邓艾已经在劫难逃，只剩死路一条了……

钟会之死：一个野心家的自取灭亡

事实上，颇具讽刺意味的是——真正想叛乱的人并不是邓艾，而恰恰是深受司马昭倚重的心腹股肱钟会！

这一点，姜维看出来了。

姜维被迫投降后，在钟会身边待了段日子，渐渐看穿他“内有异志”，便决定助他一臂之力，发动叛乱，把水搅浑，然后再趁机兴复蜀汉。

于是，姜维便对钟会进行了试探：“我听说，自从淮南叛乱以来，阁下可谓算无遗策，晋公（司马昭）的势力逐渐强大，皆仰赖阁下之谋。如今，阁下又平定了蜀国，威德震动海内，百姓都认为你的功劳最高，君主却担心你的谋略太深，如此，又如何安身立命？何不效法陶朱公范蠡，泛舟江湖，隐藏行迹，从而保全功业和性命呢？”

姜维此言，既是在挑拨钟会跟司马昭的关系，也是在试探钟会内心的真实想法。他当然知道，钟会自视甚高、野心勃勃，绝不可能像范蠡那样“事了拂衣去，深藏身与名”，但钟会下一步究竟打算怎么做，姜维有必要听他亲口说出来。

钟会的回答是：“阁下说得太过高远了，我是不会那么做的。况且，为今之计，似乎还可以有别的办法。”

话虽然没挑明，但暗示要另立山头的意味已经相当浓厚了。姜维心领神会，便道：“其他的事，是阁下的智慧和能力足以完成的，无须老夫操什么心了。”

经过这番意味深长的交谈，姜维与钟会就成为“自己人”了，于是双方

“情好欢甚，出则同舆，坐则同席”（《资治通鉴·魏纪十》）。

有了姜维襄助，便足以号令原蜀汉的十万人马（即使打个对折也还有五万），再加上攻蜀的十多万大军，钟会的麾下就足足有二十多万人了。所以在钟会自己看来，他是完全有实力跟司马昭叫板的。

眼下唯一的障碍，就是邓艾了。

身为此次攻蜀的主帅，军中将领几乎都是听钟会的，于是钟会旋即与监军卫瓘、部将胡烈、师纂等人，联名向司马昭呈上密奏，声称邓艾有谋反迹象。

指控大将谋反，空口无凭是难以服众的，还需要确凿的证据——比如文字证据。恰好钟会本人就是一个笔迹模仿高手，于是便命人在剑阁拦截了邓艾呈给朝廷和司马昭的奏章、书信等，改动其中词句，刻意表现出一副狂悖骄慢、自负自夸之状；同时也拦截了司马昭写给邓艾的信，经过改动，令其语气变得十分严厉，使邓艾自生疑惧。

司马昭本来就想收拾邓艾，现在又有了钟会的“全力配合”，事情自然就水到渠成了。

曹魏景元五年（公元264年）正月，司马昭以曹奂名义发出一道诏书，命钟会立刻进军成都，逮捕邓艾，以囚车押回洛阳。

就在发出这道诏书的同一天，令人颇感意外的是，司马昭竟然命心腹贾充率部从斜谷道进入汉中，而他本人则亲率十万大军，并带上少帝曹奂，启程前往长安。

司马昭突然做出这么大的动作，背后显然有非同小可的动机。

这个动机就是——在借钟会之手除掉邓艾后，再下手除掉钟会！

这就叫“螳螂捕蝉，黄雀在后”。而司马昭，就是这只最可怕的黄雀。

事实上，对于钟会的野心，司马昭早有警觉。不，准确地说，是司马昭的妻子王元姬早有警觉。当初钟会刚刚得到司马昭的重用时，王元姬便凭着女人特有的直觉，看出钟会此人不地道，于是对司马昭说：“钟会是个见利忘义之人，好生事端，若对他宠信太过，必定作乱，所以不可赋予重任。”

此后，司马昭对钟会便多留了一个心眼。

到了曹魏伐蜀前夕，即司马昭确定钟会为大军主帅后，一个叫邵悌的心腹深感忧虑，又对司马昭说：“如今派遣钟会率十多万大军伐蜀，愚以为，像钟会这样一个单身汉，没有一个儿子留下做人质，恐怕会出问题，不如换其他人出征。”

司马昭闻言，淡淡一笑，道：“你之所言，我又何尝不知？蜀国屡屡寇边，师老民疲，我今伐之，易如反掌，但众人皆说不可讨伐。人啊，一旦犹豫畏怯，则智慧和勇气便会枯竭，而强迫智勇枯竭之人出征，只是送给敌人当俘虏罢了。唯独钟会跟我意见相同，如今派钟会出征，蜀国必灭。灭蜀之后，即便如你所言，又何愁不能制服他？因为蜀国灭亡后，遗民震恐，不足以跟钟会共图大事；而我军将士都是中原人，思乡心切，必不肯追随他。钟会若敢作恶，只能自取灭族之祸。你无须担忧，但此事你要保密，切勿告诉任何人！”

从这番话便足以看出，司马昭对钟会早就洞若观火，也早就把后面要走的每一步棋都算好了。而自以为聪明的钟会，却不知道自己是如来佛手心里的孙悟空，任你一个筋斗云翻出十万八千里，到头来还是在司马昭的掌握之中。

所以，司马昭命贾充出兵汉中，自己亲率大军进驻长安，目的就是随时扑灭钟会有可能发动的叛乱。当然，司马昭对外宣称，说是要做钟会的后盾，以防他制服不了邓艾。

司马昭启程之前，邵悌又劝阻说：“钟会所领部众，是邓艾的五六倍，只需一道敕令便足以收拾邓艾，又何必亲自出征？”

这个邵悌看来也不是心思缜密之人。此前他自己都劝司马昭要防范钟会，现在司马昭此举就是为了对付钟会，他却反倒以为目标是邓艾。

司马昭只好耐心解释道：“你忘了以前说的话了吗？怎么又不让我亲自出征了？这事你知我知，切记不可泄露。我的原则自然是以诚信待人，但别人却不能利用这一点有负于我。如果别人没问题，我又岂会先怀疑别人有诈？日前贾充曾问我：‘是不是怀疑钟会？’我答说：‘如今派你出征，难道是我又怀疑你了吗？’贾充也无法反驳我的话。等我到了长安，所有事情自会解决。”

司马昭的心机和口才，实在深得乃父司马懿之真传。从他的转述可以看出，贾充那句问话实际上是很难回答的。因为贾充虽然也是司马昭的心腹，但“对付钟会”这件事他并不知情，纯属司马昭和邵悌两人的密谋。如今贾充只是有所怀疑，便忍不住提了出来。

这就挺难办了。如果司马昭给出肯定的回答，那么与钟会同为心腹的贾充，难免会生出唇亡齿寒的忧惧，担心自己会成为下一个钟会；而如果给出否定的回答，又很难打消贾充的疑虑，且会让贾充觉得领导不信任他，不跟他说实话。

面对这个两难的问题，司马昭给出了一个智商情商双高的回答，也就是既非肯定，也非否定，而是通过反问暗示贾充——如果钟会心存不轨，我自然有理由怀疑他；而如果你跟钟会不一样，那你又何必担心？

如此，既显得作为领导的司马昭非常坦然，无须遮遮掩掩，又对贾充起到了半是勖勉半是敲打的作用，足以让贾充在不改忠诚的同时又心生惕厉，堪称极为高明的领导话术。

从司马昭平定诸葛诞叛乱，到此次对付邓艾和钟会，其掌控全局的能力，以及过人的心机和谋略，无不体现得淋漓尽致。从这个意义上，我们可以说，在当时的天下，要论心术、论权谋、论领导艺术、论政治智慧，司马昭若称第二，恐怕无人敢称第一。

正如东汉末年时，在这些方面，也无人能出曹操其右一样。

所以，公平地讲，司马家族最终能够篡夺曹魏江山，建立晋朝天下，终究还是凭自己的实力，以及司马懿、司马师、司马昭父子兄弟接力棒式的持续努力，又岂是后人一句轻飘飘的“欺他孤儿寡妇”所能概括的？

钟会虽然拿到了逮捕邓艾的诏令，但邓艾会不会就此伏诛，他并无把握。万一邓艾不死，日后又咸鱼翻身的话，势必会报复他。所以，钟会不出手则已，一出手，必须有十足的把握将邓艾置于死地。

为了彻底坐实邓艾的谋反罪名，钟会又想了一个损招——把逮捕邓艾的任务单独交给了监军卫瓘，命他立刻前往成都。

钟会的如意算盘是：卫瓘的部众很少，单独前往成都执行任务的话，十有八九会被邓艾反杀；而一旦邓艾出手杀了卫瓘，那他的谋反罪名就铁板钉钉了。

卫瓘也不是傻瓜。对于钟会的小九九，他心知肚明。此次成都之行，显然是凶多吉少。但明知如此，他也不能抗命，只能自己想一个两全其美的办法，既完成任务，又不至于把自己搭进去。

为此，卫瓘刻意在某个半夜时分，悄无声息地进入了成都，然后向邓艾麾下的所有将领发布了一道紧急命令，称：“奉诏收捕邓艾，其余一无所问。若立刻前来集合者，官职爵赏，一如往常；敢有不来者，诛灭三族！”

众将得令，不敢怠慢，纷纷在天亮之前离开大营，赶往卫瓘所在之处。此时，邓艾对正在发生的事一无所知，仍在大营中酣睡。而卫瓘则趁此机会，乘坐钦差专用的“使者车”，径直驶入邓艾大营，出其不意地逮捕了邓艾父子。

众将本以为卫瓘是要召集大伙训话，然后再公开逮捕邓艾，这样他们就有时间和机会替邓艾求情，或帮邓艾申辩。不料卫瓘却是故意把他们都调出大营，然后才突然下手。如此处心积虑，实在令人愤慨。众将决定用武力劫回邓艾，旋即回头集结了各自部众，鼓噪着直奔卫瓘大营。

眼看一场兵变就要爆发，而兵力单薄的卫瓘若无妥善的应对之策，不仅自身难保，而且刚刚平定的巴蜀必将掀起一场新的战乱。

好在卫瓘相当冷静沉着。他身着便装，独自一人来到营门口，对众将和他们身后乌泱泱的部众说了一句话，瞬间就把即将爆发的兵变消弭于无形了。

他告诉众将，自己也知道邓艾是被冤枉的，所以他正在草拟奏章，准备替邓艾申辩，洗清他的冤屈。

邓艾麾下的这些将领，打仗很厉害，但对政治斗争则一窍不通，所以都听信了卫瓘之言，当场便解散了部众，各回大营去了。

正月十五日，钟会率主力大军抵达成都，随即命人将邓艾父子用囚车押往洛阳。众将直到此刻才知道上当受骗，但事已至此，且钟会麾下兵强马壮，想打也打不过，他们也只能徒唤奈何了。

尽管陷害邓艾的计谋没有得逞，但征蜀的十多万大军此刻都已在钟会掌握之中，所以邓艾最后死不死，已经退居次要了。眼下钟会最关心的，其实还是自己的造反“大业”。

没有了邓艾，钟会就成了益州独一无二的实际控制人。也就是说，割据益州，在成都当土皇帝，在他而言已经是反掌之间的事了。然而，钟会的胃口却比这个大得多——他的最终目标，绝不仅仅是割据益州，而是夺取整个天下！

按钟会自己的计划，是命姜维率五万人为前锋，兵出斜谷，直指长安，而他则率大军继进。一旦拿下长安，便兵分两路：命骑兵走陆路，直趋洛阳；步兵走水路，从渭水入黄河，估计五天时间便可抵达孟津（今河南孟津县东黄河渡口）。然后，两路大军会攻洛阳。以钟会自己的愿景来讲，就是“一旦天下可定也”（《三国志·钟会传》）。

然而，这个愿景美妙是美妙，却一点都不现实。

因为它忽略了太多重要的变量，比如姜维是否像看上去那么可靠，还有这征蜀的十八万大军肯不肯听他的，以及从汉中到长安再到洛阳，这一路上会有多少硬仗要打，等等。

而所有变量中最大的一个，无疑还是司马昭。

当钟会在成都幻想着“一旦天下可定”的时候，他并不知道，司马昭早就采取了先发制人的行动。所以，直到司马昭的一封亲笔信送到成都，钟会才如梦初醒。

司马昭在信中说：“我担心邓艾不肯就范，就派遣中护军贾充率步骑万人经斜谷进入汉中，屯驻乐城，我则亲率十万大军进驻长安，咱俩很快就会见面了。”

司马昭的语气，看上去很平和，甚至还透着一股亲切，可对于心中有鬼的钟会而言，无疑是十分严厉的威胁和警告。

钟会见信，大为惊诧，忍不住对亲信说：“如果只是逮捕邓艾，司马昭知道我一个人就可以办到，如今却以大兵压境，必然是察觉到什么异样了。我们要马上行动，大事若成，可得天下；万一不成，退保汉中和巴蜀，我也不失做刘备！”

进驻成都次日，即正月十六，钟会召集护军、郡守、牙门将、骑督及以上高级将领，还有原蜀汉官员，为上月病故的郭太后发丧举哀，并宣称奉太后遗诏，准备起兵废黜司马昭，然后将所谓的遗诏交给众人传阅，并让众人讨论。

一众文武官员都被这突如其来的变故弄得目瞪口呆，于是“讨论”的结果当然是一致拥护钟会了。

钟会旋即将所有与会将领和官员全部软禁，命自己的亲信接管了所有将领的部队，然后下令关闭各道宫门和四面城门，并分别派出重兵把守。

钟会此举，彻底暴露了一个野心家色厉内荏、眼高手低的本质。

如果他决意跟司马昭争夺天下，那必然要倚重随他出征的这些身经百战的将领，即便他只想割据益州做刘备第二，同样需要原蜀汉官员来治理民政、管理地方。可现在，他一股脑儿把这些人通通软禁，那他还能拿什么跟司马昭对抗？又如何统治益州？

他以为让自己的亲信接管部队，就能有效掌握兵权，这更是一种无可救药的幼稚和愚蠢。因为军队与文职部门截然不同，绝非一纸任命书就能有效开展领导，若没有跟部众一块从刀山血海中滚过来的生死与共的袍泽之情，仅凭临时夺权又岂能使唤得动？更何况还想让他们替你卖命打天下？

退一步说，就算士兵们愿意接受领导，愿意去跟司马昭的朝廷大军拼命，可钟会这些亲信有多少实际作战经验和指挥能力呢？他们能比被软禁的那些将领更懂排兵布阵、行军打仗吗？

答案显然是否定的。

由上可知，钟会此人，固然不乏心机和谋略，或许称得上是一个厉害的谋士，但绝对算不上一个合格的领导者。仅凭他那野心家的三招两式，别说跟司马昭争夺天下，也别说学刘备割据一方，东汉末年那些诸侯随便拎一个出来，都足以甩他好几条街。

见钟会软禁了大部分魏军将领，一直在等待时机的姜维心中暗喜，便怂恿钟会，一不做二不休，把这些将领全都杀了，以绝后患。钟会听了，也觉得这是消除隐患的最简单办法，但一时却下不了决心。

按照姜维的计划，是先让钟会除掉这些魏军将领，然后他再干掉钟会，继而悉数坑杀魏军部众，最后重新拥戴刘禅复位。为此，姜维专门给刘禅写了一封密信，说："愿陛下忍数日之辱，臣欲使社稷危而复安，日月幽而复明。"（《三国志·姜维传》注引《华阳国志》）

尽管姜维一心想要兴复蜀汉，可令人遗憾的是，最终事态的发展却完全超出了他的意料。

当时，监军卫瓘和将领胡烈也都被软禁了。两人为了自救，不得不各想奇招。卫瓘是诈称突然生病，装出一副病势沉重之状，请求钟会放他出去治病。钟会瞧他气息奄奄的样子，就同意了。

胡烈则是利用了钟会的一个心腹部下丘建。此人是胡烈旧部，他看老领导被单独关押，于心不忍，便请求钟会准许胡烈派一个亲兵出外去取饮食。钟会没有察觉此举的危险性，便允准了。其他被软禁的将领见状，也都有样学样，而钟会也都默许了。

就是这一致命的疏忽，提前敲响了钟会的丧钟，也连带着害死了姜维。

胡烈派亲兵出去时，让他给儿子胡渊带去了一封信，信中说："丘建给我透露了绝密消息，说钟会已命人挖了一个大坑，准备把外面的士兵召进来，声称要给他们升官，然后把他们全部棒杀，再埋进坑里。"

这当然是胡烈随口胡诌的，目的就是激起兵变。

果然，他的亲兵出去后，就把这一消息告知了其他将领的亲兵，于是众人奔走相告，一夜之间，这一谣言便传遍了魏军各部的军营。

正月十八日中午，胡渊带领其父的部众率先发难，擂动战鼓，冲出营门。其他各营闻声，也都跟着鼓噪而出。一场兵变就此全面爆发。各支部队几乎都没有人领导，却不约而同地朝着宫城杀了过去。

此时，钟会正在给姜维发放武器，部下报告说外面众声喧哗，可能是什么地方着火了；少顷，又报告说大批部队正朝宫城而来。钟会大惊失色，慌忙问姜维："看来部队哗变了，该怎么办？"

这句情急之下脱口而出的话，再次暴露了钟会机智外表下的无能和孱弱。

还是见惯了大阵仗的姜维镇定，大声地回了一句："当然是迎头痛击了！"

随后，钟会立刻命人去把被软禁的将领全都杀了。那些将领奋起自救，把各自屋内的家具都顶在了门后，然后把身体也顶了上去。外面的士兵挥刀在门上乱砍，却始终撞不开门。

与此同时，宫城外的哗变部队一边架梯攻城，一边纵火焚烧城楼。此时守城的是钟会的侍卫部队，兵力有限，自然难以抵挡。很快，人多势众的哗变部队便攻上了城墙，"蚁附乱进，矢下如雨"。

守在屋内的那些被困将领都是作战经验丰富之人，一听外面的动静，就知道部队杀进来了，于是纷纷开门杀了出去。

眨眼间，钟会及其部众便陷入了腹背受敌之境。姜维率领钟会的左右侍卫奋力抵挡，独自击杀了五六个人，无奈众寡悬殊，最后还是被乱兵砍杀了。

堂堂蜀汉大将军、一代名将姜维，就这样毫无价值地死在了一场兵变之中。

姜维死时，年五十三。

紧跟着，钟会及麾下的数百名侍卫也全都被杀。在混乱中同时遇难的，还有蜀汉太子刘璿和姜维的妻儿。杀红了眼的哗变士兵开始在宫城中大肆烧杀掳掠，令原本已经躲过战乱的蜀汉皇宫陷入了血火之中。一时间，整座宫城死伤无数，一片狼藉。

最后，还是卫瓘出面收拾残局，用了好几天才平息了这场兵变。

邓艾的部众本就因邓艾被捕心中不服，故而趁乱追出了成都，硬是把没走多远的囚车拦下，然后拥着邓艾就往回走，准备将他迎回成都。

卫瓘闻讯，大为忧惧。因为就是他和钟会等人联手构陷了邓艾，且之前抓捕时也耍了欺骗手段，如今邓艾若是回来，岂不得找他算账？

既然整个成都都乱套了，卫瓘也就不必担心把事做绝。他旋即狠下一条心，命护军田续立刻率部出城，去截击邓艾。

卫瓘之所以挑中此人，是因为之前邓艾率部穿越摩天岭，直插江油时，这个田续畏难不进，邓艾险些把他斩了，田续自然对此怀恨在心。所以，卫瓘找到田续时，还特意叮嘱了这么一句："可以报江油之辱矣。"就是摆明了告诉他可以杀掉邓艾报仇。

田续立刻出发，终于在绵竹西郊与邓艾父子迎面相遇。可怜邓艾父子刚刚还在庆幸逃过一劫，转眼就都成了田续的刀下之鬼。

不久，邓艾留在洛阳的几个儿子也全都被司马昭杀了，其妻子和几个孙子则被流放到了西城郡。

历史就是这样充满了偶然，也充满了吊诡。当初，钟会和邓艾率领大军征伐蜀汉时，他们绝对没想到，攻灭蜀汉之日，也是他们自己身首异处之时。同样，誓死捍卫蜀汉社稷的姜维也不会想到，他最终并不是战死在保家卫国的沙场之上，而是以屈辱的降将身份，倒在了蜀汉的皇宫之中，死在了乱兵的屠刀之下。

三国后期这三位著名人物的最终下场，无不令人唏嘘。

但是，钟会作为眼高手低的野心家，没有金刚钻却敢揽瓷器活儿，实在太过自不量力，所以他的死，纯属咎由自取，没什么可说的。

邓艾立下了盖世奇功，却落得这么个结局，颇有令人扼腕之处。不过，正所谓“福祸无门，唯人自召”，他灭蜀之后居功自傲，在政治上表现得非常不成熟，丝毫没有顾及功高震主的危险，所以最终被“兔死狗烹”也不奇怪。

三个人中，姜维的结局，以及他一生的功过是非应如何看待，恐怕是历史上争议最多的，迄今尚无定论。

按照陈寿的立场和观点，他对姜维的盖棺论定基本上是负面的：“姜维粗有文武，志立功名，而玩众黩旅，明断不周，终致陨毙。《老子》有云：‘治大国者犹烹小鲜。’况于区区蕞尔，而可屡扰乎哉？”（《三国志·姜维传》）

大意是，姜维粗通文武，立志建立功名，但却穷兵黩武，遇事缺乏判断力，终于被杀毙命。老子说过，治理大国，犹如烹炒小鱼（不宜频繁翻动）。何况蜀汉这种蕞尔小国，岂可屡屡扰动呢？

前文说过，陈寿是蜀汉投降派代表谯周的得意门生，且后来终身在晋朝为官，所以居于魏晋的正统立场，他对姜维的评价，肯定是有失偏颇的。关于蜀汉为何必须主动北伐的理由，前文已反复论及，此不赘述。在此，我们权且引用清代史学家王鸣盛的看法，或许会更为中肯：

“维本志在复蜀，不成被杀，其赤心则千载如生。陈寿蜀人而入晋，措辞之际有难焉者。评中于其死事反置不论，但讥其玩众黩旅，以致陨毙。寿岂不知，不伐贼，王业亦亡，惟坐待亡，孰与伐之，特敌国之词云尔。若以维之谋杀钟会而复蜀为非，则寿不肯为此言，此其所以展转诡说以避咎也。维之于蜀，犹张世杰、陆秀夫之于宋耳。”（《十七史商榷》卷四十一）

大意是，姜维志在复兴蜀汉，功败垂成而被杀，一颗赤心，千年之后犹然栩栩如生。陈寿本是蜀人，入晋朝为官，措辞之间有他的困难之处。所以在他的评论中，对姜维殉难之事反而不作评论，只讥讽他穷兵黩武，以致丧命。陈寿难道不知，蜀汉若不北伐，最终也会灭亡，与其坐待灭亡，不如主动北伐。只不过他已在晋为官，不敢引用敌人的话（此言出自诸葛亮）罢了。如果说姜维谋杀钟会、欲复兴蜀汉是错的，那陈寿肯定不敢这么说。所以陈寿才不得不说一些婉转不实的话，以此避祸。事实上，姜维之于蜀汉，就跟张世杰、陆秀夫之于大宋是一样的。

如果说陈寿批评姜维，还只是点到为止的话，那么后来的东晋史学家孙盛

（曹魏重臣孙资玄孙）对姜维的批判，那就是毫不留情了。他曾大骂姜维“不忠、不孝、不节、不义、不智、不勇”，基本上把姜维批得一无是处。然而，他本人在《晋阳秋》中有一段记载，却无意中用客观事实为姜维平了反：

“盛以永和初从安西将军（桓温）平蜀，见诸故老，及姜维既降之后密与刘禅表疏，说欲伪服事钟会，因杀之以复蜀土，会事不捷，遂至泯灭，蜀人于今伤之。”

孙盛说的是，东晋永和三年（公元347年），他随桓温平定了割据巴蜀的成汉（十六国政权之一），见到当地父老，听他们谈起蜀汉往事，说当年姜维写密奏给刘禅，准备暗中除掉钟会，光复蜀汉，可惜事败，遂遭屠灭。对此，当地人至今仍然十分伤感。

东晋永和三年，距姜维身死已经八十三年了，可巴蜀的老百姓却仍然在为姜维之死而伤感不已，这说明了什么呢?

俗话说，老百姓的心中有杆秤。如果姜维真的是孙盛说的那种“不忠、不孝、不节、不义、不智、不勇”之人，那么老百姓还会如此怀念他吗?古代的史学家，大部分都兼有官员身份，在臧否历史人物时难免会有各自的政治立场和价值判断，所以彼此的看法往往大相径庭。而老百姓不同，他们只凭事实和良心说话。所以，当史学家们为某个人、某件事争讼不已时，我们不妨借助老百姓的心声，来做一个相对客观、公正的裁决。

事实上，关于孙盛对姜维的批判，为《三国志》作注的裴松之就很不认同，因此在其注解中进行了一番有力的驳斥。而元代史学家胡三省，也说过一句话：“姜维之心，始终为汉，千载之下，炳炳如丹。陈寿、孙盛、干宝之讥皆非也。”

第八章

三国归晋

刘禅乐不思蜀，孙休猝然驾崩

孙休除掉权臣孙綝，夺回旁落的天子大权后，东吴帝国终于获得了久违的安宁。然而，东吴并未就此走向中兴。因为孙休固然算是一个合格的皇帝，但绝非开拓进取的有为之君；而他夺回实权后提拔的两个亲信，也都是贪图私利的庸碌政客，皆非匡扶社稷之能臣。

这两个亲信，一个就是左将军张布，诛灭孙綝后兼任了中军督，掌握了宫禁之权；还有一个叫濮阳兴，曾任会稽太守，在孙休当琅邪王（住在会稽）期间对孙休照顾有加，所以孙休这回便投桃报李，一下就把濮阳兴提到了丞相的高位，让他总揽了军国大政。

于是，张布和濮阳兴这两个藩邸旧臣，从此就成了东吴百官中最有权势的人。用《资治通鉴》的说法，就是“二人皆贵宠用事”——张布“典宫省”，主内廷；濮阳兴“关军国”，主外朝。二人一内一外，“以佞巧更相表里”，就是勾结在一块，巧言谄媚皇帝，以巩固到手的权力和地位。

对此，吴国臣民无不深感失望。

本以为孙休夺回大权后，可以拨乱反正，重振朝纲，不料他重用的这两个人，却是沆瀣一气的贪权庸碌之辈，那吴国的未来还有什么指望？

孙休喜欢读书，他甫一即位，便于建业设立了太学博士制度，设置了五经博士（为后世南京太学之滥觞），可以说对东吴的文教事业作出了开创性贡献。眼下除掉了权臣孙綝，孙休的心情大为轻松，便决定召博士祭酒韦昭、博士盛冲定期入宫，与他们探讨学问。

没想到，孙休的这一决定，却遭到了张布的强烈反对。

皇帝无非就是想跟两位学者谈经论道，纯属人畜无害之事，张布凭什么反对？

原因很简单，学者通常秉性正直，敢于放胆直言，而张布掌权之后，没少以权谋私，他担心这两人一旦入宫讲学，很可能会把他的违法乱纪之事捅给皇帝，于是便极力阻止。

孙休也是聪明人，一眼就看穿了张布那点小心思，便道："孤自涉猎学问以来，把该读的书都读遍了，召韦昭他们入宫，也不过是温习温习罢了，又有什么问题呢？你恐怕是担心他们道出某些朝臣的劣迹，才不想让他们入宫吧？其实对于这种事，孤早就心里有数，大可不必等他们说才知道。"

张布闻言，大为惶恐，赶紧躬身谢罪，然后辩称自己不是担心这个，而是担心研究学问会妨碍政务。

孙休道："政务与学问，是两回事，并不会互相妨碍。这件事没有错，可你却认为不宜，想必你是怀疑孤表面上探讨学问，实则另有所图吧？真想不到，你如今当权了，竟拿这一套用在孤的身上，实在很不应该啊！"

皇帝这话说得相当不客气，张布越发惊惶，且无言以对，只好跪伏在地，不住叩头。

孙休见状，这才放缓了口气，道："只是让你明白点儿事理罢了，何至于叩头呢？你对孤的忠诚，朝野皆知。孤今日能坐在这大位上，都是你的功劳。《诗经》云：'靡不有初，鲜克有终。'凡事要有个好的结局，实在很难，希望你能善始善终啊！"

打个巴掌，给颗糖吃；再打个巴掌，再给颗糖吃。这就是典型的恩威并施的帝王术。孙休简简单单几句话，就把张布收拾得服服帖帖。可见，不论张布还是濮阳兴，若只是在私底下搞搞贪腐，孙休大可睁一只眼闭一只眼，但他们要是敢学孙綝擅权乱政、架空皇帝，那大概率会吃不了兜着走。

孙休最后劝张布要善始善终，分明就是在警告和敲打了。

就此来看，孙休显然不是一个可以随便糊弄的皇帝。在他任内，东吴再出现诸葛恪、孙峻、孙綝这样的权臣几乎是不太可能了。不过，孙休还是不敢对此掉以轻心。尽管让韦昭、盛冲入宫讲学一事，他大可予以施行，不必再理会张布，但是最终，为了不让张布心生疑惧，孙休还是取消了入宫讲学之事。

不论人们认为孙休此举是出于谨慎还是被迫妥协，总之，这件事的结果充分表明，时至今日，经历了一连串政治乱象的东吴帝国，朝廷重臣与皇帝之间已经达成了某种微妙的势力平衡。也就是说，双方对于“权力扩张”这种事都保持着必要的克制，重臣不敢一手遮天架空皇帝，皇帝也不敢大权独揽乾纲独断。

一言以蔽之，这就叫“麻秆打狼两头怕”。

从避免政治乱象的消极角度来看，这是好事；但若是从社稷中兴的积极角度来讲，这就是坏事了。因为一个君臣之间相互防范，且彼此为了保权固位而大打太极推手的朝廷，还有谁能把精力放在谋求百姓的福祉和国力的强大上呢?

蜀汉灭亡后，有两位驻守在外的大将陷入了尴尬的境地：一个是巴东太守罗宪，当时率部镇守永安；一个是建宁太守霍弋，时驻南中。

先来看罗宪。

当魏军兵逼成都的消息传到永安时，当地吏民人心惶惶，谣言四起，都说成都乱了。罗宪命人抓了一个造谣者，二话不说就把他砍了，老百姓才吓得不敢再传谣。不过很快，官方消息就到了。刘禅的一道手敕送抵永安，命罗宪放下武器，投降于魏军。

罗宪只能奉命，集合部队撤出永安城，在城外驿站等了三天，可最后没等到前来接收的魏军，却等来了吴军企图进犯的消息。当时的吴国眼看蜀汉亡了，就打着救援的名号，准备来趁火打劫。罗宪对左右说：“本朝倾覆，吴国与我唇齿相依，如今不同情我们的遭遇，反倒背弃盟约，贪图利益，实在不仁不义。况且我们蜀汉亡了，吴国又能拖多久呢？我怎么可能做吴国的降虏！”

随后，罗宪率部回城固守，一边加强防御，一边激励将士，誓与城池共存亡。

紧接着，吴国又得到了邓艾、钟会死于兵变的情报，认为益州“百城无主”，遂决意吞并巴蜀。

东吴永安七年（公元264年，曹魏景元五年）二月，孙休撕掉了“救援”的假面，命大将步协（步骘之子）率部西侵，围攻永安。罗宪的部众只有两千人，担心难以抵御，便命参军杨宗突围北上，向魏安东将军陈骞求救，同时又把麾下所有文武官员的印绶及自己的一个儿子（作为人质）送往洛阳，向司马昭表达投诚之心。

罗宪的兵力虽少，但战斗力不可小觑，在吴军的围攻下竟然打了一场漂亮的防守反击，大破步协所部。孙休闻讯大怒，立刻命镇军将军陆抗率三万人增援步协。

让孙休没想到的是，吴军以十几倍于罗宪的绝对优势兵力，围着永安打了将近半年，却愣是攻不下来。不过，罗宪所部也为此付出了惨重的代价。至同年六月，城内守军的伤亡和患病人数已经过半，眼看就要撑不下去了，魏国援军仍迟迟不到。有人劝罗宪放弃城池、突围而走算了，罗宪说：“我身为城主，一城百姓皆仰赖于我，若在危险时不能保护他们，面临急难时弃他们而去，非君子所为，我宁可死在这里！”

所幸，在陈骞的请求下，司马昭终于发兵，命时任荆州刺史的胡烈率两万步骑进攻西陵。西陵是陆抗的防区，此举显然是“围魏救赵”，目的就是迫使陆抗回防。同年七月，陆抗担心腹背受敌，遂解围而去。

罗宪因守城之功，随即被司马昭拜为陵江将军，封万年亭侯，仍驻守永安。

再来看建宁太守霍弋。

早在魏军大举南下时，驻守南中的霍弋便主动要求北上，希望加强成都的防御。但刘禅认为北边防线自有部队守御，拒绝了他的请求。后来，得知刘禅降于邓艾、蜀汉一朝覆灭，霍弋大为悲愤，遂身着丧服，哭泣三日，为灭亡的社稷举哀。

随后，诸将都劝他尽早派人去向魏军呈上降表。霍弋说：“如今道路阻隔，不知主上安危，是战是降乃是大节，不可草率。若魏国礼遇主上，则保境而降，也还不迟。但万一主上受辱，身陷险境，我将以死拒敌，有何早晚可言？”

是年三月，霍弋终于得到刘禅离开成都、东迁洛阳的消息，这才向魏国朝廷正式递上降表，称：“臣听说，人生在世，有三位尊长：父、母、君王，而侍奉他们的道理都是一样的。三者有难，则为他们效死。如今，臣的国家败亡，主上也已归附，臣无从效死，所以向朝廷投诚，从此绝无二心。”

司马昭见到降表后，对其节操十分嘉许，遂拜霍弋为南中都尉，仍命他留守该地。

而此时此刻，亡国之君刘禅已经举家走上了东迁洛阳之路。因时局混乱，扰攘仓促，所以刘禅启程时，文武百官皆未随行，只有秘书令郤正和殿中督张通两个人，舍下妻儿老小随侍左右。

一路上，这个几乎一辈子都待在深宫之中的刘阿斗，不得不从言谈举止各方面开始学做一个普通人。全靠郤正耐心引导，刘禅才不至于出错闹笑话。对此，刘禅不由慨然叹息，深恨了解郤正太晚了。

曹魏景元五年三月，刘禅抵达洛阳。同月底，已晋爵晋王的司马昭封了刘禅一个“安乐公”的爵位。“安乐”这个爵号，寓意固然吉祥，但安在一个亡国之君头上，难免有那么一丝讥讪之意。随后的日子，司马昭待刘禅也算不薄，时常请他聚宴。在宴会上，司马昭还特别“有心”地安排了一些蜀地的歌舞伎乐。

身为亡国之人，在这样的境遇下听见熟悉的故乡曲乐，正常人心里都不会好受。所以，当时在座的刘禅子孙及其随从，无不面露感伤，内心凄怆。唯独刘禅一个人“喜笑自若”，丝毫没有伤感之情。

司马昭在一旁暗暗观察，心里顿时对这个刘阿斗鄙夷至极，忍不住对身旁的贾充吐槽，说：“人之无情，居然可以到这种地步！就算诸葛亮在世，也无法辅佐这样的人并保他长久，何况是姜维呢！”

后来又有一次，司马昭故意问刘禅：“是不是很思念巴蜀啊？”

刘禅竟然乐呵呵地回答：“此间乐，不思蜀。”（《三国志·后主传》注引《汉晋春秋》）

这就是“乐不思蜀”这个典故的由来。

可悲的刘阿斗，已经成了司马昭及魏国官员讽刺取笑的对象，俨然就是个“小丑”，可他自己却浑然不知。

过后，郤正听说了刘禅的那个回答，不禁替他汗颜，赶紧教他说：“晋王日后若再问起，你应该流着泪说：‘先人坟墓，远在巴蜀，每当向西遥望，不免心中悲怆，无日不思念巴蜀。’说完之后，就闭上眼睛，表示哀恸。”

这一年，刘禅已经五十八岁了，即便不考虑他曾经贵为一国之君，就当他是普通人，活到这把岁数，也早该懂这些起码的人情世故了。然而令人啼笑皆非的是，刘禅真的就是不懂。所以就苦了郤正，只能把他当成一个五岁孩子来教。

没过几天，司马昭又请刘禅赴宴，然后又跟他提起了这个话头。

这回，有了郤正给的“标准答案”，刘禅就老老实实地背了一遍，末了还不忘做出那个“闭上双目，以表哀恸”的标准动作。不料，精明过人的司马昭居然把他看穿了，说：“你这话，怎么那么像郤正的口气啊！”

刘禅大吃一惊，睁开眼道：“诚如阁下所料。”

在座的魏国官员们终于憋不住了，顿时发出哄堂大笑。

这一刻，想必刘禅的脸上，一定也会露出一个尴尬而憨厚的笑容。然而他的尴尬，肯定不是因为他意识到自己成了司马昭等人的笑料，而是他觉得自己学郤正的话没学好，穿帮了。换言之，以刘禅的智商，在这种情境下，他的内心顶多就是有一些难为情，而绝对不会有一丝悲凉和苦涩。

当然，从做一个寓公安度余生的角度讲，刘禅感受不到正常人都会有的悲怆和痛苦，反而是一种幸福。说到底，不管是当初在成都当皇帝，还是如今在洛阳做寓公，只要有声色犬马供他娱乐，刘禅的逍遥日子都照样过，丝毫没什么损失。至于什么“兴复汉室”“北定中原”，那都是诸葛亮和姜维那些人该操心的事，似乎从来与他刘阿斗无甚干系。所以“乐不思蜀”又何妨？凭什么他就不能乐乐呵呵地享受这安安稳稳的幸福呢？

与其“人间清醒”，却活得痛苦不堪，不如难得糊涂，拥抱每天的“小确幸”。反正百年之后，谁又不是荒郊野外的一抔黄土呢？

西晋泰始七年（公元271年），在洛阳做了七年寓公的刘禅寿终正寝，享年六十五岁。

就在刘禅东迁洛阳的这一年七月，吴帝孙休突然发病，且病情凶猛，一下就不能说话了。他以手书急召丞相濮阳兴进宫，然后命太子孙𩅦（wān）出来拜见。孙休躺在病榻上，用一只手抓着濮阳兴的手臂，用另一只手指着孙𩅦，意思就是托孤了。

同月二十五日，孙休病逝，年仅三十岁。

正值盛年的皇帝突然驾崩，而太子孙𩅦年纪尚幼，刚刚安稳了几年的东吴又走到了一个危险的十字路口。

当时的情况是，蜀汉灭亡了，东吴朝野难免有唇亡齿寒之忧；此外，交趾一个叫吕兴的郡吏又于去年五月杀死郡守，发动了叛乱。值此内忧外患之际，若立年幼的孙𩅦为帝，危险系数无疑会大大增加。所以，要保证东吴社稷的稳定，唯一的办法，就是违背孙休的遗愿，放弃孙𩅦，改立一个年长之君。

为此，一个叫万彧的左典军（左翼禁军统领）极力建议，应由乌程侯孙皓入继大统。这个万彧曾任乌程县令，与孙皓私交甚笃，所以他的举荐，虽不能说完全没有公心，但出于私利的成分更大。

孙皓是故太子孙和之子，时年二十三岁，不论身份还是年龄，应该说都是皇帝的合适人选。万彧遂屡屡向濮阳兴和张布建言，称孙皓"才识明断"，大有当年孙策之风，且既好学又奉公守法云云。濮阳兴和张布商议之后，也觉得可行，就向太后朱氏请示。

朱太后说："我一个寡妇人家，又怎知社稷大事？如果对吴国无害，且令宗庙有所依赖，就行了。"

于是大计遂定。同月，东吴朝廷迎立孙皓为帝，改元元兴。

孙皓上位伊始，便表现出了大有作为的"明主"气象，令东吴朝野颇感惊喜。史称其"发优诏，恤士民，开仓廪，振贫乏，科出宫女以配无妻，禽兽扰于苑者皆放之。当时翕然称为明主"（《三国志·孙皓传》注引《江表传》）。

就是说，孙皓一登基，便发布宽仁的政策，抚恤士人百姓，大开粮仓，赈济贫民，并将大批宫女遣送出宫，许配给无妻者，还把跑到禁苑中的禽兽悉数放归山野。所以当时的东吴臣民，无不交口称赞，都说孙皓是一位明主。

然而，让濮阳兴、张布和东吴臣民万万没想到的是，这一切，都是假象。

孙皓很聪明，他知道自己从一个小小的乌程侯骤然成为皇帝，在朝中毫无根基，所以必须得做这样一番表演，才能收揽人心、巩固权位。

而既然只是表演，那就有卸下伪装、暴露本来面目的时候。没过多久，孙皓的这场"明主秀"便戛然而止了。东吴臣民万分惊讶地发现，孙皓的本来面目非但与所谓的"明主"相去甚远，而且大有"昏君暴君"的潜质！

用《三国志》的说法，孙皓“既得志，粗暴骄盈，多忌讳，好酒色”，因而令“大小失望”。就是说，孙皓得志后就开始猖狂，骄傲粗暴，不可一世，且性情猜忌，贪恋酒色，因此朝野上下无不大失所望。

对此，最为痛心疾首且后悔不迭的，非濮阳兴和张布莫属。

这两位宰执重臣，本来可以按照孙休的遗愿，拥立幼主，然后稳稳当当地做他们的顾命大臣，这辈子便能权力常保、富贵无忧了。可偏偏他们出于一念公心，拥立了这个看上去成熟稳重的孙皓，不料竟是这种结果。

事已至此，后悔无益，濮阳兴和张布只能想办法亡羊补牢——既然这小子不行，那就废掉他，再换一个行的上来。

可是，还没等他们采取行动，便有人跟孙皓打了小报告。

东吴元兴元年（公元264年）十一月初一，孙皓突然命人将入宫参加朝会的濮阳兴和张布双双逮捕，同日将他们流放广州，然后刚一上路就把他们杀了，旋即夷灭了二人的三族。

孙皓的反应之迅速、行动之果断，令所有人都始料未及。

此时距孙皓上位，才刚刚过去三个月。

同日，孙皓便任命自己的岳父滕牧（滕胤族人）为卫将军、录尚书事，令其一举掌控了京畿的卫戍部队及朝廷的机要大权。

孙皓在此次行动中表现出的刚猛果决，足以证明他是一个有能力的人。倘若他把这样的能力用在国计民生上，那东吴的中兴就指日可待了。只可惜，孙皓并不关心国计民生。他喜欢干的事情，自始至终只有两件：一是肆意杀戮，二是穷奢极侈。

最终，孙皓只能作为一个昏庸暴虐的亡国之君，被永远钉在历史的耻辱柱上。

司马炎登场：曹魏灭亡，西晋建立

司马炎是司马昭的长子，字安世，生于曹魏青龙四年（公元236年），于嘉平年间封北平亭侯。此后以门荫入仕，历任给事中、奉车都尉、中垒将军、中护军等职。甘露五年（公元260年），司马炎迎接曹奂至洛阳登基，旋即擢升中抚军，进封新昌乡侯。

咸熙元年（公元264年）八月，司马炎升任“副贰相国”，成为其父司马昭的副手；九月，又升任抚军大将军。看这势头，他被司马昭立为世子应该是毫无悬念的事了。

然而，悬念还是出现了。

历史总是惊人的相似。正如当年曹丕身为魏王曹操的嫡长子，却在竞争“王太子”这件事上受到同母弟曹植的严峻挑战一样，此刻司马炎的面前，也站着一个实力不俗的竞争对手——同母弟司马攸。

用史书的说法，司马炎生性“宽惠仁厚，沉深有度量”（《晋书·武帝纪》），而司马攸则“清和平允，亲贤好施，爱经籍，能属文，善尺牍，为世所楷”（《晋书·司马攸传》）。很明显，司马炎就像当年的曹丕，性格比较沉稳，胸有城府，政治才干较为突出；而司马攸则酷似当年的曹植，温文尔雅，多才多艺，尤其在文学和书法上颇有造诣，所以比司马炎更受时人称道，更有名望。

而正如当初的曹操也更爱曹植一样，因司马攸“性孝友，多才艺……名闻过于炎”，故司马昭更喜欢他——“晋王爱之”（《资治通鉴·魏纪十》）。

除此之外，司马攸还有一个较为特殊的竞争优势，也让司马炎挺吃亏。

因司马师无子，所以司马攸从小就被过继给了司马师，而司马昭的权臣地位无疑在很大程度上是从司马师那里继承的。出于知恩图报之心，司马昭更倾向于立司马攸为世子，这样就不仅是在宗法意义上让司马攸继承了司马师的香火，更是在名义上把日后的晋朝社稷“归还”给了司马师。

用司马昭的原话来说，就是：“天下者，景王（司马师）之天下也，吾摄居相位，百年之后，大业宜归攸。”（《资治通鉴·魏纪十》）

不论司马昭内心的真实想法如何，至少在公开场合，他不止一次这么说过。

这就让司马炎很有危机感了。为了争夺世子位，司马炎便想方设法找了一班当朝重臣为自己站台，就跟当年曹丕找贾诩等人背书一样。

司马炎找的人，以司马昭的头号心腹贾充为首，另外还有裴秀、何曾、山涛等人。

裴秀，曹魏名臣，历任黄门侍郎、廷尉正、安东将军、尚书仆射等职，曾参与平定诸葛诞叛乱；此后受到司马昭重用，任尚书仆射，受命修改官制，恢复周朝的“五等爵”（公、侯、伯、子、男）制度，获封济川侯。裴秀在历史上最大的贡献，是创制了《禹贡地域图》，开创了中国古代地图绘制学，因此被李约瑟誉为“中国科学制图学之父”。

何曾，魏明帝曹叡的藩邸旧臣出身，历任典门中郎将、黄门郎等职，高平陵政变后投靠司马氏集团，受到重用，擢任司隶校尉、尚书、征北将军等职，也是司马昭的心腹股肱之一。

山涛，著名的“竹林七贤”之一，早年隐居乡里，与嵇康、阮籍等人志趣契合，相交莫逆。直到四十岁才入仕，历任郡主簿、功曹等职。司马师执政后开始发迹，擢任尚书吏部郎、大将军从事中郎。钟会在蜀地作乱时，司马昭亲赴长安，临行前委以重任，命他监视曹魏宗室。同年，山涛升任相国左长史，成为司马昭主要心腹之一。

据说，司马炎有“立发委地，手垂过膝”的异相，即站立时，头发披散下来可触及地面，还有双手下垂时可超过膝盖（这个与刘备一样）。在古人眼中，这两者都是大贵之相。司马炎为了拉拢裴秀，有一次便故作懵懂地问他：“人真的有贵贱之相吗？”然后就向裴秀展示了自己的傲人长发和一双长臂。

裴秀平时可能没注意，定睛一看，便知是大贵之相，遂倾心归附。

其他几位大佬，不知司马炎用了什么手段，总之最后人人都来替他说话了。贾充对司马昭说的是：“中抚军有君人之德，不可换别人来当世子。”裴秀与何曾说的是：“中抚军聪明神武，有超世之才，而且人望很高，天生一表人才，这绝非一般人臣之相啊！”而山涛说的是：“废长立少，不仅违背礼制，而且是不祥之兆。”

除了请大佬们背书，司马炎自己当然也要有所表现。为了应对司马昭对他的考察，司马炎特意培植了一个心腹智囊，名叫羊琇（羊祜堂弟），不仅帮他出谋划策，而且专门观察时政方面理应改革的地方，然后提出建设性意见。司马炎则把这些问题和相关意见都背熟了，这样在司马昭考他时自然能够应付裕如。

眼看一帮心腹重臣都如此力挺司马炎，而司马炎本身的表现也无可指摘，司马昭最后下定决心，不再考虑司马攸了，就立司马炎为世子。

咸熙元年十月二十日，司马炎被立为晋王世子，正式获得了“司马氏天下”的继承权。

尽管此时的天下名义上还是曹魏的，可天下人都知道，它其实早就属于司马氏了，正如当年的东汉天下名义上属于献帝刘协，其实早就属于曹操一样。

咸熙二年五月，司马昭以曹奂名义加给自己“殊礼”。此时所谓的殊礼，绝非一般笼统的礼遇，而是有实质内容的，大致就是在旗帜、车马、歌舞、音乐、冠冕、服饰等方面，全部享有与皇帝一致的最高规格。

这其实就是改朝换代的信号了。换言之，从这一刻起，曹魏帝国的灭亡已经进入了倒计时状态。

随着晋王司马昭所享的“政治规格”全面升级，相应地，其妻王元姬也由“王妃”升格为了“王后”，司马炎自然也由“王世子”升格为了“王太子”。

司马昭之所以会在此时启动改朝换代的程序，当然是因为各方面时机都已成熟。不过，他并未在生前登上帝位，而是在即将踢出“临门一脚”前就病故了。

同年八月初九，司马昭猝然崩逝，终年五十五岁。他死前没有任何征兆，史书上也没有任何患病的记载，所以《三国演义》就说他是死于中风。也有阴谋论者认为司马昭是死于中毒，但丝毫没有史料依据，纯属凭空揣测，不值一驳。

同日，司马炎袭晋王爵，进位相国。

十二月十三日，最后的时刻终于来临——司马炎以“受禅”为名把魏帝曹奂从皇帝的宝座上赶了下来。

至此，立国四十六年、共历五代君主的曹魏帝国终于覆灭，跟蜀汉的灭亡也就是前后脚，相差两年多而已。

同月十五日，曹奂被迁出皇宫，暂住金墉城（洛阳城西北部的离宫）。

这一刻，终身以“曹魏纯臣”自诩的司马孚又及时登场了。他匆匆赶来，与曹奂拜别，然后依依不舍地握着曹奂的手，涕泪横流，不胜唏嘘地说：“臣死之日，固大魏之纯臣也！”（《资治通鉴·晋纪一》）

臣直到死的那一天，也都是大魏的纯臣啊！

这一幕，与当初曹髦被弑，司马孚抱着其尸体痛哭流涕，何其相似。那么，司马孚这些异乎寻常的举动，究竟是真的对曹魏心存忠义，还是作秀给世人看的呢？

这一点稍后再做讨论，现在先让司马炎把他“篡魏立晋”的大戏唱完。

十二月十七日，司马炎在洛阳即皇帝位，大赦天下，改元泰始。

西晋帝国就此拉开帷幕。

十八日，司马炎封曹奂为陈留王，迁往邺城居住，同时把曹魏的所有宗室亲王全部降为侯爵。

同日，追封司马懿为宣皇帝，司马师为景皇帝，司马昭为文皇帝；而身为“皇叔祖”、辈分最高的司马孚，则当仁不让地领衔宗室诸人，受封为安平王，食邑四万户；此外，司马炎的叔父司马干、司马亮等六人，弟弟司马攸等三人，堂叔伯兄弟司马望等十七人，也全部封王。

大封宗室的同时，就是任命朝廷高官了：以石苞为大司马，郑冲为太傅，王祥为太保，何曾为太尉，贾充为车骑将军，王沈为骠骑将军，等等。

同月二十六日，又拜司马孚为太宰、持节、都督中外诸军事。

所谓太宰，本应称太师，是避司马师之讳而改，属于“上三公”之首，在满朝文武中地位最尊。这一年，司马孚已经八十六岁高龄了。如果说“太宰”之位，只是司马炎对他德高望重的一种尊崇，实则并无实权的话，那么加上“持节”和“都督中外诸军事”，情况就大大不同了。也就是说，司马孚当的这个太宰，毫无疑问，就是货真价实的百僚之首，是刚刚建立的西晋朝廷除皇帝外当之无愧的第一人！

在这个背景下，我们回头来看司马孚究竟是“忠义”还是“作秀”的问题，答案或许就不言自明了。试问，一个在新朝领衔宗室诸王，又在朝廷中地位最尊、权力最大的人，口口声声说自己是前朝的“纯臣”，这个逻辑能成立吗？这个道理能说服世人吗？

当然，在历代史家中，也不乏有人称颂司马孚，比如说他“不失臣礼”（方孝儒语）、“可敬”（李贽语）等。其中，尤以《晋书》对他的评价最高，称其“风度宏邈，器宇高雅，内弘道义，外阐忠贞”，所以才会在曹髦被弑时“枕尸流恸”，在曹奂出宫时“拜辞陨涕”，可谓“疾风彰劲草”云云，意思就是在社稷危难时方能彰显司马孚的忠义。

然而，也有不少人对此提出了质疑，如南宋学者王应麟就在《困学纪闻》中质问："司马孚自谓魏贞士。孚，上不如鲁叔肸，下不如朱全昱，谓之正，可乎？"

叔肸，春秋时鲁国公族，因不满权臣废嫡立庶、把控朝政，宁可织草鞋为生，终身不食其兄鲁宣公之俸禄。朱全昱，梁太祖朱温长兄，曾痛骂朱温灭大唐三百年社稷，迟早被灭族。

王应麟说司马孚不如这两人，着眼点自然是在于——司马孚从新朝所获得的高官显爵，不仅与他自诩的"忠义"很不搭调，而且还颇有反讽的意味。

对此，清代史学家赵翼就在《陔余丛考》中意味深长地说："魏、晋以来，易代之际，能不忘旧君者，称司马孚……可谓知君臣大义矣。然孚入晋仍受封安平王，邑四万户，进拜太宰、都督中外诸军事。……抑何其恋旧君，而仍拜新朝封爵也？"

为什么司马孚一边对旧主念念不忘，一边又在新朝安之若素地加官晋爵呢？

赵翼所问，想必已经给我们答案了。

孙皓：暴君是怎样炼成的

孙皓一举除掉濮阳兴和张布后，权力得到了进一步巩固，于是越发肆无忌惮，开始在残忍暴虐的道路上一路狂奔。

曹魏咸熙二年（公元265年，东吴元兴二年）三月，即司马炎篡魏立晋前夕，为了稳住东吴，以便顺利改朝换代，司马昭专门派了两个人出使吴国。

这两个都是当年寿春之战时的东吴降将，一个叫徐绍，一个叫孙彧。

刚即位不久的孙皓也不希望与魏国开战，所以当徐绍和孙彧的访问活动结束后，孙皓特意派遣光禄大夫纪陟、五官中郎将洪璆，带上了一封写给司马昭的亲笔信，与二人一道北上，去魏国回访。

当徐绍一行刚刚走到濡须（今安徽含山县西南）时，突然有人给孙皓打了小报告，说徐绍极力赞美魏国，言下之意就是贬低了吴国。

事实上，徐绍早已跳槽给魏国打工，说魏国的好话实属正常。就算孙皓对他当初的背叛心存不满，也应忍耐，毕竟人家现在是魏国使臣，代表的是司马昭，你不看僧面也得看佛面吧？

然而，孙皓的脑回路跟正常人是不一样的。一听完小报告，他勃然大怒，立刻命人把徐绍抓了回来，然后不分青红皂白就把人给砍了。

仅凭告密小人一句没头没脑的话，就把人家魏国使臣杀了，这不是把国事当儿戏吗？两国交战还不斩来使呢，你孙皓咋能这么干？！

东吴百官无不对此瞠目结舌。

这也就是司马昭现在忙着改朝换代，暂时不愿与东吴兵戎相见，否则你孙皓如此不分轻重、肆意妄为，人家司马昭说不定明天就带着大军打过来了。

紧接着，还没等百官回过神来，一场更为严重的杀戮就接踵而至了。

孙皓即位之初，就已把太后朱氏和太子孙𩅦打回了原形：朱氏降格为“景皇后”，孙𩅦降格为亲王。这本来也是权力交接的题中应有之义，毕竟孙皓都当皇帝了，自然要封自己的老妈为太后，立自己的儿子为太子，没理由再替朱氏和孙𩅦保留位子，所以这么做也无可厚非。

但没人料到，孙皓并未就此放过朱氏和孙𩅦。

东吴甘露元年（公元265年）七月，孙皓在毫无征兆、毫无理由的情况下，悍然逼杀了朱氏，然后把包括孙𩅦在内的孙休的四个儿子全都流放到了一座偏远的小城。没过几天，孙皓就把老大孙𩅦和老二孙𩃙（gōng）都杀了，只留下两个最小的：老三孙𩅟（mǎng）和老四孙𩃬（bāo）。

虽然孙休这四个儿子的年纪，史书没有记载，但孙休驾崩时年仅三十岁，四个儿子能有多大可想而知。估计孙𩅦不超过十岁，孙𩃙就更小了，老三和老四更不必说。

就在短短一年前，孙𩅦和他的三个弟弟还是东吴帝国的堂堂太子和皇子，属于典型的天皇贵胄、金枝玉叶。可谁又能想到，上天竟然给他们安排了一个如此残酷、前后落差如此悬殊的命运？

历史上，经常有死于非命的小皇帝、太子或皇子在被杀之前，哀叹来世不再生于帝王家。而孙𩅦和孙𩃙死的时候，年纪那么小，估计连这样的哀叹都发不出来。当死神遽然降临时，他们顶多只有强烈的恐惧和无尽的迷惘。

而老三和老四虽然侥幸躲过一死，但此后余生，他们的日子想必绝不会好过。就算比两个哥哥多活了几年，可他们也不过是用稍微长一点的时间，来慢慢咀嚼两个哥哥临死前曾经有过的恐惧和迷惘罢了。

值得一提的是，孙休给四个儿子取的名字都相当怪异生僻，令后世读者十分纳闷，以至有学者很不满，认为孙休是在给世人增加脑力负荷。事实上，这完全是错怪孙休了。他之所以这么做，非但不是给世人制造麻烦，反而是在替世人减少麻烦。因为古代有避讳的传统，孙休故意用这些生僻字给儿子们取名，目的就是方便世人，以免因犯讳而承担罪责。

历史上的昏君和暴君，除了性格残忍、暴虐滥杀，通常还有一个特点，就是比一般人迷信，而孙皓也不例外。

当时，东吴有一则传言，说有善于“望气”的术士称：“荆州有王气，当破扬州。”而都城建业就在扬州境内，孙皓一听，觉得对自己大为不利，于是起了迁都之念。

甘露元年冬，驻守西陵的将军步阐（步骘之子）为了迎合孙皓，便上表建议，迁都武昌。武昌地属荆州，正是“有王气”的地方。此言正中孙皓下怀，旋即命御史大夫丁固、右将军诸葛靓留守建业，然后移跸武昌。

平心而论，从军事角度看，武昌的确比建业更适合作为东吴都城。一来是武昌的战略纵深比建业更优，遭遇入侵时回旋余地大；二来是武昌位于长江中游的枢纽地带，在此建都，更有利于居中调遣，兼顾东西两线。

所以孙皓此举，虽然有迷信心理作祟，但应该也不乏战略意义上的考量。尤其是斩杀徐绍后，孙皓多少要防范一下来自北方的报复。

东吴甘露二年（公元266年，西晋泰始二年）三月，孙皓眼看司马炎顺利完成了改朝换代，接下来难免会打东吴的主意，便派遣大鸿胪张俨、五官中郎将丁忠出使魏国，以吊唁司马昭为名，刺探晋国的虚实。

丁忠回国后，立即向孙皓建言，说晋朝刚刚建立，边境上军备松懈，可乘机袭取弋阳（治今河南潢川县）。孙皓召集群臣商议，征西大将军陆凯（陆逊族侄）坚决反对，说：“晋国刚刚吞并巴蜀，故而遣使求和，其目的并非有求于我，而是养精蓄锐以待时机而已。目前敌人势力方强，我们若想侥幸求胜，恐怕会遭遇不利。”

孙皓闻言，立刻打消了出兵的念头，但意识到晋国迟早会南侵，便不愿再虚与委蛇了，从此跟晋国断绝了邦交。

随后，孙皓大宴群臣，为丁忠等人洗尘。没有人料到，就是在这场宴会上，孙皓的变态心理再次发作，又莫名其妙地杀了一个朝臣。

此人名叫王蕃，官居散骑常侍。据《三国志·王蕃传》的记载，此人“体气高亮，不能承颜顺指”，故而吴主不悦。意思就是王蕃长得仪表堂堂、气宇轩昂，且生性清高磊落，不愿奴颜婢膝地谄媚孙皓，所以让孙皓很不爽。

除了皇帝不喜欢，王蕃过人的颜值和风度，以及卓尔不群的处世原则，也招致同僚的嫉妒和排挤。如散骑常侍万彧、中书丞陈声等人，就时常在孙皓面前谗言构陷。

正所谓“木秀于林，风必摧之”，王蕃自己绝对没料到，他的所有优点，最后都成了孙皓杀他的理由。

在那天的宴会上，王蕃喝醉了，孙皓怀疑他装醉，就命人把他架了出去，少顷又把他叫了回来。其实这天王蕃是真醉了，但因为平时修为太好，行住坐卧都颇有威仪，所以就算醉了，在孙皓面前也是“行止自若”，还是一副风度翩翩的样子。

孙皓一看，顿时气不打一处来，当场就命左右把他拉出去砍了。

然后，孙皓还不解气，又带上王蕃的首级，领着群臣出城爬山。在山上，最变态的一幕出现了：孙皓命左右亲信扮成虎狼的样子，把王蕃那颗血淋淋的头颅抛来抛去，做争抢撕咬之状。玩到最后，“头皆碎坏”，就是整个头颅都破碎变形、血肉模糊了。

据记载此事的《江表传》称，孙皓这么干，目的是“使众不敢犯也”，就是震慑百官。不过在我看来，如果只是为了杀一儆百，把王蕃砍头就够了，又何必玩一出这么变态的游戏？说到底，还是孙皓自己的扭曲心理在作祟，就是太过嫉妒王蕃的颜值和风度了。

而孙皓之所以如此嫉妒高颜值的人，其主要原因，很可能是他自己长得太对不起观众，所以极度自卑。

我这么说并非凭空揣测，而是有根据的。因为孙皓有个怪癖，最厌恶别人看他，用史书的话说就是“恶人视己”，所以群臣觐见奏事时，都“莫敢举目”，以至于很多官员都不认识皇帝。对此，柏杨就在《柏杨白话版资治通鉴》中说：“孙皓可能长相猥琐，才有如此严重的自卑。”我同意这样的推测。

后来，已升任左丞相的陆凯觉得这个怪癖很不妥，便劝谏孙皓道：“君臣之间，从来没有互相不认识的道理，万一哪天突发不测，大臣们又该保护谁呢？”

孙皓闻言，立马从谏如流，同意做出改变。然而，改变的范围极其有限，只允许陆凯一人举目看他，其他满朝文武照样不行。

陆凯十分无语，却也无可奈何。

孙皓迁都武昌后，虽然从军事角度上讲，对吴国更有利，但是却苦了老百姓。因为吴国的赋税供给，主要依靠扬州，以前朝廷在建业，百姓可以就近缴纳粮食、财物、贡品等；而武昌地处长江中游，百姓要供养朝廷，就必须逆流运输，且路程漫长得多。如此一来，便极大地耗费了民力，令百姓苦不堪言。

此外，孙皓又沉溺酒色、“奢侈无度”，更是严重增加了国库和百姓的负担。于是，迁都还不到一年，东吴就出现了“公私穷匮”的局面，即朝廷和民间都穷得叮当响。

陆凯实在看不下去，便再度上疏劝谏，说：

“如今，四方边境皆无战事，当令百姓休养生息，以积蓄财富。可眼下的朝廷却穷奢极欲，国家虽无灾祸，民众却已力竭；四方虽无战争，国库却已耗空。臣为此至为痛心。昔日，汉室衰亡，三国鼎立，如今曹、刘失道，其国皆为晋有，这是眼前活生生的教训。臣虽愚钝，但也愿为了陛下和国家进言。武昌土壤贫瘠，地势不平，非王者之都，而且童谣云：‘宁饮建业水，不食武昌鱼；宁还建业死，不止武昌居。’以此看来，足见民心和天意啊！

“如今，国库没有一年之积蓄，民众却有离散之怨恨；国家的根基已开始腐烂，各级官吏却更加苛刻暴虐，丝毫不体恤民生。大帝（孙权）在位时，后宫妃嫔加上婢女不满百人，自景帝（孙休）以来，却多达千人，这是国家最大的一项消耗。而陛下的左右近臣，大多不是正人君子，只知结党营私，互相勾结，陷害忠良，阻塞贤人的进路，这都是腐蚀朝廷、伤害人民的事。臣愿陛下停止各种劳役，废除苛刻扰民的法令，遣散宫女，精选百官，如此则上天喜悦，民心归顺，国家方可长治久安啊！”

陆凯的这道奏疏，可谓直言切谏，毫不避讳，不仅指出了眼下东吴的一系列严重问题，更是把批判的矛头直指皇帝。这要是换成别人，只怕早就脑袋搬家了。可孙皓偏偏对陆凯很是“优容”，虽心中不悦，更不会采纳任何建言，但也没把陆凯怎么着。

当统治者只知吸食民脂民膏，却不顾百姓死活的时候，自然就有人揭竿而起了。

是年十月，一个叫施但的变民首领，在永安（治今浙江德清县北）聚众数千人，劫持了孙皓的异母弟孙谦，然后起兵反叛，一路杀向建业。当他进至建业南面三十里处时，部众已发展到一万余人。

施但以孙谦的名义，派遣使者进入建业，命令留守在此的丁固和诸葛靓投降。二人立即斩杀来使，然后出兵攻击。双方在建业东南的牛屯展开会战。变民军虽然人数不少，但都是乌合之众，且装备极差，身上连甲胄都没有，所以一战即溃，顷刻间作鸟兽散。施但也逃得无影无踪。

丁固和诸葛靓生擒了孙谦，不敢擅自处置，便请示孙皓。孙皓丝毫不顾弟弟是被胁迫的事实，立刻命人把孙谦和他母亲及弟弟孙俊全部斩杀。

尽管这场旋起旋灭的民变，并未给东吴造成什么影响，但出人意料的是，它却在客观上促成了陆凯奏疏中的头一条建言——把朝廷迁回建业。

当然，穷奢极欲的孙皓并不会因为这场民变就开始关注民生疾苦。他之所以决定还都，主要动机还是跟当初迁都一样，出于迷信。

在孙皓看来，既然当初望气者说“荆州有王气，当破扬州”，那他现在只要从荆州派一支人马，进入建业杀几个人，不就等于主动让这则传言应验了吗？而只要传言应验了，不就相当于破除诅咒了吗？如此一来，孙皓还都建业，就不会再发生什么危险了。

虽然如此清奇的脑回路在我们看来有些可笑，但在某些古人那里，尤其在孙皓那里，却是十分过硬的逻辑。

那么，孙皓派兵入建业，要杀谁呢？

答案很简单——施但的老婆孩子。

施但兵败后，自己逃了，但老婆孩子却被官军抓到了建业，于是他们就成了孙皓拿来搞迷信的最好“祭品”。

随后，孙皓便从武昌派出了一支数百人的兵马，一路大张旗鼓、敲敲打打地进了建业，还一路高声宣说：“天子使荆州兵来破扬州贼。”（《资治通鉴·晋纪一》）然后一边念着这句“咒语”，一边就把施但妻儿的脑袋砍掉了。

同年十二月，孙皓还都建业，同时命他的老丈人、卫将军滕牧留镇武昌。

因滕牧国丈的身份，百官遇到事情总是推举他向孙皓进言规劝。孙皓大为不悦，便迁怒到了滕皇后身上，从此对她恩宠渐衰。随后有一天，孙皓突然将滕牧放逐到了苍梧（治今广西梧州市），滕牧既忧且惧，最后竟死在了半道上。

此后，滕皇后便形同虚设了。其他嫔妃见她失宠，便争相伪造皇后玺绶佩戴在身上，搞得一时间满后宫都是皇后，而孙皓根本就不想管，他一心只想着把更多美女弄进后宫。为此，孙皓派遣黄门“遍行州郡”，到处收罗官员家的女子，并规定凡二千石以上官员的女儿，年满十五岁者，都要上报，任他挑选。他看不上的，才允许嫁人。

于是，后宫规模迅速膨胀，可孙皓却“采择无已”。

宝鼎二年（公元267年）六月，孙皓开始大兴土木，修建昭明宫，命二千石以下官员全部入山，负责督导木料的砍伐。此外，他又大举开辟御苑和猎场，起土山，建楼观，而且样样追求精致奢华。因工程太过浩大，所需费用以亿万计，令原本便已财竭民穷的东吴更是雪上加霜。陆凯和少数正直朝臣反复劝谏，都被孙皓当成了耳旁风。

不久，孙皓又开始宠信一个叫何定的人。此人早年是孙权跟前管杂役的小官，后来可能因为品行不端而丢了饭碗。孙皓即位后，何定便毛遂自荐，说自己是“先帝旧人”，请求回宫侍奉。孙皓二话不说就任命他为“楼下都尉”，让他专门负责宫廷采买事宜。

这显然是个肥缺。何定上任后，一边大肆捞金，一边作威作福，而孙皓非但不约束，反而“委以众事”，相当于让他当了宫廷总管。

身为左丞相的陆凯对何定深恶痛绝，便当面斥责，说：“这些年，你难道没见过，那些对上不忠、败坏国政的人，最后都不得善终吗？为何还干那些奸邪之事，蒙蔽主上？我劝你痛改前非，不然，你定有不测之祸！”

何定遂对陆凯恨之入骨，便拼命向孙皓进谗言。

建衡元年（公元269年）冬，年已七十二的陆凯患上重病，自知不久于人世，临终前给孙皓留下遗言，力劝他把何定外放，万不可大用，同时还举荐了陆抗、楼玄、贺邵、张悌等一批忠直之臣。过后，陆凯便溘然长逝了。

对于这些年来屡屡直言切谏的陆凯，孙皓本就心存怨恨，只因陆凯德高望重，才没把他怎么样。如今陆凯一死，何定又天天在耳边说他的各种坏话，孙皓便迁怒于陆凯的家人，随后便把他们流放到了偏远的建安郡（治今福建建瓯市）。

建衡二年（公元270年）夏，左大司马朱绩病故。陆抗被孙皓委以重任，在镇军大将军的本职外，又都督信陵（治今湖北秭归县东）、西陵、夷道（治今湖北宜都市）、乐乡、公安诸军事，于乐乡驻防。

重用陆抗，是孙皓自即位以来，极少数做对的事情之一。

出于对社稷的责任感，陆抗旋即上疏，对“政事多阙”的孙皓进行劝谏，说：“臣听闻，恩德相同时，人口多的国家战胜人口少的国家；力量相等时，内部安定的国家战胜内部混乱的国家。六国被秦吞并，西楚被汉消灭，原因在此。如今，敌人（晋国）疆域广阔，而我国外无可以支援的盟国，内则没有当年西楚的强大，且朝政废弛，百姓不安。朝廷决策者普遍认为，长江天险和高山峻岭足以作为依靠，可这只是保护国家的末节，并非智者认为最重要的。臣每念及此，往往夜不能寐，临餐忘食。侍奉君王的大义，是宁可冒犯，也不欺瞒。在此，臣谨奉上十七项针对时局的建议，请求御览。”

当陆抗的“时宜十七条”随着奏疏呈上后，孙皓瞟了两眼就把它扔到一边了。

没用的。要想让孙皓觉悟，除非母猪能上树。

而孙皓身边的那个小人何定，也一直没闲着。这家伙想跟将军李勖攀亲家，李勖没同意，他就伺机构陷。于是，孙皓就把李勖和另一个将军徐存都杀了，还杀了徐存的家人，并焚烧了李勖的尸体。

为了讨孙皓欢心，何定就挖空心思给他找各种好玩的东西，其中一项就是进献“御犬”。何定公然给军中诸将下了命令，让他们每人献上一条名贵御犬，于是建业的狗市行情立刻飙涨，一条好狗价值数十匹绸缎，甚至连一条狗链子都值上万钱。

陆抗实在看不下去了，再度上疏劝谏，可孙皓照旧不听。

在整个三国时代，孙皓绝对是所有皇帝中最昏庸、最暴虐的，没有之一。哪怕是放在几千年的中国历史上，他也绝对可以跻身“昏君暴君”排行榜的前列。

有这样的皇帝，东吴就注定了灭亡的命运，只是时间早晚而已。

陆抗力挽狂澜，羊祜矢志伐吴

作为晋朝的开国皇帝，司马炎在位初期的表现可圈可点。即位头几年，司马炎把主要精力都放在了内政的治理上，总体上采用了无为而治的宽松国策，革新政治，修明法度，振兴经济，与民休息，从而促进了社会的稳定和国力的增长。

《晋书》就称，晋武帝“宇量弘厚，造次必于仁恕；容纳谠正，未尝失色于人；明达善谋，能断大事，故得抚宁万国，绥静四方。承魏氏奢侈革弊之后，百姓思古之遗风，乃厉以恭俭，敦以寡欲。有司尝奏御牛青丝纼断，诏以青麻代之。临朝宽裕，法度有恒”。

大意是，司马炎胸怀广大，性情宽厚，举动必符合仁恕之道；能容纳直言，待人接物态度庄重，表里如一；睿智通达，善于谋划，能断大事，故能平定万国，安抚四方。继魏末为政奢侈苛刻之后，百姓思慕古代淳朴之风，于是勉励臣民恭谨简约，敦促国人清廉寡欲。有司曾奏御牛用的青丝引绳断了，他就下诏以青麻代替。临朝处事宽大雍容，法度有常。

由此可见，司马炎执政前期，可以称得上是一位明君，尤其跟荒淫残暴的孙皓比起来，就更是天壤之别了。所以，不论是从“建功立业，统一天下”的角度，还是从“征伐无道，吊民伐罪”的角度，司马炎都没有理由不灭掉东吴。

经过数年的养精蓄锐后，司马炎开始着手进行灭吴的准备工作。

西晋泰始五年（公元269年）二月，司马炎命尚书左仆射羊祜都督荆州诸军事，出镇襄阳（今湖北襄阳市）；命征东大将军卫瓘都督青州诸军事，出镇临菑（治今山东淄博市东）；命镇东大将军司马伷都督徐州诸军事，出镇下邳（今江苏睢宁县北）。

上述举措的目的，就是训练士卒，扩充军备，为日后的灭吴之战奠定基础。

当然，东吴的国力比蜀汉强，且疆域辽阔，又有长江天险，加之还有陆抗这样有勇有谋的名将在，灭吴并非易事，需要长时间的准备和等待，绝不可能一蹴而就。

在长达十年的战备期间，晋国重臣中伐吴立场最坚定、对伐吴之策贡献最大的人，非羊祜莫属。

羊祜，字叔子，兖州泰山郡南城县（治今山东平邑县）人，出身于汉魏名门“泰山羊氏”；从他算起上溯九世，历代皆有二千石以上官员，且均以清正廉洁著称。

羊祜博学能文，善于论辩，其外祖父是汉末名臣蔡邕，姐姐是司马师之妻。他于司马师执政后入仕，历任中书侍郎、给事中、黄门郎、秘书监、中领军等职。司马炎篡魏立晋后，羊祜以“佐命之勋”进位中军将军、散骑常侍，稍后擢升尚书左仆射、卫将军。

羊祜出镇襄阳后，史称其“开设庠序，绥怀远近，甚得江、汉之心”（《晋书·羊祜传》），即开办学校，安抚教化远近人民，因而深得长江、汉水一带百姓的爱戴。他又用计让吴国撤去了边境守军，然后把属下戍边巡逻的兵力减半，节省下来的人力用于屯垦，开荒八百多顷，从而“大获其利”。他刚来时，“军无百日之粮”，到了后期，军中竟有了十年的粮食储备。

不久，司马炎又擢升羊祜为车骑将军。羊祜固辞不受，但被司马炎驳回。

西晋泰始八年（公元272年，东吴凤凰元年）八月，孙皓不知听了谁的谗言，开始猜忌西陵督步阐，突然下诏征召他入朝。步阐惧不自安，索性于当年九月举城投降了晋国，还把两个侄子送到洛阳去当了人质。

司马炎立刻任命步阐为卫将军、开府仪同三司、侍中等，封宜都公。

同年十月，正坐镇乐乡的陆抗派遣将领左弈、吾彦进攻西陵，征讨步阐。

司马炎闻报，急命羊祜率五万步兵进逼江陵，又命巴东监军徐胤率水军从西面进攻建平（治今重庆巫山县），试图在东、西两线分散并牵制陆抗的兵力，然后命荆州刺史杨肇率部前往西陵援救步阐。

羊祜治理军政固然是一把好手，但在战场上碰到陆抗，他就算是遇到劲敌了。

陆抗命左弈等部迅速在西陵外围修筑营垒，对内包围步阐，对外抵御晋军。

由于陆抗下了死命令，要在短时间内完成包围，所以吴军的攻城部队只好日夜赶工，搞得上上下下叫苦连天。诸将便劝陆抗说：“现在应该乘三军锐气正盛，急攻步阐，等到晋国援军到来，我们已经攻下城池了，何必修筑营垒进行包围，白白浪费部众的气力呢？”

陆抗说：“西陵地势险要，城墙坚固，粮食又十分充足。而且，所有防御工事，都是我以前驻防时规划修建的，今日由我自己来攻，难以轻易攻取。届时晋国援军一到，我们若无防备措施，就腹背受敌了，如何抵御？”

诸将听了，却还是不服，仍然认为直接攻城最省事。

为了让众人心服，陆抗便听任他们攻了一次，结果不出所料，啥便宜都没捞着，反倒损兵折将。诸将这才死心，只好老老实实修筑营垒。

当西陵的包围圈逐渐合拢之际，羊祜的五万大军已经逼近当阳，直扑江陵而来。

由于江陵以北一马平川，极易行军，陆抗便命江陵守将张咸修建堤坝、拦截河水，提高了上游水位，令河水慢慢灌入平原，切断了当阳到江陵之间的道路。

羊祜闻讯，意识到可以利用水位上涨，用大船来运送粮食和补给，于是将计就计，就扬言要破坏堤坝，以让步兵通过。

陆抗得知后，一下就看穿了羊祜的意图，遂命张咸立刻破堤。诸将大为疑惑——人家要破坏堤坝，你居然自毁堤坝，这不是帮了敌人大忙吗？

诸将拼命劝谏，可陆抗一概不听。当羊祜率部推进到当阳时，堤坝已被吴军毁掉，水位回落，就无法行驶大船了。羊祜大失所望，只好仍旧以牛车从陆路运粮。如此一来，晋军的后勤补给自然是事倍功半。

成功迟滞了羊祜之后，陆抗决定亲率主力西上，强攻西陵。

诸将又跳起来反对了。因为乐乡与江陵隔江相望，随时可以过江援救江陵，可要是主力一走，江陵这座军事重镇很可能就丢了。

陆抗却力排众议，说：“江陵城池坚固，兵力充足，没什么可担忧的。况且，就算敌人得到了江陵，必定也守不住，对我们没什么损失。但若是让晋军据守西陵，长江南岸的众多夷人都会产生骚动，那可就后患无穷了！”

随后，陆抗命公安督孙遵在长江南岸布防，抵御羊祜；又命水军督留虑溯江西上，迎战徐胤；然后他本人亲率主力，于同年十一月抵达了西陵城下。

此时，杨肇也已率部赶到，双方展开了对峙。

就在这紧要关头，一个叫俞赞的吴军将领竟临阵脱逃，投降了杨肇。这个俞赞对吴军的布防情况了如指掌，他这一降，势必会出卖情报，这就对吴军非常不利了。

不过，陆抗的厉害之处，就在于他总能随机应变，把劣势转化成优势。

他对诸将说："俞赞是军中的老人了，深知我军虚实。我常担心我们的夷兵部队，平时缺乏严格训练，如今他们的防守阵地，一定会被敌人视为突破口。"然后，陆抗便连夜把所有夷兵都撤了下来，换上了精锐部队。

次日，杨肇果然集中兵力强攻原夷兵驻防的营垒。陆抗命部众迎头痛击，一时间"矢石雨下"，令晋军伤亡惨重。

到了十二月，杨肇计穷力竭，粮草不继，只好连夜拔营而走。陆抗本欲追击，却担心步阐趁机突围，自己的兵力不足以两线作战，便命部众拼命擂动战鼓，做出大举追击的架势。杨肇兵团大为惊恐，遂丢盔弃甲，狼狈逃窜。陆抗遂派出一支轻兵，撵着他们的屁股跑。杨肇兵团就此大败。

羊祜和徐胤得知杨肇溃败，意识到他们的牵制战略已经落空，便各自撤军。陆抗遂攻下西陵，斩杀了步阐及同谋将吏数十人，并将他们的三族悉数夷灭；其他数万名部众，都由陆抗替他们上疏求情，得以赦免，逃过了一死。

陆抗回到驻地乐乡后，脸上丝毫没有自负的神色，待人接物仍如往常一般谦恭谨慎。

孙皓很满意，立刻给陆抗加了个"都护"（相当于总督）的官衔。

司马炎虽然对羊祜甚为器重，但羊祜作为杨肇的上级，对此次战败自然要负领导责任，所以司马炎不得不将羊祜贬为平南将军；而杨肇作为直接责任人，则被司马炎贬为了庶民。

西陵之战的失败，令司马炎和晋国朝野意识到，吴国虽然君主昏庸、财竭民穷，但只要还有陆抗这样的大将在，其战斗力就丝毫不可小觑。所以，计划中的灭吴之战，更不可仓促进行，仍须等待时机。

反过来看，对病入膏肓的东吴而言，西陵之战的胜利，不啻一针强心剂，在一定程度上振奋了军心士气，对本已离心离德、摇摇欲坠的东吴政权起到了

“续命”的作用。从这个意义上说，陆抗可谓“挽狂澜于既倒，扶大厦之将倾”，对东吴社稷厥功至伟。

然而，此役的胜利固然可以帮东吴再延续几年国祚，却无法从根本上扭转其江河日下的颓势。因为真正决定东吴命运的人，终究不是智勇双全的陆抗，而是荒淫残暴的孙皓。

克复西陵后，孙皓自认为得到了上天相助，遂意气风发，命术士算了一卦，看他什么时候可以统一天下。术士占卜后，禀报说：“大吉大利，庚子之年，青盖（代指皇帝车辇）当可入洛阳。”

孙皓大喜过望，从此越发不去想如何治理千疮百孔的内政，而是一门心思致力于所谓的“兼并之计”。

什么叫自不量力？什么叫癞蛤蟆想吃天鹅肉？

孙皓就是最生动的注脚。而讽刺的是，吴国最后被晋朝攻灭的那一年（西晋太康元年，公元280年），正是庚子年。也就是说，那一年，并不是孙皓的“青盖”入了洛阳，而是司马炎的大军入了建业。

对此，晚唐诗人孙元晏就曾写诗嘲讽：“历数将终势已摧，不修君德更堪哀。被他青盖言相误，元是须教入晋来。”

此后，自以为得到天助的孙皓越发肆无忌惮，于是任意猜忌、滥杀大臣之风也愈演愈烈。是年冬，右丞相万彧、左将军留平因受其猜忌，险些在宴会上被他毒死。事后，万彧恐惧自杀，留平也忧惧而亡。稍后，宫廷总管（宫下镇）楼玄因奉公守法、忠直敢言获罪，被孙皓流放交趾，然后在路上就被杀了。

孙皓一旦疯狂起来，就算是宠臣也照杀不误。比如万彧，是拥立他的首功之臣，这些年一直受宠，但孙皓的猜忌之心一起，立马杀你没商量；还比如佞臣何定，长年作威作福，最后也步万彧之后尘，被孙皓干掉了。

西陵之战后，羊祜虽然被降了职，但仍旧坐镇襄阳，实际上依然被司马炎重用。

羊祜知道，自己在战场上不是陆抗的对手，可这并不等于他就无所作为了。在羊祜看来，比攻城略地更重要，也更高明的战争手段，其实是“攻心”。

为此，他便扬长避短，开始对东吴的将士和臣民展开了长期的攻心战。

那么，怎样攻心呢？

羊祜的策略，一言以蔽之，就是“务修德信以怀吴人”（《资治通鉴·晋纪一》），即专门树立恩德信誉，来收揽吴国人心。

此后，每次与吴军交锋，他都公开约定交战日期，然后光明正大地交手，从不搞偷袭。每当有将领来贡献奇谋妙策，羊祜就用好酒把他们灌醉，让他们说不出来。而羊祜每次作战经过吴境，凡是从吴国百姓田地里收割的粮食，过后必定计算其价值，以等价的绸缎如数奉还。此外，每当率部众出外游猎，绝不侵入吴国边界，而凡是有禽兽先被吴国人打伤、过后被晋军捕获的，羊祜都会命部众一一送还……

很显然，如此种种，作秀成分都很浓厚，但关键是效果很好，尤其是对一般老百姓来讲，这些表演绝不会引起反感，而只会引发感动。于是，没过多久，吴国百姓就对羊祜心悦诚服了，都尊称他“羊公”，而不称其名。

而羊祜与陆抗虽是对手，但彼此都很欣赏对方的人品，所以经常互派使者问候对方，慢慢地居然成了“亦敌亦友”的关系。

陆抗凡有好酒，都派人送给羊祜，而羊祜也毫不怀疑，打开就喝。同样，陆抗有时生病，也会派人向羊祜求药，而羊祜必定把药亲自煎好，派人送给他。陆抗拿到后，往往也是一饮而尽，没有半点疑心。左右之人都看得一愣一愣的，纷纷劝他别太相信羊祜，陆抗则说：“羊祜岂是那种下毒的人？”

陆抗与羊祜之所以会形成这种奇妙的“亦敌亦友”关系，首先固然是因为英雄惜英雄，彼此都很欣赏对方；其次，这其实是双方在“攻心战”这一无形战场上来回交手的结果。

换言之，既然羊祜一门心思要打造“恩德信誉”的“羊公”人设，以笼络吴国人心，那么陆抗当然也要“礼尚往来”，以“坦诚相待”的君子人设作为回应，否则不就落于下风了？

对此，陆抗的大多数部下当然不能理解。所以，陆抗便把话给他们挑明了，说：“人家一心一意在树立恩德，倘若我们只会诉诸暴力，那便是不战而被人收服了。说到底，彼此各保边界就行了，不必贪图小利。”

这一层，陆抗和羊祜都是聪明人，彼此自然是心照不宣。但这个道理碰上蠢人，就说不清楚了。比如吴主孙皓，得知陆抗竟然跟羊祜好得跟多年知己似的，大为狐疑，便下诏质问。陆抗只好跟这个愚蠢的领导解释道：“一个村落，一个乡镇，尚且要讲信义，何况是大国之间的交往呢？臣若不这么做，羊祜正好彰显其恩德；就算臣反其道而行之，对他也没什么损害。”

孙皓理解不了这种“攻心战”层面的微妙博弈，于是听信了其他将领的谋划，屡屡发兵袭扰晋国边境。陆抗上疏劝谏，认为这种小打小闹没有任何意义，反倒会令吴国陷入“穷兵黩武，劳师糜饷”的境地，实属得不偿失。

然而，孙皓根本不听，仍旧一意孤行。

东吴凤凰三年（公元274年，西晋泰始十年）七月，时任大司马的陆抗患上重病，自知不豫，便给孙皓上了一道奏疏，尽了自己最后的职责。

他在奏疏中说：“西陵、建平二地，都是国家的藩篱，位处长江上游，两面受到敌人压力。若敌人的舰队顺流而下，疾如流星，迅若闪电，必定来不及等到援军来解救危难。此乃社稷安危的关键所在，绝非边境的小小侵扰。臣父陆逊，从前在西部边陲时，就曾上奏说：‘西陵乃国之西门，虽然易守，却也易失。一旦失守，非只失一郡，而是整个荆州都将不再为吴国所有。若有危险，必须倾全国之力争夺。’

“臣此前请求增加精兵三万，可朝廷依据常规，不肯派遣。自从步阐之乱后，西陵的兵力损耗甚大。臣所统辖的疆土，有千里之广，对外要抵御强敌，对内要镇抚诸夷，可包括非战斗人员在内，部众仅有数万，且久在沙场，疲惫不堪，难以应付紧急事变。

“臣愚昧地认为，诸位亲王年纪尚幼，没有统御兵马的必要，反而影响国家的防务（孙皓于去年封其子弟十一人为王，每人领兵三千，共计三万三千人）。此外，宫中黄门宦官又广为招募卫队，而民众逃避兵役，纷纷加入其招募行列。请陛下专门加以调查，剔出逃避兵役之人，补充到受敌压力大的边防重地，使臣所部能有八万的足额，然后摒弃众务，专心御敌，庶几可保无虞。若其不然，深可忧也！臣死之后，万望陛下以西部边陲为重。”

奏疏呈上，陆抗便溘然长逝了，终年四十九岁。

可对于陆抗临终前苦口婆心的叮嘱，孙皓却置若罔闻。他非但没有加强西陵的兵力，反而把陆抗原有的部众一分为四，分别交给了他的四个儿子：陆景、陆玄、陆机、陆云。

表面上看，这似乎是“推恩”之举，事实上却是通过分割的办法削弱陆抗旧部的势力。其动机，自然是出于对大将的猜忌。而他这么做的结果，相当于自己拆掉了“国之西门”上的门闩，从而为几年后顺流东下、大举入侵的晋国水军扫除了障碍。

简言之，孙皓此举，就是在自毁长城。

陆抗的去世，对于司马炎和以羊祜为首的晋国主战派而言，显然是一个好消息。

西晋咸宁二年（公元276年）十月，司马炎擢升羊祜为征南大将军，其用意自然是准备让羊祜总揽伐吴大计了。

这几年，羊祜一直在训练士兵，修缮兵器，加强军备。所以一接到这项任命，他立马心领神会，旋即上疏，请求伐吴。

他在奏疏中说：“先帝西平巴蜀，南和吴会，令海内得以休养生息。然而吴国背信弃义，屡屡侵犯边境。命运和时机虽是上天安排，但完成功业却在于人的努力，若不一举扫灭东吴，那兵戈便永不止息。当初平定巴蜀时，天下人都说吴国很快也会灭亡，但时至今日，已过去了十三年。各种谋划很多，但决策者必须乾纲独断。

“自古以来，凡是依靠地势险阻得以保全者，是因为各方势均力敌。如果实力相差悬殊，虽有险阻，也无法保全。当初的蜀国并非没有险要地形，都说是“一夫当关，万夫莫开”，可到了进兵之日，却看不见藩篱的限制，大军乘胜席卷，直抵成都。

“如今，长江、淮河之险，不如剑阁，而孙皓的残暴，则远超刘禅；东吴人民的痛苦甚于巴蜀，而我大晋的兵力却比当时强大。若不在此时平定四海，却只固守边界，令天下总是处于战乱之中，非长久之计。

“臣建议兵分四路：命益州之兵水陆并进，沿江东下；命荆楚之众进逼江陵；命豫州之兵直指夏口；再命徐、扬、青、兖四州之众会攻建业。东吴要抵抗四面大军，必定兵力分散，处处告急。我军只要有一处突破，吴国便会朝野震动，就算再有智慧的人也无法挽救。东吴以长江天险立国，东西数千里，处处受敌，将疲于奔命。而孙皓又纵情任性，猜忌臣下，朝廷不信任将领，士众受困于荒野，既无保卫国土之计，又无决一死战之心。平日里，吴军将士尚且三心二意，大兵压境之际，必有响应我军之人，绝对不可能上下同心，为国效死。

“而且，东吴的军队，攻势虽凌厉，但难以持久，武器又不如我国，唯有水战是他们的强项。可到时候，只要我军全面攻入吴境，他们便无法保住长江，只能退守城池，长处无从发挥，就更不是我军对手。我军深入敌人国土，人人皆有死战之志；东吴士兵在自己家乡作战，难免瞻前顾后，生出离散之心。如此，我军一旦开战，不须多时，必可克敌制胜！”

对于羊祜的这番建言，司马炎深表赞同。

不过，当时河西的鲜卑首领树机能正在凉州作乱，势力正盛，所以朝臣大多深以为忧。羊祜再度上疏，说：“扫灭东吴之后，胡人自然平定，当务之急还是要尽快完成灭吴之功。”可多数朝臣还是不以为然，尤其是以贾充、荀勖为首的一帮重臣，都坚决反对。

尽管司马炎也一心想要灭吴，但满朝文武中，只有度支尚书杜预、中书令张华等寥寥数人支持他，反对派终究占了大多数。因此，司马炎也只能暂时按下不表。

羊祜深感无奈，慨然长叹道：“天下不如意事，总是十常八九啊！天予不取，岂不是令后来人憾恨！”

就这样，伐吴大计又搁置了一年多。

到了咸宁四年（公元278年）春，羊祜身患重病，回朝安养，于是再度向司马炎面陈伐吴之计。司马炎甚为嘉许，可考虑到他的身体状况，不便频频入宫，便命张华到羊祜府上，去跟他商讨具体的计划。

羊祜对张华说：“孙皓暴虐至极，今日伐吴，不战而胜的机会很大；若是等孙皓死了，吴国人拥立一位明主，到时候就算我们有百万之众，也难以越过长江，必将后患无穷啊！”

张华深以为然。

羊祜知道自己已不久于人世，便对张华道：“能完成我的志愿的，就是先生啊！”

司马炎打算让羊祜带病出征。可羊祜深知自己已然无法承担这项重任，便回复道：“攻取吴国，不一定非臣亲自前往不可。问题在于，平定东吴后，陛下恐怕要多多思虑了。功名之事，臣不敢居之，只希望取得东吴后，陛下能审慎选择治理之人。”

是年十一月，羊祜陷入弥留状态，临终前举荐杜预作为自己的继任者。

同月二十六日，司马炎任命杜预为镇南大将军、都督荆州诸军事。同日，羊祜去世，终年五十八岁。

司马炎十分悲伤，为之痛哭。由于这天的天气极为寒冷，以至于司马炎“涕泪沾须鬓，皆为冰焉”（《晋书·羊祜传》）。

羊祜病逝的消息传到荆州，老百姓居然主动为之“罢市”，以示哀悼，大街小巷则是一片哭声。就连东吴的守边将士闻讯，也都为之落泪。羊祜生前，喜游岘山，襄阳人就在山上给他立了块碑，年年祭祀，而看到石碑的人，都忍不住流泪。这块碑，从此就被称为“堕泪碑”。

王濬楼船下益州，金陵王气黯然收

正当司马炎、羊祜等晋国君臣谋划灭吴大计之时，吴主孙皓则在变本加厉地上演着最后的疯狂。

东吴凤凰二年（公元273年），因朝臣多言祥瑞、谄媚孙皓，孙皓就问侍中韦昭，这么多祥瑞意味着什么？韦昭对此十分不屑，便道：“这不过是俗人箩筐里的废物罢了。”意思就是所谓的祥瑞其实都是垃圾。孙皓被噎了这么一下，自然怀恨在心。

因韦昭负责兼修国史，孙皓就命他为父亲孙和撰写《本纪》。韦昭说：“文皇帝（孙和）并未真正登基，只能写《列传》，不能写《本纪》。”如此一来，更是把孙皓往死里得罪了。

不久，韦昭又在某些事上触怒了孙皓，于是孙皓新账老账一块算，先是把他抓进了大牢，旋即诛杀，并将其家属流放零陵郡。

同年底，孙皓的一个宠妃派人到街市采购，竟当众抢夺百姓财物，负责集市管理的司市中郎将陈声将此人绳之以法。宠妃向孙皓哭诉，孙皓大怒，当即找了个借口逮捕了陈声，然后用烧红的锯子锯下其头颅，又将尸身扔到了城外的四望山下。

凤凰三年（公元274年），民间有人传言，说孙权五子、章安侯孙奋“当为天子”。孙皓听说后，极为恼怒。恰在此时，他又得知，豫章太守张俊竟然在为孙奋已故的母亲扫墓（其墓在豫章）。两件事联系到一块，孙皓的屠刀又按捺不住地出鞘了，旋即将张俊施以车裂之刑，并夷其三族，同时把孙奋及其五个儿子全部诛杀。

至此，孙权的七个儿子，已无一在世。

天册元年（公元275年），一向直言切谏的中书令贺邵中风，辞职在家安养，孙皓怀疑他是装病，便把他扔进地牢，严刑拷打，并用烧红的锯子锯下了他的头颅，随后又将其家属流放临海郡。

天玺元年（公元276年），会稽郡爆发严重的旱灾，一向清正廉洁、政绩卓著的太守车濬不忍百姓受苦，就向朝廷请求赈灾。孙皓认为车濬是在收买人心，立刻派人前往会稽，将其斩首，并枭首示众。

稍后，尚书熊睦因某事对孙皓说了几句规劝的话，孙皓就拿刀柄活活把他砸死了。而且砸死了还不解恨，孙皓又在他身上一通乱砍，以致“身无完肌”，就是弄得血肉模糊，体无完肤。

天纪元年（公元277年），会稽人张俶因告密得宠，平步青云，被孙皓擢升至司直中郎将，并封侯。张俶之父是山阴县的一名小卒，虽身份卑微，但脑子清醒，知道儿子为非作歹，总有一天会死得很难看，便上疏孙皓，打算跟张俶划清界限，说：“若朝廷重用张俶，日后犯罪，臣请求不与其连坐。”

孙皓很爽快地批准了。

张俶因告密上位，自然要搞特务政治来邀宠固权，遂组建了一支特务队伍，以二十名“弹曲”（纠察官）为骨干，专门负责调查、揭发官员的“不法”行为。在这帮特务的示范作用下，官员和百姓们开始凭借个人的爱憎好恶互相检举揭发，越来越多的人无缘无故就身陷囹圄了。一时间，告密之风甚嚣尘上，监狱爆满，朝野上下人人自危。而张俶则借机大肆搜刮，横行无忌，且骄奢残暴，不可一世。

就跟孙权晚年时的吕壹和历史上的众多酷吏一样，没多久，无恶不作的张俶自己也被人告发了，旋即被孙皓施以车裂之刑。可怜的是，之前已声明要跟他划清界限的老父，最终还是没能逃过连坐，一块儿被言而无信的孙皓车裂了。

天纪二年（公元278年），又有一位颇具才华的朝臣死于非命，他就是张纮之孙、时任侍中兼中书令的张尚。

张尚之所以遭殃，起因跟之前的王蕃类似——王蕃是死于颜值和风度，张尚则是死于口才和谈吐，而共同点都是遭到了孙皓的嫉妒。

孙皓一向嫉妒别人胜过自己。他看张尚口才流利，谈吐敏捷，言论常常出人意表，心里就恨死他了。有一天，孙皓问张尚："孤的酒量可以和谁相比？"张尚答："陛下有百觚的酒量。"

历史上有"尧舜千钟，孔子百觚"的说法。张尚此言，就是把孙皓比作孔子，分明就是在赞美。可在嫉妒成狂的孙皓听来，却认为是拐着弯在嘲讽他，便道："你明知道孔丘没做过王，却把我比成他。"意思就是张尚故意在贬低他。

然后，孙皓借机大发雷霆，当场就把张尚抓了起来。朝中百官闻讯，纷纷到宫门叩头请愿，为张尚求情。孙皓表面上赦免了张尚的死罪，将他流放到建安郡（治今福建建瓯市）去当造船工，可时隔不久还是把他杀了。

岁月飞逝，光阴荏苒。西晋咸宁五年（公元279年，东吴天纪三年），多年来一直在酝酿伐吴的晋帝司马炎终于下定了扫平东吴，一统天下的决心。

灭吴之战的最终打响，与两位封疆大吏的极力促成有关：一个是时任益州刺史的王濬（也作王浚），还有一个就是羊祜的继任者杜预。

王濬是羊祜旧部，曾任其麾下参军。羊祜对王濬非常了解，也深知他才堪大用。羊祜的侄儿羊暨曾提醒他说："王濬此人虽有大志，但生活上奢侈无度，不可授予重任，应当加以约束。"可羊祜却不以为然，道："王濬有大才，一定能够达成他的志向，所以是可用之人。"

此后，在羊祜的推举下，王濬历任车骑从事中郎、广汉太守、益州刺史等职，在益州很有威信，很多夷人都归附了他。泰始八年，朝廷本欲征召王濬入朝担任大司农，羊祜连忙向司马炎呈上密奏，说将来要伐吴，必须从巴蜀顺江东下，而王濬就是留在益州打造水军的最佳人选。

司马炎遂让王濬留任益州刺史，并加龙骧将军，监益、梁诸军事，命他专门负责组建水军、修造战船。

随后，王濬便在益州"大作舟舰"。其打造的最大型的战舰，长度达一百二十步，甲板上甚至可以跑马；每艘可装载士兵两千多人，且舰上还有瞭望台和指挥塔。因船高首宽，外观似楼，故名“楼船”。

从泰始八年开始造船，到咸宁五年大举伐吴，王濬整整花了七年时间进行战备工作。

由于在上游造船，不免有大量的木屑沿江而下，漂到了东吴境内。时任建平太守的吾彦赶紧将这一情报上奏孙皓，请求增兵，加强防守。可孙皓一心认为自己是天选之子，很快就会“青盖入洛阳”，根本不把吾彦的奏报当回事儿。

吾彦无奈，只好自己想办法进行防御，命人用粗大的铁链横跨江面，组成“铁索阵”封锁长江。

西晋咸宁五年秋，王濬的造船工作结束，一支精锐的水军也已组建完成，遂上疏司马炎，力主即刻伐吴。

他在奏疏中说：“孙皓荒淫残暴，应该立刻征伐，一旦他死了，吴人改立贤主，就会变成强敌；臣造船七年，每日都有舰船朽坏，越往后只会越多；臣今年已七十岁了，随时可能死亡。以上这三点，无论哪一点变成现实，都会增加灭吴的难度。诚愿陛下早日决断，切勿错失良机。”

与此同时，已出镇襄阳的杜预也呈上奏疏，极力请战。

还没等司马炎批复，急不可耐的杜预就再度上疏，说：“当初羊祜并未与朝臣公开商议，而是与陛下密谋伐吴之计，所以才令部分朝臣议论纷纷。凡事都要权衡利弊，伐吴之事，利有八九，弊不过一二，最坏的情况，无非是徒劳无功而已。若让那些反对者说出万一失败会怎么样，他们其实也说不出来。可见，他们之所以反对，是因为计策不是出自他们，功劳也跟他们无关，他们为了掩饰之前的错误言论，便不得不顽固到底。

“近来，朝廷事无大小，必有人群起反对，虽说每个人看法不同，但也是因为他们仗恃陛下宽容，无须担心言论的后果，才会动不动就提出反对意见。入秋以来，我国的军事动向已经显露，如今若是中止，恐怕孙皓会察觉危险，迁都武昌，然后坚壁清野，加强长江以南各城池的防御。到时候，城池攻不下来，乡野又无粮秣可以抄掠，形势会对我军极为不利。因此，若是拖到明年开战，一切就都太晚了。”

杜预的奏疏递进宫中之时，司马炎正在跟张华下棋。张华也是主战派，很清楚奏疏里写的什么，遂推开棋盘，对司马炎道：“陛下圣武，国富兵强，吴主淫虐，诛杀贤能，当今讨之，可不劳而定，愿勿以为疑！”（《资治通鉴·晋纪二》）

王濬和杜预的奏疏，加上张华这句话，最终促使司马炎做出了历史性的决断。

他旋即命张华担任度支尚书，全权负责此次灭吴之战的粮秣运输和后勤补给工作。

贾充、荀勖等反对派闻讯，立刻入宫，提出种种困难，拼命反对开战。然而这一回，司马炎不再跟他们客气了，当场就变了脸色，龙颜大怒。贾充一看，知道已无力阻止，慌忙跪倒在地，免冠谢罪。

至此，西晋帝国谋划已久、准备多年的灭吴之战，终于拉开了大幕。

咸宁五年十一月，西晋帝国集结了二十余万大军，兵分六路，由东至西，在长达数千里的战线上，对东吴发起了规模浩大的灭国之战：

第一路，由时驻下邳的镇军将军司马伷，率部进攻涂中（今安徽滁河流域）；

第二路，由时驻寿春的安东将军王浑，率部进攻江西（今安徽和县一带）；

第三路，由豫州太守、建威将军王戎，率部进攻武昌；

第四路，由平南将军胡奋，率部进攻夏口；

第五路，由时驻襄阳的镇南大将军杜预，率部进攻江陵（今湖北江陵县）；

第六路，由益州刺史王濬、巴东监军唐彬，率领水军沿江东下，进攻长江沿线各战略要地及东吴水军，最终目标就是东吴都城建业。

为了让宠臣贾充不至于在此次灭吴之战中完全靠边站，司马炎特意做了政治上的平衡，命贾充为大都督，持节，假黄钺，率中军镇守襄阳，居中调度，节制各路兵马。简言之，就是让他坐在大帐当主帅，白捡一回大功。

可贾充作为一直以来的反对派，可能觉得脸上挂不住，就以衰老为由再三推托，并且还一直在强调开战的种种不利。司马炎不理他，给他下了道诏书，只说了八个字：“君若不行，吾便自出。”（《资治通鉴·晋纪二》）

你要不去，我可就御驾亲征了。

见皇帝都把话说到这份儿上了，贾充只好奉命。

西晋咸宁六年（公元280年）正月，杜预、王浑这两路兵马一冲上战场就频频告捷：杜预兵指江陵，王浑挥师横江（今安徽和县东南长江渡口），一路以摧枯拉朽之势，攻克了吴国边境的多座城池要塞。

与此同时，王濬、唐彬率领的水军也浩浩荡荡地驶入了吴国境内，兵临建平（治今重庆巫山县）城下。不过，他们首先遇上的难题，就是吾彦在长江上设下的“铁索阵”。

吾彦不仅用铁链封锁了江面，还在水面下暗置铁锥，每根都有一丈多长，晋国的舰船一旦撞上，船底必定破裂。可吾彦并没料到，之前羊祜早就抓了一个吴国间谍，把吾彦的整个布防情况摸得一清二楚；而情报到了王濬手上后，他自然也早就想好了应对之策。

王濬命人打造了几十条硕大的木筏，每条纵横都有百余步，然后在木筏上立了许多“披甲持杖”的稻草人，用以迷惑吴军；接着，又命一批水性好的将士潜入水中，在木筏前面“领航”。然后，每当发现水下矗立的铁锥，“领航员”就会引导木筏故意撞上去，让铁锥一根根刺入木筏，最后这些木筏就把所有铁锥全都“连根拔起”了。

接下来，便是对付江面上的那些大铁链。

王濬的办法也很简单，就是把一些长十余丈的粗大圆木捆绑在一起，令其直径达到数十人合抱的程度，然后浇上麻油，再把这些“巨无霸”置于船前，一遇到铁链，就点火焚烧。在这些大火炬的炙烤下，铁链很快就被烧得通红，最后就一一熔断了。

就这样，王濬没费多大工夫便破解了吾彦精心打造的铁索阵。

随后，晋军开始猛攻建平城。可吾彦也不是善茬，竟然拼死坚守，直到最后吴国灭亡，他才被迫投降。王濬也不恋战，索性绕过建平，长驱东下。

往后的一路上，王濬的征程就可以用势如破竹、所向披靡来形容了。

大军进至丹杨（治今湖北秭归县东），一战将其攻克，生擒吴将盛纪。二月初三，攻克吴国重镇西陵，俘虏吴将留宪、成据、虞忠。初五，连克荆门（治今湖北宜都市西北）、夷道（治今湖北宜都市）二城，斩杀吴将陆晏（陆抗长子）。初八，王濬、唐彬的水军逼近乐乡，斩杀吴水军都督陆景（陆抗次子），逼降吴将施洪等人。

此时，杜预所部也已兵逼江陵。

杜预没有直接进攻江陵，而是打算跟王濬打一个配合。他先派部将周旨率一支八百人的突击队，利用夜色，乘船渡过长江，准备突袭乐乡。渡江后，周旨命部众大张旗鼓，又在附近的巴山上纵火，制造大兵压境的假象。

乐乡守将孙歆大为恐惧，慌忙写信给江陵守将伍延，说："晋军自北而来，简直就像是飞过了长江。"

很快，王濬、唐彬也率部进至乐乡。孙歆出兵迎战，被打得大败而回。而让孙歆没想到的是，周旨早就埋伏在了城门附近。趁着他败退，周旨就率众尾随入城，然后直接跟到了孙歆的大帐，不费吹灰之力就把他生擒了。乐乡也就此拿下。

拿下乐乡，就等于斩断了伍延的退路。杜预这才发兵攻打江陵，于二月十七日将其攻克，斩杀了伍延。同时，胡奋所部也攻克了江安（今湖北公安县）；而王濬的水军则继续东下，攻克了巴丘。

至此，东吴帝国西半部的军事重镇已悉数落入晋军之手。由于吴军的主要兵力都配置在长江沿岸的这些重镇，随着它们的沦陷，长江南岸的大量城池和广袤国土，也就彻底暴露在晋军面前了。而后方的兵力极其薄弱，几乎没有什么抵抗力。

很快，自沅江、湘江以南（约今湖南省），至交州（今越南北部）、广州（今广东、广西）的所有州牧郡守，几乎全都望风而降，纷纷送上官员印绶。杜预以持节的身份，传达圣旨，一一安抚。

吞并东吴这半壁江山后，经过统计，晋军一共斩杀并俘虏了吴国的都督、监军十四人，还有牙门将、郡守一百二十余人。

也许，这就叫"以有道伐无道"，所以才会像秋风扫落叶一般轻而易举。

至此，东吴帝国的灭亡已经毫无悬念了。

随着王濬的庞大舰队浩浩荡荡地顺江东下，孙皓的所有抵抗，终将是螳臂当车。换言之，当"王濬楼船下益州"的时候，"金陵王气黯然收"就是注定的结局；而当"千寻铁锁沉江底"的那一刻，"一片降幡出石头"就是孙皓无可逃脱的宿命。

东吴覆灭，天下一统

咸宁六年二月十八日，司马炎的一道诏书送到前线，对灭吴之战的后半场进行了部署："王濬、唐彬既已攻克巴丘，应跟胡奋、王戎一同夹击夏口、武昌，再顺江东下，直指建业。杜预应镇抚零陵郡、桂阳郡（治今湖南郴州市），招降衡阳郡（治今湖南湘潭市西南）。大兵压境之下，荆州南部必可传檄而定，所以杜预等部，应分兵增援王濬、唐彬。太尉贾充，即行进驻项县。"

遵照司马炎的部署，王戎旋即派出部将罗尚、刘乔，率部与王濬合攻武昌。吴江夏太守刘朗、督武昌诸军虞昺（虞翻之子），几乎没做什么抵抗就开门投降了。

随后，杜预召集众将举行军事会议，有人认为："百年之久的贼寇，难以短时间内瓦解。而今，春水融化，江河泛滥，对各部的驻扎和行军都会造成困难。最好等到冬季来临，再大举前进。"

杜预马上否决了这一消极建议，说："昔日乐毅在济西（今山东西部）一战获胜，遂长驱直入，一举吞并了强大的齐国，如今我军兵威大振，势如破竹，数节之后，余下的自可迎刃而解，用不着再使什么劲了。"

说完，杜预便对各军指示了行动方略，共同目标就是直取建业。

直到此刻，一心幻想着"青盖入洛阳"的孙皓才慌了神，赶紧派丞相张悌，率丹阳太守沈莹、护军孙震、副军师诸葛靓，共领三万兵马，渡江西上，去抵御距建业最近的王浑所部。

舰队行至牛渚（今安徽马鞍山市西南采石矶），沈莹向张悌提出了一个建议，说："晋国在巴蜀训练水军，时日已久，而我们驻扎在长江上游的各军，向来没有戒备，且名将皆死，年轻将领在任，恐怕都难以抵挡。所以，晋国水军必会到达此地，我们应在此布防，养精蓄锐，等他们过来，再决一死战。若幸而战胜，西岸的王浑自会退却；但要是渡江上岸，与晋军对决，一旦落败，那大事就完了！"

张悌闻言，凄然道："吴国终将灭亡，此事无论贤愚，早已心知肚明，并非到了今天才得以证实。我担心的是，等晋军到了此地，我们军心震恐，就很难再凝聚了。如今，渡江上岸，犹可与敌决战。若是失败，大家一同殉国，死无遗恨；要是胜了，敌兵溃败，我军便可乘胜西进，在长江中游阻击晋国水军，不愁不破来敌。假如按照你的计划，恐怕士众一朝散尽，坐待敌人到来，君臣只能一同投降。到时候，就连一个为社稷死难的人都没有，岂不是国家的耻辱?!”

冰冻三尺，非一日之寒。东吴烂到今天这个地步，早已是积重难返、沉疴难起，纵然周瑜在世、陆逊复生，恐怕也无从挽救，更不要说他区区一个张悌了。

对此，张悌很有自知之明，也已经做好了为国死难、慷慨捐躯的思想准备。

三月，张悌率部登岸，进兵杨荷（今安徽和县北），将占领此地的王浑部将张乔团团围困。

张乔是王浑的前锋，麾下只有七千部众，自忖打不过张悌的三万大军，于是一边紧闭城门，一边递出了请降书。诸葛靓一看，就知道这是敌人的缓兵之计，便建议张悌立刻杀进城去，干掉张乔这支部队。

遗憾的是，身为丞相和主帅的张悌，却在这紧要关头表现出了不可救药的软弱和迂腐。他说：“强敌在前，不宜跟这支小部队纠缠，况且，杀降不祥。”

杀降不祥，前提是对方真心归降，问题是现在张乔一边说要投降，一边却紧闭城门，这是投的哪门子降?

诸葛靓大为焦急，力争道：“他们是因为救兵未至，兵力太少，自知不敌，才以诈降作为缓兵之计，绝非真心降服。如果我们放过他们，继续前进，必定成为后患。”

张悌不听，还安抚了张乔，仍让他留驻杨荷，然后率部继续西进。

没走过远，吴军便与晋扬州刺史周浚所部正面遭遇。两军列阵之后，沈莹率本部精锐和五千敢死队，率先对晋军发起冲锋。可他们一连猛攻了三次，却始终无法撼动晋军的阵脚。沈莹只好撤退，但部众在后撤时却秩序混乱，队列不整。晋将薛胜、蒋班抓住战机，立刻发起进攻。吴军不敌，节节败退，张悌、沈莹等将帅拼命阻止，却毫无作用。

就在这时，不出诸葛靓所料，诈降的张乔又从东面杀了过来。

腹背受敌下，东吴的三万大军终于全线溃败。

诸葛靓一边带着数百亲兵突围而出，一边派人去找张悌。让诸葛靓没想到的是，张悌找到了，可他却拒绝逃亡。诸葛靓只好又杀了回来，亲自去接他，苦劝道："社稷存亡，自有定数，不是你一个人所能挽救的，何苦在此等死呢?!"

张悌怆然涕下，说："仲思（诸葛靓字），今日便是我的死期了！想当初，我年少之时，就受到你家丞相（诸葛恪）的赏识提拔，常担心自己不能死得其所，有负先贤的知遇之恩。如今，我以身殉国，正是死得其所，还要往哪儿逃呢？你别再拉我了。"

诸葛靓当然不能扔下他，遂强行要拉他上马，可张悌就是死活不肯移动半步。诸葛靓万般无奈，只好流泪而去。

等坐骑走出百余步后，诸葛靓回头望去，张悌已被敌兵砍倒在了血泊之中。

当天，除了诸葛靓及少数部众逃出生天，沈莹、孙震等一共七千八百名将士，都被晋军砍下了首级；余众或是逃散，或是被俘，三万大军基本上全军覆没。

消息传到建业，朝野震恐。

张悌率领的这三万兵马，是吴国最后的精锐，如今一朝覆灭，足见东吴之亡就在旬日之间了。

接下来，晋国这几路大将，谁能抢先攻入建业，谁就能独得灭吴的首功。

值此微妙的时刻，有人高风亮节，不愿居功，却也有人处心积虑，想要抢功。

大战之初，司马炎曾有诏命，指示王濬一旦进入建平郡，就要受杜预节制；进抵建业附近，就要受王浑节制。可对于天子的这道诏命，杜预却不是很赞同，他对诸将说："王濬若攻克建平，则顺流东下，长驱直入，且威名已经建立，不应再让他受制于我；若是连建平都攻克不了，那又如何受我节制？"

当王濬挺进到西陵后，杜预给他写了封信，说："足下既已摧毁东吴的西部屏障，便应该直取建业，讨伐盘踞多年的贼寇，拯救东吴民众于水火，然后凯旋还朝，此乃旷世大功！"

王濬见信，深知杜预高风亮节，乐见他建立大功，同时也在暗示他不一定受王浑节制，大可自取建业。王濬心中大喜，立刻把杜预的信转呈给了皇帝司马炎。

攻克武昌后，王濬更是信心百倍，遂率领舰队日夜兼程奔赴建业。

此时，贪图大功之人就开始蠢蠢欲动了。

周浚歼灭张悌兵团后，其麾下别驾何恽便撺掇他说："张悌统率东吴最后的精锐，在此被我们歼灭，吴国朝野莫不震恐。如今，王濬已攻克武昌，所向皆克，东吴已呈土崩瓦解之势。我部应迅速渡江，直指建业，大兵压境，夺其胆气，定可不战而生擒孙皓！"

周浚深以为然，便命他去向主帅王浑请示。

何恽道："王浑碰见大事就糊涂，且生性谨慎，不求有功但求无过，必定不会听从。"

这么大的事，周浚终究不敢自作主张，还是坚持让何恽去请示。

结果不出何恽所料，王浑的答复是："我接到的诏令，是驻防长江北岸，在此抵御吴军，不可轻率冒进。周浚虽然勇武，但岂能以一人之力独平江东？若是违背诏令，胜了也不见得有功，万一败了则是重罪。况且，皇上已命王濬受我节制，你们现在只要把舰船备好，等王濬到达，再一同出发。"

何恽仍不死心，继续劝道："王濬万里远征，所过皆克，身居如此大功却来接受节制，从没听说有这种事。且明公位居上将，见到机会，自应前进，岂能每件事都听诏令？如今乘胜渡江，十拿九稳，何必多所疑虑而滞留不进？我部上上下下都对此深感憾恨啊！"

然而，不管何恽怎么说，王浑就是不为所动。

事实上，王浑并不是不想抢这份大功，而是自以为有皇帝的诏令在，王濬反正要受他节制，不论如何，最后功劳都是他的。所以，他一点都不着急。

可是，王浑的如意算盘打错了，王濬绝非任他摆布之人。他这样稳坐钓鱼台，最终导致的结果，就是把攻灭东吴的不世之功，拱手送给了王濬。

此时，王濬的楼船舰队已从武昌顺流东下，直奔建业而来。对于这支舰队的庞大规模和盛大军容，史书给出了这样的描绘："兵甲满江，旌旗烛天，威势甚盛，吴人大惧。"（《资治通鉴·晋纪三》）

孙皓急命游击将军张象率一万水军前往抵御。这个张象倒也干脆，在江上迎面看见晋军的大旗，二话不说就降了。

眼看晋国水军如入无人之境，东吴朝廷顿时乱成了一团。

大难临头之际，人们总是习惯于抓一个人出来泄愤，仿佛只要拿一个坏蛋祭天，老天爷就会帮世人消灾免难。眼下，孙皓跟前有一个宠臣，名叫岑昬，以阴险谄媚博得孙皓宠幸，位列九卿，平日里喜欢大兴土木，百姓深受其苦。如此祸国殃民之人，这种时候最适合拿来祭天了。

于是，孙皓身边的数百名近臣和亲信，便一同向他叩首请愿，说："敌人日渐逼近，我们的将士却不愿拿起武器，陛下该怎么办？"

孙皓说："这一切，究竟何故？"

众人异口同声道："都是因为岑昬！"

孙皓喃喃道："既如此，当以这个奴才谢天下百姓。"

众人大喊一声："遵命！"遂一拥而上，把这个倒霉蛋捆了个结结实实，然后就拉走了。等孙皓回过神来，想派人去阻止，岑昬早就被愤怒的人群剁成肉酱了。

眼看社稷就要亡了，而朝中几乎已无将领可用，孙皓急得如同热锅上的蚂蚁。恰在此时，一个叫陶濬的将领，之前是率部要去广州平叛的，可还没走到武昌就听说晋国水军已大举东来，当即折返回朝。

此时此刻，孙皓见了他，就像见到了救命稻草，连忙问他有没有办法对付晋国水军。

陶濬根本无心御敌，却随口忽悠道："巴蜀修造的战船，都很小，只要给臣二万人，乘上我军的大船，足以破敌。"

孙皓又惊又喜，立刻授予陶濬节钺，把最后的二万人交给了他。

然而，让孙皓绝望的是，当天夜里，这最后一支二万人的部队就全体逃亡、作鸟兽散了，连大忽悠陶濬也没了踪影。

稍后，司徒何植（孙皓舅父）、建威将军孙晏，也忙不迭地投降了王浑。

众叛亲离之下，孙皓彻底绝望，只能投降。

可是，此时晋军的王浑、司马伷和王濬，正从三路快速向建业逼近，狼多肉少，该向谁投降呢？光禄勋薛莹、中书令胡冲建议，派出三路使者，同时向三人奉上降表，这样最稳妥。

孙皓随即照办，然后写了封手书，告谕群臣，先是进行了一番深刻的自我批评，然后说："如今，大晋王朝平定四海，正是英雄豪杰施展抱负之际，诸位不要因为改了朝廷、换了正朔就丧失大志。"

咸宁六年三月十五日，王濬的舰队经过三山（今江苏南京西南），王浑立刻派人传话，让他到大营议事，目的就是要节制他，防止他先入建业，抢走大功。

没想到，王濬根本不作片刻停留，而是继续扬帆，直指建业。他给王浑的答复只有六个字："风利，不得泊也。"（《资治通鉴·晋纪三》）

风太大，我的船停不下来啊！

估计王浑听见这句话，一定会气得两眼发黑。

当天，王濬率领着他的八万水军，以及绵延百里的楼船舰队，浩浩荡荡、锣鼓喧天地开入了建业西面的军事要塞——石头城。

此城是建业的门户，它的沦陷，就意味着建业的沦陷。

最后，跟蜀汉灭亡时的套路一样，吴主孙皓"面缚舆榇"，亲自来到王濬的营门前投降；而王濬则"解缚焚榇，延请相见"，然后接收了吴国的地图和户籍档案，共计四个州（扬州、荆州、交州、广州）、四十三郡、百姓五十二万三千户、士兵二十三万人。

至此，立国五十九年（自公元222年孙权称吴王算起），共历四帝，在三国之中存在时间最长的东吴帝国，正式宣告覆灭。

自从东汉末年黄巾军起义、董卓乱政以来，分崩离析了将近一百年的天下，终于在这一天，复归一统。

波澜壮阔、金戈铁马的三国时代，英雄辈出、异彩纷呈的三国时代，黑暗纷乱、生灵涂炭、充满了铁血与权谋的三国时代，也在同一天落下了帷幕。

东吴灭亡的消息传到洛阳，满朝文武皆向司马炎道贺。在庆祝宴会上，司马炎拿着酒杯，激动地落下眼泪，然后轻叹一声，道："此羊太傅（羊祜）之功也。"

同年四月，孙皓被封为归命侯。五月初一，孙皓及其宗族被司马伷送到了洛阳。按照既定的投降仪式，孙皓和太子孙瑾以泥涂面、自捆双手，立在东阳门下。司马炎也按既定礼数，派使者解开他们的绳索，然后赏赐衣服、车马、良田三十顷，此后每年都会赏赐钱谷、绢帛等物。

孙瑾被拜为中郎（禁军中级武官），其他亲王皆任郎中（禁军初级武官）。此外，原东吴的文武官员，皆随才录用。司马炎还下诏宣布，孙姓皇族随同渡江的，免除田赋捐税十年；原东吴治下百姓，全部免除田赋捐税二十年。

作为一个荒淫残暴的亡国之君，孙皓却没有遭到天谴，而是在洛阳过了四年逍遥日子，最后死于太康五年（公元284年），年四十三。

灭吴后，王浑和王濬为争夺首功互相攻讦，几乎闹到了不共戴天的地步，幸亏司马炎一碗水端平，他们才不至于落得邓艾、钟会那样的下场。

同年五月，司马炎论功行赏，擢升王濬为辅国大将军，封襄阳县侯；增王浑食邑八千户，以京陵侯晋爵为公；封杜预为当阳县侯；封王戎为安丰县侯；封司马伷二子为亭侯；封张华为广武县侯；其余诸将及公卿以下，也各有封赏。

当一切都已尘埃落定，当将近一百年的乱世烽烟渐渐消散，普天之下的黎民百姓终于迎来了暌违已久的太平。天下一统后，西晋帝国人口增长，经济发展，呈现出一派繁荣景象，史称“太康之治”。

然而，太平盛世是短暂的，是两个乱世之间的过渡。

此后，司马炎开始骄奢淫逸，荒废朝政，仅仅过了十余年，西晋帝国就爆发了中国历史上最严重的皇族内乱之一——八王之乱，而西晋也在这场骨肉相残的内乱中分崩离析。

紧接着，便是五胡乱华，衣冠南渡，又一个将近三百年的大乱世訇然降临……

“话说天下大势，分久必合，合久必分。”

《三国演义》的这句开篇语，似乎也可以做它的结束语。

苍天不语，大地缄默，长江滚滚东流，万物生生灭灭。历史总在光明与黑暗之间来回摆荡，不停轮回，因为人性的高尚与卑劣总是亘古如斯，而人性内在的所有矛盾也总是根深蒂固。

所以，一切终将逝去，一切也终将重来。

（全书完）